普通高等教育城市轨道交通系列规划教材

轨道交通列车运行控制技术

Control Technologies of Train Operation

主　编　彭宏勤　尹相勇

主　审　毛保华

人民交通出版社股份有限公司
China Communications Press Co.,Ltd.

内 容 提 要

本书根据轨道交通列车运行控制技术的发展现状，结合轨道交通专业人才的培养需求，介绍了当前我国轨道交通列车运行控制技术的基本原理和应用情况。全书共分9章，内容包括：列车运行控制技术发展概况、列车运行图和通过能力、行车调度指挥、列车自动控制（ATC）系统原理、地-车信息传输技术和列车定位技术、信号基础设备、区间行车控制、车站信号控制系统与机车信号、CTCS列控系统。

本书可供轨道交通相关专业的本科生和研究生学习使用，也可供轨道交通有关工程技术人员学习参考。

图书在版编目（CIP）数据

轨道交通列车运行控制技术 / 彭宏勤，尹相勇主编. —北京：人民交通出版社股份有限公司，2014.8

ISBN 978-7-114-11521-9

Ⅰ. ①轨… Ⅱ. ①彭…②尹… Ⅲ. ①轨道交通—列车—运行—控制系统 Ⅳ. ①U284.48

中国版本图书馆CIP数据核字（2014）第147930号

Guidao Jiaotong Lieche Yunxing Kongzhi Jishu

书　　名：**轨道交通列车运行控制技术**
著 作 者：彭宏勤　尹相勇
责任编辑：吴燕伶
出版发行：人民交通出版社股份有限公司
地　　址：（100011）北京市朝阳区安定门外外馆斜街3号
网　　址：http://www.ccpcl.com.cn
销售电话：（010）59757973
总 经 销：人民交通出版社股份有限公司发行部
经　　销：各地新华书店
印　　刷：北京建宏印刷有限公司
开　　本：787×1092　1/16
印　　张：12
字　　数：288千
版　　次：2014年8月　第1版
印　　次：2024年7月　第4次印刷
书　　号：ISBN 978-7-114-11521-9
定　　价：32.00元
（有印刷、装订质量问题的图书，由本公司负责调换）

前　言

随着国民经济的持续快速发展和城市化进程的加快,我国已逐步进入了轨道交通时代。作为高效便捷、节能经济、安全环保、大运量的运输方式,轨道交通是解决城市快速发展进程中交通拥堵、环境污染等城市化问题的有效手段,也是提升沿线区域经济价值与社会价值、提高运输效率的重要举措。

列车运行控制系统是轨道交通运输系统的大脑与神经中枢。列车运行控制技术是以控制理论为基础,以实现列车安全控制、线路控制和驾驶控制为目标,融合当代先进装备技术和优化理论的系列技术。作为保证列车行车安全、提高运输效率的技术装备,列车运行控制设备也是整个轨道交通系统的关键技术装备之一。近二十年来,计算机、通信、自动化等先进技术在各领域得到广泛应用,列车运行速度和密度的不断提高也对轨道交通信号与控制设备提出了更高要求,各种先进的自动控制技术与系统不断被应用于列车运行控制系统,在列车运行全过程、实时及各种运行场景的控制中发挥了重要作用,有力地保证了列车高速、高密度运行的安全性。

本书是编者在过去四年开设的北京交通大学城市轨道交通专业(方向)重要的专业课程"轨道交通列车运行控制技术"的讲义基础上撰写的。编写中借鉴、参考了国内外大量相关文献以及国内轨道交通系统建设、运营的实际资料。在内容设计上,编者结合了我国轨道交通系统的具体国情特点,力求反映国内外列车运行控制领域中最新的理论与实践成果。本书可以作为轨道交通相关专业的本科生或类似层次专业技术培训的教材或教学参考资料,也可供从事轨道交通相关专业工程设计与技术咨询人员学习参考。

本书由彭宏勤和尹相勇主编。全书编写分工为:彭宏勤(第1、4、5、9章),尹相勇(第2、3、7、8章)、柏赟(第6章)。全书由彭宏勤统稿,毛保华主审。

本书是在北京交通大学"城市交通复杂系统理论与技术教育部重点实验室"完成的。在编写过程中,编者得到了北京交通大学中国综合交通研究中心、北京交通大学交通运输学院城市轨道交通系各位同事的大力支持和帮助,特致感谢。编者还要特别感谢卫和君(北京全路通信信号研究设计院有限公司)、Tin-kin Ho(汕头大学)、方琪根(北京全路通信信号研究设计院有限公司线站处)、苏梅(中铁第四勘察设计研究院集团有限公司技术中心)、李夏苗(中南大学)、牛惠民(兰州交通大学)、蒋玉琨(北京地铁集团有限责任公司)、孙年友(广州铁路集团公司科学技术研究所)的帮助和指导。人民交通出版社陈志敏、吴燕伶,在本书出版过程中提供了许多帮助和建议,在此一并表示感谢。

编　者

2014 年 3 月

目　录

第 1 章　概述　1

1.1　列车运行控制技术与系统 …… 1
1.2　列车运行控制技术发展历程 …… 2
1.3　我国列车运行控制技术发展现状 …… 5
思考题 …… 8

第 2 章　列车运行图和通过能力　9

2.1　列车运行图 …… 9
2.2　车站间隔时间与追踪列车间隔时间 …… 14
2.3　通过能力 …… 18
思考题 …… 21

第 3 章　行车调度指挥　22

3.1　列车调度指挥系统 …… 22
3.2　列车运行日常调度指挥 …… 26
3.3　非正常情况下列车运行组织 …… 32
3.4　行车调度分析 …… 36
思考题 …… 38

第 4 章　列车自动控制(ATC)系统原理　39

4.1　ATC 系统 …… 39
4.2　ATP 系统 …… 47
4.3　ATO 系统 …… 53
4.4　ATS 系统 …… 57
思考题 …… 62

第 5 章　地-车信息传输技术和列车定位技术　63

5.1　故障-安全技术 …… 63

5.2 地-车信息传输技术 …… 68
5.3 列车定位技术 …… 75
思考题 …… 87

第6章 信号基础设备 88
6.1 信号继电器 …… 88
6.2 信号机及灯光显示 …… 90
6.3 道岔 …… 97
6.4 轨道电路 …… 106
思考题 …… 114

第7章 区间行车控制 115
7.1 区间行车概述 …… 115
7.2 固定自动闭塞 …… 116
7.3 移动闭塞 …… 128
思考题 …… 135

第8章 车站信号控制系统与机车信号 136
8.1 车站信号控制系统 …… 136
8.2 车站计算机联锁系统 …… 154
8.3 机车信号 …… 160
思考题 …… 164

第9章 CTCS 列控系统 165
9.1 CTCS 基本功能与系统构成 …… 165
9.2 CTCS－2 级列控系统 …… 167
9.3 CTCS－3 级列控系统 …… 172
思考题 …… 181

参考文献 182

第1章 概述

本章主要介绍列车运行控制技术与列车运行控制系统的相关概念、作用以及列车运行控制技术发展历程。列车运行控制的目标是指挥列车安全、高效地运行。随着列车速度、密度和安全要求的逐步提高,列车运行控制技术经历了地面人工信号、地面自动信号、机车信号、自动停车装置和列车自动防护系统等几个阶段,以满足不同时期不同轨道交通系统的运营和安全需求。

1.1 列车运行控制技术与系统

轨道交通运输系统是以机车、车辆或动车组为移动设备(以下简称列车),以线路(轨道、桥梁、隧道等)为固定设备,以站场(车站、编组场等)为运输生产基地,实现旅客和货物运输的庞大系统。轨道交通运输系统的安全、高效运行与国民经济和人民生活息息相关。

为满足客货运输需求,确保运输生产秩序,充分发挥运输系统生产能力,必须对线路上运行的列车实施有效的指挥和控制,保证行车安全。列车运行控制是轨道交通运营管理系统中最重要的组成部分,其主要作用是控制列车速度和运行路线,主要功能是实现安全控制、线路控制和驾驶控制。

1. 列车运行控制技术

列车运行控制技术是以控制理论为基础,以实现列车安全控制、线路控制和驾驶控制为目标,融合当代先进装备技术和优化理论的系列技术。

列车运动的驱动力源自车轮与钢轨之间的摩擦。列车因速度快、重量大的特点,决定了其制动距离较长,且一般会超出司机瞭望距离。列车在区间内不可能避让,因此需要采用一定的技术手段,确保在同一时间,不将同一资源(即轨道相同区段)分配给多列列车,以保证行车安全。此外,效率也是轨道交通运输系统应该考虑的重要因素。因此,一套可靠的行车指挥和控制系统,是指挥列车高效运行的保证。

行车指挥和控制系统的主要技术装备是信号系统。随着列车速度、密度和安全性要求的不断提高,对信号系统提出了更高的要求。计算机、通信、自动化技术等先进技术与装备的广泛应用,推动了信号系统的快速发展,使得信号系统已发展为包含调度集中、联锁设备、列车运行控制系统等在内的先进自动化控制系统,成为轨道交通运输系统的大脑和神经中枢,保证列车安全、高速、高密度运行,改善员工劳动条件。

2. 列车运行控制系统

列车运行控制系统是指由地面设备和车载设备构成,运用列车运行控制技术,用于控制列车运行速度、保证列车安全和高效运行的控制系统，是轨道交通信号系统的重要组成部分。

列车运行控制系统根据前方行车条件，包括进路状态、轨道占用情况、线路状况以及调度命令等，为列车生成行车许可，并通过地面信号和车载信号，向司机提供安全运行的凭证。车载设备根据接收到的行车许可产生允许速度，当列车速度超过允许速度时控制列车实施制动，使列车降速甚至停车，防止发生列车超速颠覆或与前方列车追尾等事故，保证行车安全。

列车运行控制系统是一个有司机参与操作的人机系统，一般具有如下基本功能：

①向司机提供允许列车运行的信号、限制速度或目标距离等信息。

②具备自动实施速度控制，一旦列车速度超过允许速度，应实施制动控制，使列车减速甚至停车。

③防止与同一轨道运行的其他列车相撞或追尾。

④防止列车超过规定的限制速度运行，包括信号显示规定的限制速度、线路限速、车辆限速、临时限速等。

1.2 列车运行控制技术发展历程

列车运行控制技术的发展水平与经济发展程度和生产力水平紧密相关。日益增长的客货运输数量和质量需求，持续发展的电气、电子、信息及自动化技术，不断推动和促进了列车运行控制技术的发展，技术装备的系统化和自动化程度的提高。此外，列车运行控制技术也是总结事故教训的结果，是人们经验智慧的结晶。从一次次重大行车事故中，人们不断发现原有系统的安全漏洞，寻求技术手段防止人为失误，从而逐渐完善系统的功能、性能，推动列车运行控制技术不断发展，保证运行安全，提高运行效率。

列车运行控制技术的发展经历了如下几个阶段。

1. 地面人工信号

自 19 世纪初，世界第一条铁路在英国开始运营，就引发了如何控制列车间隔以保证行车安全的问题，从而产生了行车闭塞法。起初，线路上只有一列列车在白天来回运行，所以不必考虑列车相撞的问题。随着社会发展，客货运量不断增长，铁路运行线路长度不断增加，车站数量和运行列车也随之增多。为防止列车相撞，于是在线路上安装各种信号设备。通过地面信号显示系统，以物体大致形状、灯光的数目和颜色等视觉信号或音响等听觉信号给司机以各种运行条件的指示，提醒司机采取相应的措施，以避免发生列车正面冲突和追尾事故。1832年，美国开始在车站上设置信号机，为站与站之间传送信息。信号机上挂有果物笼状的物体，外面包白布或黑布，吊在 10m 高的柱子上，这个信号叫球信号。当列车从车站发车时，发车站将白球挂在柱顶，指示列车可以出发。接车站将白球挂在柱子中间，指示列车进站停车；将白球挂在柱顶，指示列车通过；将白球挂在柱下，指示列车站外停车。若发车站将黑球挂在柱顶，则表示列车晚点。由于当时车站之间尚无通信手段，相邻车站用航海望远镜观察，通过球信号的颜色和位置向司机传送信号。从这个阶段起，信号机已经具有闭塞机的作用，只不过两站之间闭塞关系靠人工保证，而不是靠设备保证。

这个阶段，主要是依靠信号工的眼睛观测（传感器），通过人工控制的信号向司机传递行车命令(传输),由信号工控制列车间隔。列车由司机驾驶,并负责列车的运行安全。在轨道电路出现之前,每个车站均安装此类指示信号,保证列车在调度员和司机共同负责的情况下行车,以提高行车安全性。

2. 地面自动信号

1872年,美国人鲁滨孙发明了轨道电路,利用轨道继电器的吸起和落下,检测轨道区段空闲与否,根据列车在轨道区段的占用与出清,点亮轨道旁设置的信号机,实现列车占用线路状态自动检查。利用轨道电路所检测到的列车占用轨道的状态信息,同时通过控制信号显示,实现了地面自动信号,使地面信号显示能真实反映线路空闲状态。按信号显示行车,就能够防止列车发生冲突事故。只有当线路在空闲状态时,信号开放才安全。轨道电路的发明,为轨道交通的列车自动控制,提供了最基础的地-车信息传输媒介。

这个阶段,列车的间隔调整,采用半自动闭塞或自动闭塞。半自动闭塞是人工办理闭塞手续,列车凭信号显示发车后,出站信号机自动关闭的闭塞方法。自动闭塞是根据列车运行状态及有关闭塞分区状态,自动变换信号显示,司机凭信号显示行车的闭塞方法。

地面信号显示仅仅指明列车前方线路状态,列车由司机驾驶,司机根据轨旁的信号机显示行车。信号机的显示定义带有速度含义,司机必须根据信号机的显示来控制列车。可见,行车安全几乎完全掌握在司机手中。

3. 机车信号

以地面信号显示为主的轨道交通信号系统,只是向司机提供地面视觉信号,由司机解释信号显示意义从而驾驶列车。由于地面信号显示有时受到自然环境(如雾、风沙、大雨等)的影响以及地形的限制,司机往往不能在规定的距离内,及时瞭望前方信号机的信号显示,因而有冒进信号的危险。为将列车运行前方所接近信号机的显示情况及时通告司机,机车信号设备应运而生。它将地面的视觉信号通过技术手段引入司机驾驶室,大大改善了司机瞭望条件。这样司机就能够在任何条件下从容地驾驶列车,且当前方信号为禁止信号时及时采取制动措施,提高了列车运行的效率和安全程度。

在以地面信号为主体的信号系统中,地面信号显示仍是行车凭证,机车信号只是地面信号的复示信号。

4. 自动停车装置

无论地面信号还是机车信号,都只能确保显示正确可靠,提醒司机及时采取措施,但无法防止由于司机失去警惕或操作失误而发生危及列车运行安全的事故。实际上,行车时司机有时会产生精神不集中、睡觉、操纵错误等情况。据铁道研究所(中国铁道科学研究院的前身)1957年的调查,1955年和1956年全路发生列车冒进进站信号的事故中,由于司机失去警惕而造成的事故分别占57.6%和53.4%。因此,列车自动停车装置的研制成为趋势,其功能是当地面信号的“禁止命令”未被司机接收时,自动实施紧急制动,强迫列车停车。尤其是电码轨道电路的出现,使得利用轨道电路向机车传送信息成为可能。地面轨道电路、机车信号与自动停车装置结合,构成了简单的列车运行自动控制系统。当“禁止信号”未被司机接受或未及时停车时,自动停车装置就自动实施紧急制动,强迫列车停车。这样,信号系统不再只是指明安全运行条件,列车的安全由设备和司机共同保证。在这个阶段,地面信号仍是安全行车的凭证,机车信号只是辅助信号。

5. 列车自动防护系统

20 世纪 50 年代后,高速铁路的崛起和发展,给世界铁路的重新振兴带来了勃勃生机,对信号技术设备与系统提出了更高的要求。传统的以地面信号显示传递行车命令,司机按行车规定操纵列车运行已不能满足要求。当列车运行速度提高到某一程度时,由于司机瞭望和确认地面信号的时间很短,不能保证行车安全和效率,无法依靠地面信号显示正常行车。

根据国际铁路联盟(International Union of Railways,UIC)734R 法令推荐:依据地面信号行车,可接受的最高运行速度为 140 ~ 160km/h;列车速度为 160 ~ 200km/h 时,应安装使用机车信号或列车自动控制系统作为辅助以增强地面信号;列车运行速度高于 200km/h 时,必须采用带有速度监督的连续式列车自动控制系统,以机车信号为行车凭证。

随着轨道交通的发展,特别是列车运行速度和密度的不断提高,列车运行控制系统也逐步由以地面信号显示传递行车命令,发展到以列车自动控制车载设备给司机显示,根据地面发送的信息和列车参数,实时计算出列车运行允许速度,自动监督列车运行。一旦列车运行速度超过允许速度,列车自动控制车载设备,可自动实施常用制动或紧急制动,从而有效地防止“两冒一超”事故,确保行车安全。这样由地面设备和车载设备构成的系统也称为列车自动防护系统。

电子技术和信息传输技术的发展,使得轨道电路能够传输多个赋予不同速度含义的低频信息。车载控制设备根据接收到的不同低频信息实施不同的速度控制方式,从而保证列车不论是在三显示还是四显示情况下,都可以实现完全安全防护,大大提高了行车的安全性。

随着新技术的应用,通过轨道电路、点式应答器或其他地-车信息传输方式,可以向列车传输更多的信息,出现了基于速度—距离模式曲线控制的系统。在该类系统中,由于列车可以准确获得自身位置的定位信息,从而后续列车可以尽可能地接近前行列车,与速度码控制系统相比,可以大大缩小列车的追踪间隔。

6. 列车自动驾驶系统

随着自动检测与自诊断技术的发展,以及对轨道交通运行安全性、可靠性、服务质量要求的提高,均衡列车性能和能量消耗的列车自动运行系统,被逐步运用于轨道交通系统。

20 世纪 60 年代,有司机驾驶的 ATO 系统在欧洲出现,当时我国在北京地铁 1 号线也进行了 ATO 系统的相关试验与应用。20 世纪 80 年代,有人驾驶的 ATO 系统得到进一步完善,初步形成了无人驾驶系统(Driverless Train Operation System,以下简称 DTO 系统)。早期的此类系统主要应用在小运量或中运量的自动旅客运输系统(Automatic People Movers System,以下简称 APM 系统)中,如欧洲、北美、亚洲的 APM 系统均采用全自动驾驶系统。

20 世纪 90 年代,随着通信、控制和网络技术的发展,可以在地车之间实现大容量、双向的信息传输,从而为高密度、大运量的地铁系统实现真正意义的 ATO 系统提供了可能。2000 年,法国巴黎 14 号线,首次实现了重型大运量的地铁全自动驾驶系统。该系统采用地面铺设环线实现地车信息的双向传输,设计间隔达到 90s,该系统的车辆段仍采用人工驾驶和管理的方式。2003 年 6 月,新加坡的东北线正线和车辆段均采用了全自动驾驶系统。

目前 ATO 系统已在我国多个城市的轨道交通系统投入使用。

概括地来说,列车运行控制技术的发展经历了如下过程。

①地面手动信号;

②自动闭塞+地面主体信号;

③自动闭塞+地面主体信号+机车信号辅助信号;

④自动闭塞+地面主体信号+机车信号辅助信号+自动停车;

⑤列车自动防护系统;

⑥列车自动防护系统+列车自动驾驶系统。

1.3 我国列车运行控制技术发展现状

1.3.1 我国铁路列车运行控制系统技术现状

随着我国客运专线的建设和高速铁路的发展,对铁道信号技术提出了新的挑战。为了建立一套完整的兼顾既有线路和高速铁路的列车运行控制系统,在现有国内技术水平基础上,参照国外列车运行控制系统规范和运用经验,结合我国铁路运输特点,遵循全路统一规划的原则,原铁道部于2002年确定构建中国列车运行控制系统(Chinese Train Control System,以下简称CTCS)。结合我国国情,从实际需求出发,遵循以地面设备为基础,车载与地面设备统一设计的原则,按系统构成和功能将CTCS系统划分为CTCS-0级、CTCS-1级、CTCS-2级、CTCS-3级和CTCS-4级。

为了规范性和一致性,将目前干线铁路应用的既有地面信号设备和车载设备,定义为CTCS-0级。CTCS-0级由通用机车信号和列车运行监控装置组成。

CTCS-1级由主体机车信号+安全型运行监控装置组成,面向160km/h及以下的区段,在既有设备基础上强化改造,达到机车信号主体化要求,增加点式设备,实现列车运行安全监控功能。利用轨道电路完成列车占用检测及完整性检查,连续向列车传送控制信息。CTCS-1级与CTCS-0级的差别在于全面提高了系统的安全性,是对CTCS-0级的全面加强。

CTCS-2级列控系统是基于轨道电路和点式信息设备传输信息的点-连式列车运行控制系统,其中轨道电路负责列车占用检测及完整性检查,连续向列车传送列车前方轨道区段空闲数量;点式信息设备传输位置校正信息、进路参数、线路参数、临时限速等。CTCS-2级面向提速干线和高速铁路,地面可不设通过信号机。

CTCS-3级列控系统是基于通信的列车运行控制系统。它以CTCS-2级列控信息传输系统为基础,采用轨道电路检查列车占用,点式信息设备提供列车信息用于测距修正,以无线通信系统(如GSM-R)实现地-车连续、双向信息传输。行车许可由地面无线闭塞中心(RBC)产生,通过无线通信系统传送到车载设备,并实时计算目标—距离模式曲线监控列车运行速度。通过双向信息传输,CTCS-3级实现了地面控制设备与移动体车载设备的闭环控制。CTCS-3级列控系统主要面向高速铁路,地面不设通过信号机。

CTCS-4级是基于无线通信(如GSM-R),实现移动闭塞的列车运行控制系统。由车载设备通过地-车间无线通信系统,实时将列车位置及完整性信息等传送给地面无线闭塞中心

(RBC)。行车许可由地面无线闭塞中心产生,通过无线通信系统传送到车载设备,并实时计算目标—距离模式曲线监控列车运行速度。通过双向信息传输,CTCS-4 级实现了地面控制设备与移动体车载设备的闭环控制。

CTCS 各级系统的车载设备,应向下兼容,在系统故障条件下应允许降级使用。级间转换应自动完成,且不影响列车正常运行。符合 CTCS 规范的列车运行控制系统,应能满足一套车载设备全程控制的运用要求。

经过多年努力,特别是六次提速,我国铁路通过引进、消化、吸收和自主创新,逐渐形成了既有干线信号系统、既有干线铁路 CTCS-2 级列控系统、200 ~ 250km/h 高速铁路 CTCS-2 级列控系统、300km/h 以上高速铁路 CTCS-3 级列控系统技术平台。

1. 既有干线铁路信号系统

既有干线铁路信号系统,主要由新一代分散自律调度集中系统(CTC)、计算机联锁、ZPW-2000A 无绝缘轨道电路(四显示自动闭塞)、JT1-CZ2000 型主体机车信号系统构成。计算机联锁负责列车的进路控制;ZPW-2000(UM)系列轨道电路(电码化)提供主体化机车信号信息;JT1-CZ2000 型主体机车信号负责接收轨道电路信息,将可以作为行车凭证的主体机车信号显示给司机,并提供给监控装置,生成目标—距离模式曲线,监控列车运行。

2. 以 CTCS-2 级列控系统为核心的既有干线铁路信号系统

其主要用于适应既有线运行时速 160km/h 以上的动车组。该系统由新一代分散自律调度集中系统、计算机联锁、点式应答器、ZPW-2000A 无绝缘轨道电路、列控中心及列控车载设备构成。点式应答器提供线路坡度、轨道电路长度、频率、位置坐标、临时限速、进路、级间转换等信息;ZPW-2000(UM)系列轨道电路(电码化)提供自动闭塞连续信息;车站列控中心接收列车进路信息,并接收调度所下达的临时限速信息,经过报文选择,传送至有源应答器;车载设备通过接收轨道电路和应答器信息,生成速度和目标—距离模式曲线,控制列车安全运行。

3. 以 CTCS-2 级列控系统为核心的 200～250km/h 高速铁路信号系统

200 ~ 250km/h 高速铁路信号系统是在既有线 CTCS-2 级基础上进行优化后构建的系统。

该系统主要由调度集中、计算机联锁、ZPW-2000 轨道电路和应答器及地面列控中心及车载设备构成。与既有线 CTCS-2 级列控系统不同,每个闭塞分区设应答器组,列控中心负责轨道电路编码。

4. 以 CTCS-3 级列控系统为核心的 300km/h 以上高速铁路信号系统

为适应 300km/h 以上高速铁路需要,在 CTCS-2 级列控系统的基础上,引进、消化、吸收欧洲标准,基于 GSM-R 无线传输的 ETCS 列控技术,形成统一的、互联互通的 CTCS-3 列控技术体系。300km/h 以上高速铁路信号系统,主要由调度集中、计算机联锁、ZPW-2000 轨道电路和应答器及地面列控中心、无线闭塞中心及车载设备构成。车载设备兼容 CTCS-2 级列控系统功能。正常情况下,车载设备接收由地面无线闭塞中心的行车许可信息,以此生成目标—距离模式曲线监控列车速度。在遇到地-车无线系统故障等情况下,车载设备自动转换到以 CTCS-2 级方式控制列车运行。

1.3.2 我国城市轨道交通列车运行控制系统技术现状

城市轨道交通系统作为大容量、高密度的公共交通工具,其安全性直接关系到广大乘客的生命安全。为保证这一系统安全、高效地运行,需要有一套安全可靠的列车自动控制系统(Automatic Train Control,以下简称 ATC)。城市轨道交通列车自动控制系统一般由列车自动监控系统(Automatic Train Supervision,以下简称 ATS)、列车自动防护系统(Automatic Train Protection,以下简称 ATP)及列车自动驾驶系统(Automatic Train Operation,以下简称 ATO)组成,实现列车调度指挥、间隔控制、安全防护及速度控制等的自动化,有效提高列车运行的安全性和效率。

在 2010 年以前,除少数几条线外,已开通运营的城市轨道交通列车运行控制系统核心技术和装备,大多采用国外的信号系统。从技术上看,城市轨道交通列车运行控制系统可以分为速度码控制的固定闭塞系统、基于速度—距离曲线控制的准移动闭塞系统及基于通信的移动闭塞系统。下面简要介绍各类系统基本构成。

1. 速度码控制的固定闭塞系统

基于速度码控制的固定闭塞系统,从 20 世纪 70 年代开始应用。目前在国外的旧线和郊区线应用比较广泛,在国内应用该类制式的系统主要有以下两类。

①北京地铁 1 号线(包括八通线)、13 号线:采用英国西屋公司的 FS2500 轨道电路和 FS2000 的 ATP 车载设备。该系统采用的控制方式是速度码的限制速度/目标速度的出口控制方式,区间不设置信号机,只有 ATP 防护系统,没有 ATO 系统。

②上海地铁 1 号线:引进美国 GRS 公司的 ATC 系统。该系统的轨道电路信息一共 8 个低频信息、6 个速度信息、2 个车门信息,车载设备完全采用速度码的入口控制方式。该系统包括 ATP 和 ATO 部分,并且 ATO 系统只是在车站应用。车站的定点停车通过在车站及其附近安装地面应答器来进行位置确认。在区间上,列车的位置由轨道电路进行检测。

2. 基于目标距离控制的准移动闭塞系统

基于目标距离控制的准移动闭塞系统,不再根据闭塞分区进行速度分级,而是以前方列车占用的闭塞分区入口为目标点生成连续速度—距离模式曲线,实时监控列车运行速度。该系统极大地改善了原来固定闭塞的不足,系统的安全性、通过能力等显著提高。在国内典型应用该系统的有如下几条路线。

①北京地铁 5 号线、天津地铁 1 号线:这两条线均引进英国西屋公司的 TBS100 系统,其地面轨道电路仍采用 FS-2500(模拟)系列轨道电路,它向车载设备传送的是前方轨道电路区段的空闲数量,线路静态参数完全存储在车载设备中,列车的位置确定通过列车自身测量和地面 APR 应答器校正实现。

②上海地铁 2 号线、3 号线:2 号线引进美国 US&S 公司的 AF900 型数字轨道电路。该系统采用 AF900 型数字轨道电路实现地车间的信息传输。3 号明珠线引进法国 ALSTOM 公司的准移动闭塞系统 SACEM 系统,线路信息和移动授权全部由数字轨道电路提供。

③广州地铁 1 号线和 2 号线、深圳地铁 1 号线和 4 号线、南京地铁 1 号线:引进德国西门子公司的 LZB700M 模块化 ATC 系统。该系统采用 FTGS-917 音频数字轨道电路实现地-车信

息实时传输，列车定位完全依靠轨道电路和载频信息交叉校正实现，车载设备采用速度传感器的速度和距离测量，进行列车移动体自身的测量。在该系统中，在车站 ATO 定点停车时，采用敷设交叉环线实现。

④天津滨海线：采用美国 US&S 公司的 AF900 系统。该系统采用 AF900 轨道电路实现地-车的信息传输，该系统包括 ATP 系统和 ATO 系统。

3. 基于通信的列车控制（CBTC）系统

在城市轨道交通中，基于通信的列车控制（Communication Based Train Control，以下简称 CBTC）系统，一般指不依赖轨旁列车占用检测设备的高分辨率列车主动定位，连续、大容量地-车双向数据通信，并具有能够执行安全功能的列车运行控制系统。

随着技术的发展，无线通信系统的可靠性、可用性大大提高，使地-车间安全、可靠地双向实时传输列车运行控制信息成为可能，促进传统的信号技术与计算机、通信及自动控制技术交叉融合，可以实现以移动闭塞为代表的闭环控制，有效缩小追踪间隔，实现灵活方便的调度指挥，使列车运行控制系统的作用和地位大大增强。CBTC 是列车运行控制系统的发展趋势，我国 2003 年以后新建及改造的城市轨道交通，基本采用 CBTC 系统。

目前国内采用的 CBTC 系统普遍使用 IEEE802. 11 标准的 WLAN 通信系统，以无线自由波、漏泄波导管为传输通道，实现地车信息的双向传输。列车定位采用速度传感器进行测速及移动体位置测量，轨旁设置应答器或信标进行位置校正。基于移动闭塞原理，采用目标距离（Distance-to-go）控制方式实现列车运行的连续闭环速度控制。

思考题

1. 什么是列车运行控制技术？
2. 什么是列车运行控制系统？
3. 简述列车运行控制系统的重要性。
4. 简述列车运行控制系统的基本功能。
5. 列车运行控制技术的发展经过哪几个阶段？

第2章 列车运行图和通过能力

列车运行图是列车运营的基础,列车运营要按图行车。为了实现运输生产过程,完成运输任务,轨道交通必须具有一定的通过能力。本章介绍了列车运行图的作用、分类及影响要素,对列车运行图主要构成因素(车站间隔时间与追踪列车间隔时间)进行了计算,分析了影响轨道交通通过能力的因素。

2.1 列车运行图

列车是指由机车牵引,以轨道线路运行为目的,按规定辆数编成并具有列车标志的车组。在双线行车时,地铁、轻轨列车按右侧单向运行,国铁列车和市郊列车按左侧单向运行。

列车运行图是利用坐标原理,表示列车运行时空关系的图解形式。列车运行图规定了列车占用区间的次序,列车在每个车站出发、到达或通过的时间,区间运行时分,车站停车时分。它也同时规定了线路、站场、车辆和通信信号等设备的运用与行车有关部门的工作。列车运行图是采用图解方式表示列车在轨道交通区间运行及在车站到发或通过时刻的技术文件。

2.1.1 列车运行图的作用

列车运行图的作用主要体现在以下两个方面。

1. 列车运行图是列车运行的基础

列车运行图规定了各次列车占用区间的顺序,在每个车站到达、出发或通过时刻,列车在区间的运行时间,以及列车在车站的停站时间和在折返站折返所需时间等。它能直观地显示列车在时间和空间上的关系,显示列车在区间的运行及在车站停车或通过的状态。

2. 列车运行图是一个综合性的计划

轨道交通在组织旅客或货物运输过程中,要求各个部门、各个工种、各项作业之间相互配合,动作协调、时间准确地工作,因此必须制订列车运行图,使各次列车按一定的时刻运行,以免在时间上互相牵制或抵触。与运输有关的各个业务部门,都应根据列车运行图所规定的要求安排工作,共同保证列车安全与正点运行。

由此可见,编制一张经济合理的列车运行图,可充分利用轨道交通设备的能力,满足不同时期、不同时段客货运输需求,使运能与运量很好地匹配,既方便旅客出行或货物运输的需要,又能使轨道交通运营企业获得最佳的经济效益,具有重要的意义。

2.1.2 列车在区段内运行的速度

列车在区段内运行的速度分为技术速度和旅行速度。

1. 技术速度($v_{技}$)

它是不包括列车沿途停站时间的平均速度,对某一列车来说,其计算公式为:

$$v_{技} = \frac{L \times 60}{\sum t_{运行}} \quad (\text{km/h}) \tag{2-1}$$

式中:L——区段长度(km);

$\sum t_{运行}$——列车在区段内运行时间总和(min);

60——分钟化为小时的系数。

2. 旅行速度($v_{旅}$)

它是包括列车在中间站沿途停站时间的平均速度,对某一列车来说,其计算公式为:

$$v_{旅} = \frac{L \times 60}{\sum t_{运行} + \sum t_{中停}} \quad (\text{km/h}) \tag{2-2}$$

式中:$\sum t_{中停}$——中间站停车时间的总和(min)。

技术速度反映线路平纵断面状况、机车质量、司机操纵水平、停站次数和信号制度的质量。信号显示达不到规定距离、引起停车或增减速度都会使技术速度降低。

旅行速度反映技术速度和运输组织工作的质量,也是加速机车车辆或动车组等移动设备周转和尽快送达旅客或货物的关键,它是一项综合指标。

平均技术速度是几个区段技术速度的平均数,平均旅行速度考虑了各车站的停站时间,也反映车站工作质量。信号设备可缩短接发车进路的办理时间,改善信号显示,减少列车停车时间,加快运行速度,进而提高旅行速度。

2.1.3 列车运行图的图解表示

列车运行图是运用坐标原理,表示列车运行的一种图解形式。在运行图上可以清楚地看出列车在各站到、发、通过及停站的时间,也能看出列车在区间的运行时分。

在列车运行图上,各横线为站名线,相当于各个车站到发线中心位置。纵坐标表示距离S,横坐标表示时间t,用竖直线划分时间等分,称为时分线。斜线表示列车的运行线。如图2-1所示。

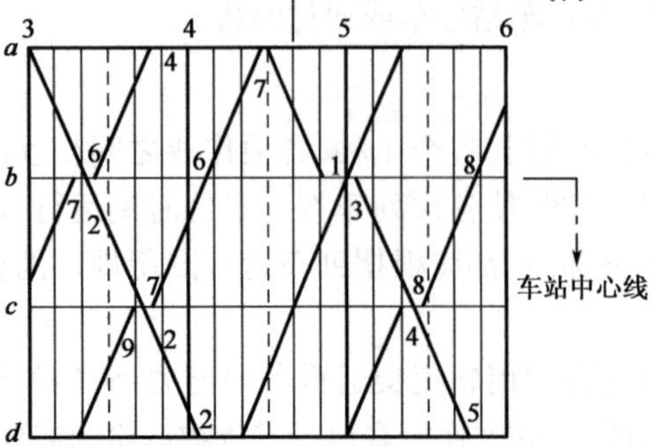

图2-1 列车运行图

为适应不同的列车运行需要,列车运行图按照时间的划分而不同,主要有以下四种基本格式。

1. 一分格运行图

它的横轴以1min为单位用竖线进行等分。此种运行图主要在地铁、轻轨线路采用,如图2-2所示。

2. 二分格运行图

它的横轴以2min为单位用竖线进行等分。

此种运行图主要在市郊轨道交通线采用,如图 2-3 所示。一分格、二分格运行图主要在编制新列车运行图时使用。

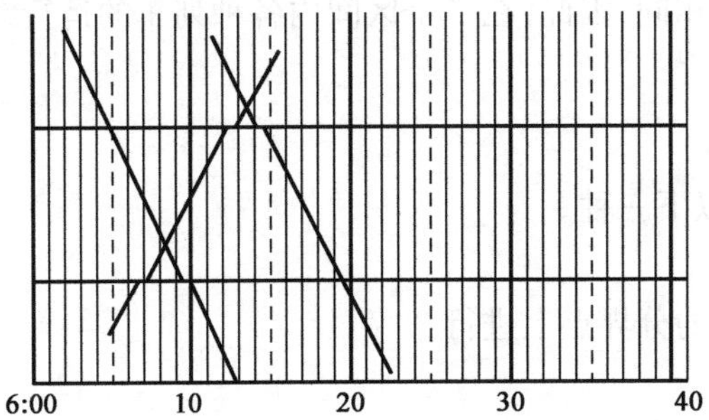

图 2-2　一分格运行图

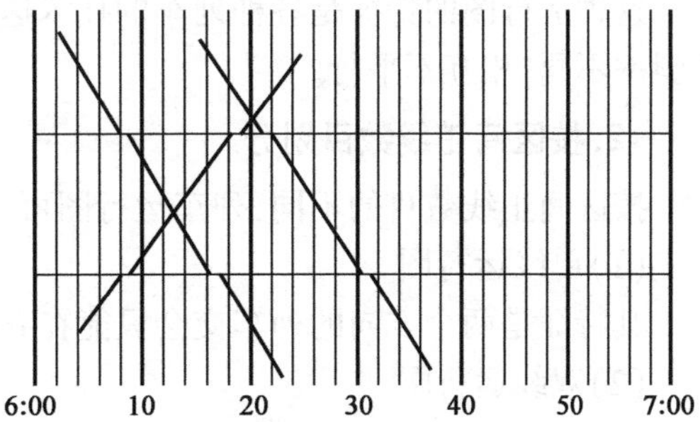

图 2-3　二分格运行图

3. 十分格运行图

它的横轴以 10min 为单位用竖线进行等分,0.5h 格用虚线表示,1h 格用粗线表示,并且在运行图上需标注 10min 以下的数字。此种运行图主要在轨道交通运输企业编制列车运行调度调整计划和绘制实绩运行图时使用,如图 2-4 所示。

4. 小时格运行图

它的横轴以 1h 为单位用竖线进行等分,并且在运行图上需标注 60min 以下的数字。此种运行图主要在编制旅客列车方案图和机车周转图时采用,如图 2-5 所示。

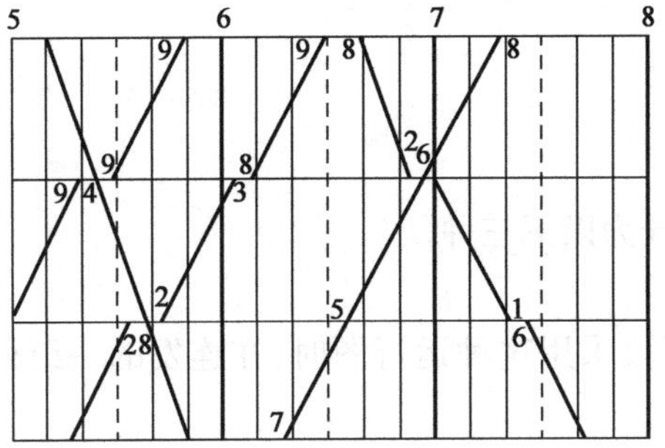

图 2-4　十分格运行图

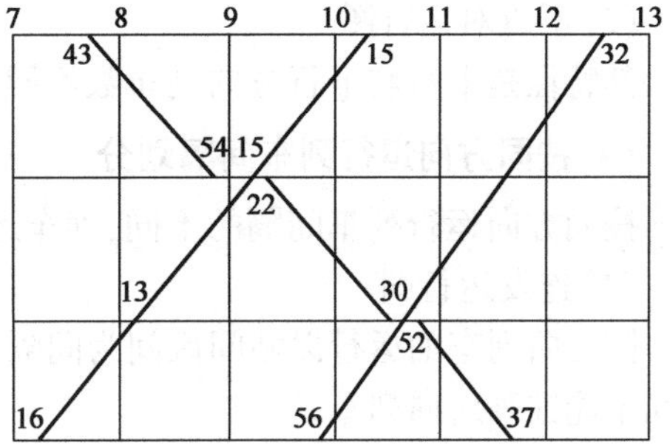

图 2-5　小时格运行图

列车运行图中,斜线为列车运行线,是列车移动的轨迹。斜线的斜率与列车速度成正比,斜率越陡,表示列车运行速度越高。

2.1.4　列车运行图的分类

根据列车运行速度、列车运行方式和上下行方向的列车数量及铁路线路的技术设备等条件,列车运行图可以分为不同类型。

1. 按运行速度划分

按各种列车运行速度的不同,列车运行图可分为以下两种。

(1)平行运行图

在同一区间内,同一方向列车的运行速度相同,并在区段内没有列车越行的运行图,因而运行线相互平行。

(2)非平行运行图

这种运行图的特征是各种列车的技术速度不相同,因此,在一个区间内各种列车的运行线的斜率不同,相互不平行。

2. 按区间正线数目划分

按区间正线数目的不同,列车运行图可分为以下三种。

(1)单线运行图

其特征是两个方向的列车交会只能在有配线的分界点上进行。

(2)双线运行图

在双线区段,上下行列车在各自的正线上运行,上下行方向列车的运行互不干扰,可以在区间或车站交会,但列车越行必须在车站进行。

(3)单双线运行图

在有部分双线的区段,单线区间和双线区间各按单线运行图和双线运行图的特点铺画运行线。

3. 按上、下行方向列车数目划分

按上、下行方向列车数目的不同,列车运行图可分为以下两种。

(1)成对运行图

其特征是上行和下行方向列车数相同。

(2)不成对运行图

其特征是上行和下行方向列车数不同。

4. 按同方向运行列车间隔划分

按同方向运行列车间隔的不同,列车运行图可分为以下三种。

(1)连发运行图

同方向列车的运行以站间区间为间隔。单线区段采用这种运行图时,在连发的一组列车之间不能铺画对向列车。

(2)追踪运行图

同向列车的运行,以所间区间或闭塞分区(自动闭塞)为间隔,在装有自动闭塞的单线或双线区段上采用。

(3)部分连发或部分追踪运行图

2.1.5 列车运行图的要素

列车运行图的共性是组成列车运行图的各项基本要素。这些要素的实质是将列车运行过程中按空间或时间上的衔接特征,划分为若干单项作业。列车运行图,包含的主要要素有:区间运行时分、列车停站时分、列车折返时分等。

1. 列车区间运行时分

列车区间运行时分是指相邻两个车站之间的运行时间标准,即列车由某站启动后不再停车,按规定速度运行至另一站完全停稳所需要的时间。这个时间的确定是以牵引计算为理论

依据,并结合查定标准和列车试运行的方法进行确定。在实际运行中,由于列车性能、列车重量、司机熟练程度的不同等原因,实际的区间运行时分与牵引计算值之间也会存在一定误差。但随着时间的推移,在适当的条件下,可以对区间运行时分进行修正,以达到充分发挥各项设备能力的目的,满足运营的需要。

2. 列车停站时分

列车停站时分是指列车在中间站办理乘客乘降作业所需要时间的总和。列车停站时分应在满足客运组织的前提下,尽可能地压缩,以提高线路通过能力和旅行速度。影响列车停站时分的因素主要有:车站上下车人数、平均上下一个旅客所需时间、开关门时间、车门和屏蔽门的不同步时间、确认车门关妥与信号显示时间以及司机反应时间等。

$$t_{站} = t_{门} + t_{上下} + \Delta t \quad (s) \tag{2-3}$$

式中:$t_{站}$——每列客车在车站上的停留时间(s);

$t_{门}$——开关门时间(s);

$t_{上下}$——乘客上下车时间(s);

Δt——每列车适当的富余时间(s)。

乘客上、下车的时间与乘客数量多少(主要考虑高峰期人数)、车辆车门数和宽度,站务员的疏导管理有密切的关系。

$$t_{上下} = \frac{0.6 \times Q_{上下}}{N_{列} \times M} \quad (s) \tag{2-4}$$

式中:$t_{上下}$——乘客上、下车时间(s);

$Q_{上下}$——高峰小时内一个方向本站上下客人数之和(人);

$N_{列}$——高峰小时通过本站的列车对数(对);

M——每列车的车门数(个)。

3. 列车折返时分

列车折返时分是指列车到达终点站后或在区间站完成折返作业所需要时间的总和。列车折返时分包括确认信号时间、出入折返线时间、办理进路时间及司机走行或换岗时间等。折返作业的时间受折返线折返方式、列车长度、列车制动能力、信号设备水平和司机操作水平等多因素的影响。

折返时分的确定,不仅是列车运行图中的重要因素,而且是实际行车组织工作中非常重要的一环。列车折返能力直接决定着一条线路的通过能力。列车折返时分的确定,需要根据折返线设置的不同、折返方式的不同进行分别计算。目前城市轨道交通列车折返方式,主要有站前折返和站后折返。不同折返方式所进行的作业不同,导致列车折返时分也不同。

以站后折返方式为例,当上行到达列车在折返线规定的停留时间结束后,进入下行车站正线,此时最小的折返列车出发间隔时间,可以采用下式计算:

$$t_{发} = t_{离去} + t_{作业} + t_{确认} + t_{出发} + t_{站} \quad (s) \tag{2-5}$$

式中:$t_{发}$——最小折返列车出发间隔时间(s);

$t_{离去}$——出发列车驶离车站闭塞分区的时间(s);

$t_{作业}$——车站为折返线停留列车办理调车进路的时间(s),包括道岔区段进路解锁延迟、排列进路和开放调车信号等各项时间(s)；

$t_{确认}$——司机确认信号时间(s)；

$t_{出发}$——列车从折返线至车站出发正线的走行时间(s)。

4. 列车出入段作业时间

列车出入段作业时间是指列车从车辆段停车场运行至衔接正线车站或返回的作业时间，主要包括列车在车辆段与正线防护信号机间的运行时间、列车在正线防护信号机与衔接正线车站间的运行时间。

2.2 车站间隔时间与追踪列车间隔时间

列车间隔时间分为列车在车站的间隔时间(简称车站间隔时间)和追踪列车间隔时间(简称追踪间隔时间)。车站间隔时间是车站办理两列车到达、出发或通过作业所需要的最小间隔时间。追踪间隔时间是在设有自动闭塞的线路上，同一方向追踪运行的两列车间的最小间隔时间。

2.2.1 车站间隔时间

列车运行图上的车站间隔时间，在保证运行安全上有很大的意义，对通过能力及列车旅行速度也有很大的影响。

车站间隔时间取决于：区间的行车闭塞方式、信号和道岔的操纵方式、接近车站的线路平纵断面情况、办理作业的内容、车站类型以及列车类型、重量和长度等。

常用的车站间隔时间，主要有不同时到达间隔时间 $\tau_{不}$、会车间隔时间 $\tau_{会}$ 及连发间隔时间 $\tau_{连}$ 等。

1. 不同时到达间隔时间 $\tau_{不}$

在单线区段，来自相对方向的列车在车站交会时，从某一方向列车到达车站之时起，至相对方向列车到达或通过该站时止的最小间隔时间，称为不同时到达间隔时间 $\tau_{不}$。$\tau_{不}$ 在运行图上的表示形式有两种：一停一通和双停，如图 2-6 所示。

不同时到达间隔时间的大小，根据下列条件确定，如图 2-7 所示。

①只有当第一列车到达车站，并为对向列车准备好接车进路后，才能给对向列车开放进站信号。

②进站信号开放时，列车头部在离进站信号机外方所处的位置，应等于一个制动距离及司机确认信号显示变化时间内所通过的距离之和。

当放行不停车通过车站列车时，车站值班员应当在进站信号开放前，预办闭塞。因此，不同时到达间隔时间 $\tau_{不}$ 是由第一列车到达车站后，车站办理必要作业所需要的时间$t_{作业}$及对向列车通过进站距离$L_{进}$所需要的时间$t_{进}$两个部分组成。

$$\tau_{不} = t_{作业} + t_{进} = t_{作业} + 0.06\frac{L_{进}}{v_{进}} = t_{作业} + 0.06\frac{0.5l_{列} + l_{确} + l_{制} + l_{进}}{v_{进}} \quad (\mathrm{min}) \qquad (2\text{-}6)$$

式中：$t_{作业}$——车站办理必要作业所需时间(min)；

$l_{列}$——列车长度(m)；

$l_{确}$——司机确认进站信号显示状态时间内列车运行距离(m)；

$l_{制}$——列车制动距离或由预告信号机至进站信号机的距离(m)；

$l_{进}$——进站信号机至车站中心线的距离(m)；

$v_{进}$——列车平均进站速度(km/h)。

2. 会车间隔时间$\tau_{会}$

在单线区段，自列车到达或通过车站时起，至由该站向同一区间发出另一对向列车时止的最小间隔时间，称为会车间隔时间$\tau_{会}$。$\tau_{会}$在运行图上的表示形式有两种：一停一通和双停，如图 2-8 所示。

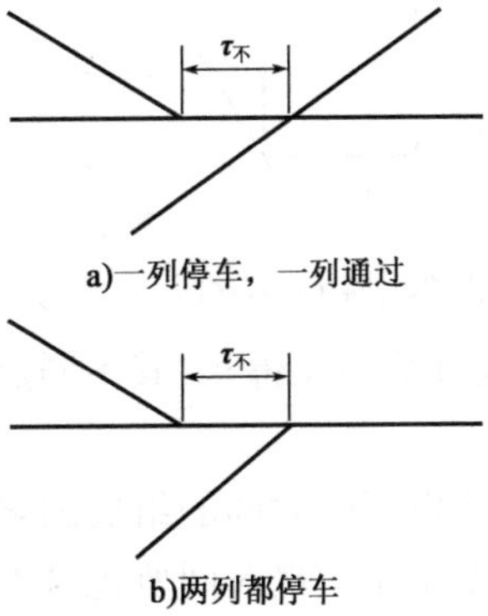

图 2-6　不同时到达间隔时间示意图

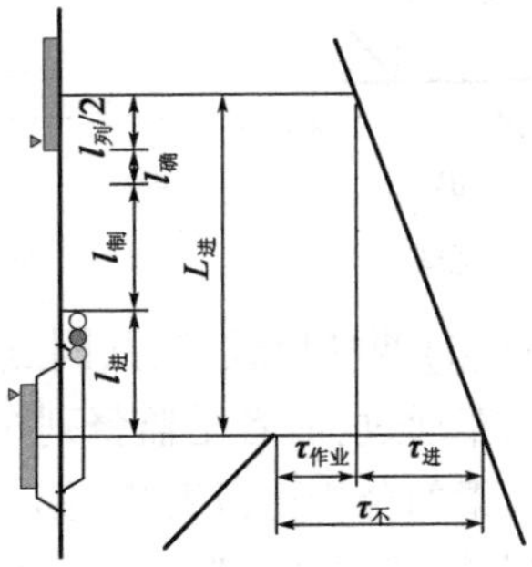

图 2-7　不同时到达间隔时间构成示意图

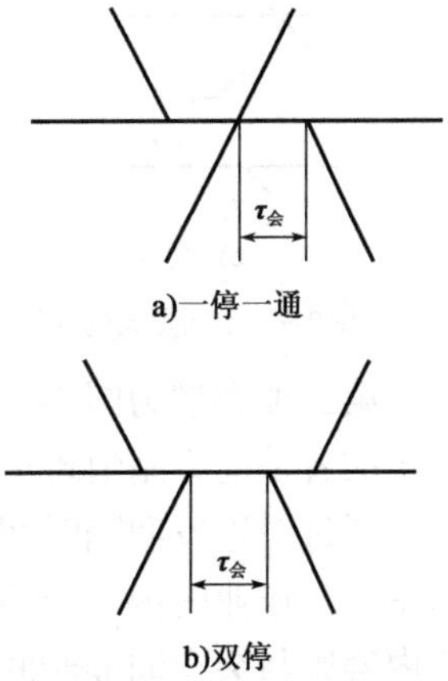

图 2-8　会车间隔时间示意图

会车间隔时间，由车站值班员监督列车到达或通过后，为向同一区间发出另一对向列车所需办理必要作业时间组成$t_{作业}$。主要包括：确认先到列车的到达或通过的时间，与来车方向的邻站办理闭塞的时间，准备发车进路及开放出站信号机的时间，发车作业时间等。其计算公式为：

$$\tau_{会} = t_{作业} \quad (s) \tag{2-7}$$

3. 同方向列车连发间隔时间$\tau_{连}$

在单线或双线区段，从列车到达或通过前方邻接车站时起，至由车站向该区间再发出另一同方向列车时止的最小间隔时间，称为同方向列车连发间隔时间$\tau_{连}$。

根据列车在前后两站停车或通过的不同情况，连发间隔时间可分以下四种形式。

①两列车通过前后两车站，如图 2-9a)所示。

②第一列列车在前方站停车，第二列车在后方站通过，如图 2-9b)所示。

③第一列列车在前方站通过，第二列列车在后方站停车，如图 2-9c)所示。

④两列车在前后两站均停车，如图 2-9d)所示。

按照连发间隔时间组成因素的不同，可以将上述四种形式的连发间隔归纳为两种类型，第一种类型为图 2-9 中的 a)、b)两种形式，其共同点是列车均在后方站通过，其不同点仅在于前者是前方站值班员监督列车通过，后者是监督列车到达。这一类型的连发间隔时间由两部分组成,第一部分为前后两站办理作业所需时间$t_{作业}$,第二部分为第二列车通过后方站进站距离$L_{进}$的时间$t_{进}$。连发间隔时间的各项作业程序如图 2-10 所示。

其计算公式为:

$$\tau_{连} = t_{作业} + t_{进} = t_{作业} + 0.06\frac{L_{进}}{v_{进}} = t_{作业} + 0.06\frac{0.5l_{列} + l_{确} + l_{制} + l_{进}}{v_{进}} \quad (\text{min}) \tag{2-8}$$

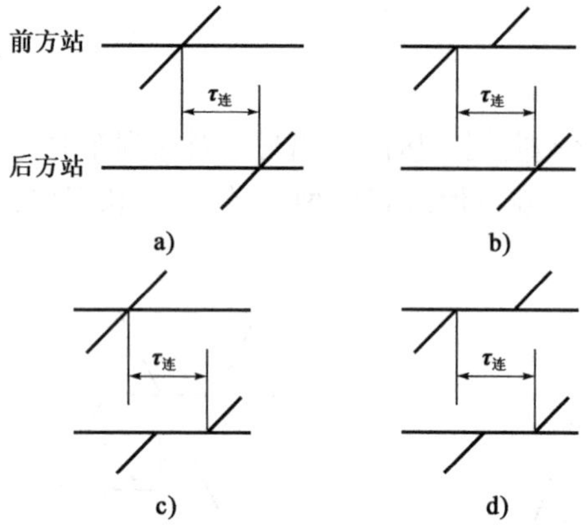

图 2-9 不同形式的连发间隔时间示意图

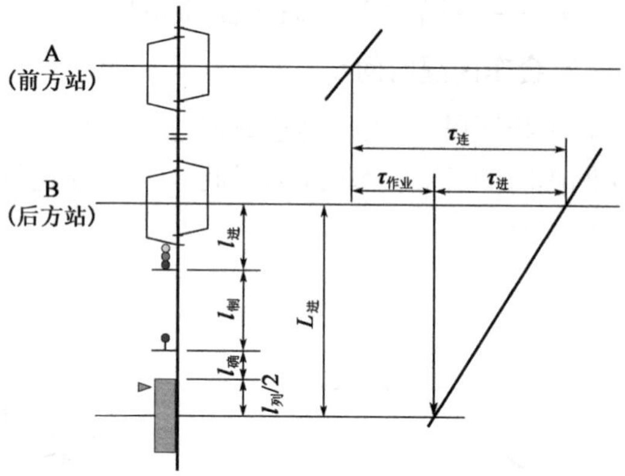

图 2-10 连发间隔时间作业程序图

第二种类型为图 2-9 中的 c)、d)两种形式,其共同点是列车均在后方站停车,其不同点仅在于前者是前方站值班员监督列车通过,后者是监督列车到达。

通过对连发间隔时间组成因素的分析可以看出,第一种类型连发间隔时间的组成因素及车站办理作业的内容与不同时到达间隔时间基本相同;第二种类型发车间隔时间所包含的作业内容则与会车间隔时间基本相同。但必须注意,连发间隔时间是发生在前后两个车站,而不同时到达和会车间隔时间发生在同一个车站上。

2.2.2 追踪列车间隔时间

在自动闭塞区段或设有线路所的非自动闭塞区段,一个站间区间内同方向可有两列或两列以上的列车,以闭塞分区或所间区间相间隔运行,称为追踪运行。追踪运行列车之间的最小间隔时间,称为追踪列车间隔时间$I_{追}$,如图 2-11 所示。为了保证后行列车不致因前行列车尚未及时腾出所间或几个闭塞分区而降低速度运行,$I_{追}$应保证后行列车进入所间区间或几个闭塞分区之前,在一个制动距离以外,看见前方信号处在开放状态。

$I_{追}$的数值取决于同向列车相隔的距离,列车运行速度,信号、联锁及闭塞的类型,分界点配线以及规定的同向列车追踪方法(即在绿灯或黄灯下追踪)。

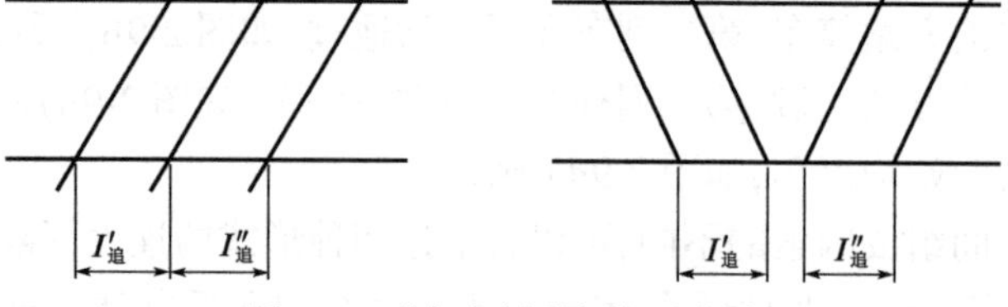

图 2-11 列车追踪间隔时间示意图

同方向列车追踪运行，适用于自动闭塞区段及半自动闭塞区段设有线路所的区间。

以三显示为例的固定（自动）闭塞线路列车追踪间隔时分的计算如下：

计算追踪间隔时间，一般选择在线路坡道大、列车运行速度低的困难区段。除在困难区段计算追踪间隔时间外，还应分别计算接发列车的车站同方向发车及同方向到达的间隔时间。然后将这三种间隔时间相互比较，取其中最大的数值，作为划分闭塞分区排列通过信号机位置的依据。

闭塞分区的最大长度（进站信号机前方除外）应根据轨道电路的安全及可靠动作的要求，最好不要超过轨道电路的极限长度，以免增加分割点的设备。

①列车间隔三个闭塞分区，在绿灯下运行，其运行情况如图 2-12 所示。

图 2-12 中按三个闭塞分区间隔运行时，最小间隔时间可按式（2-9）求得，即：

$$I_{追}^{绿} = 0.06\frac{l_{列} + l'_{分区} + l''_{分区} + l'''_{分区}}{v_{平均}} \tag{2-9}$$

式中：$I_{追}^{绿}$——绿灯追踪下的追踪间隔时间（min）；

$v_{平均}$——绿灯追踪下的列车平均速度（km/h）。

②列车间隔两个闭塞分区，在黄灯下运行，其运行情况如图 2-13 所示。

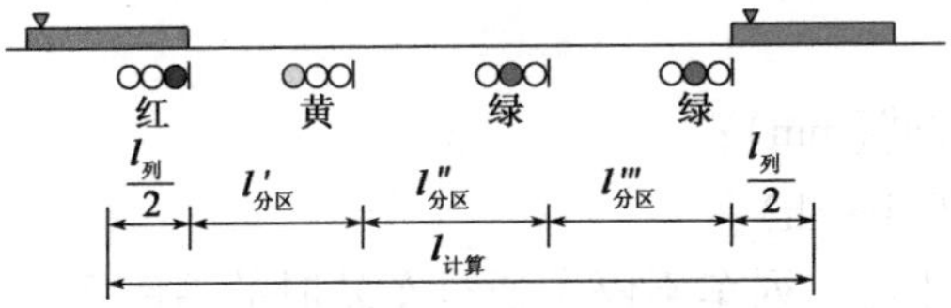

图 2-12　列车间隔三个闭塞区间，绿灯下运行追踪间隔示意图

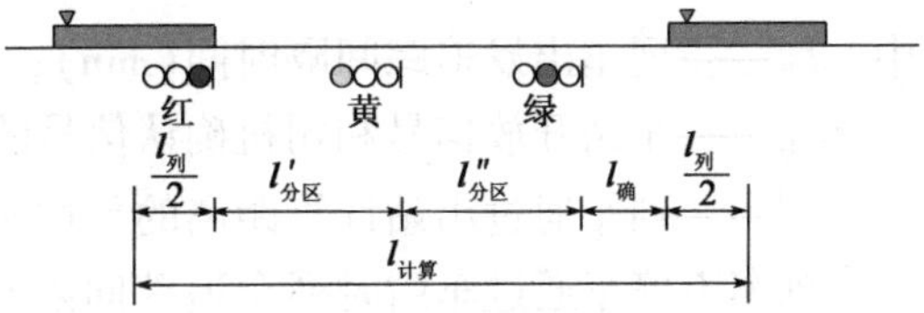

图 2-13　列车间隔两个闭塞区间，在黄灯下运行追踪间隔示意图

最小间隔时间可按式（2-10）求得，即：

$$I_{追}^{黄} = 0.06\frac{l_{列} + I'_{分区} + l''_{分区}}{v_{平均}} + t_{确} \tag{2-10}$$

式中：$I_{追}^{黄}$——黄灯追踪下的追踪间隔时间（min）；

$t_{确}$——司机确认信号变换显示的时间，一般为 0.25min。

$v_{平均}$——黄灯追踪下的列车平均速度（km/h）。

③列车到站停车时列车到达追踪间隔时间 $I_{到}$。列车到站停车时的追踪运行情况如图 2-14 所示。

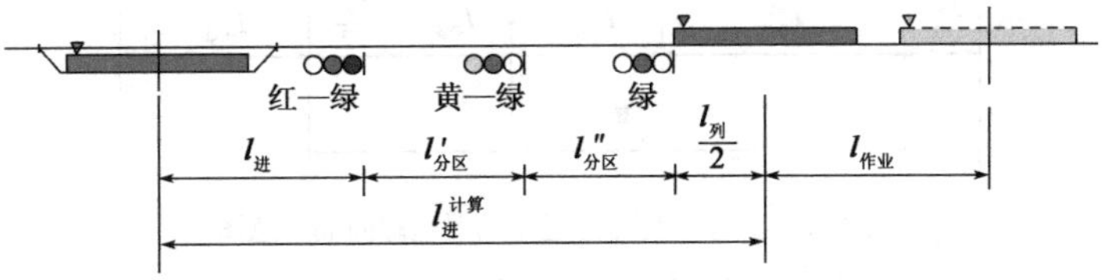

图 2-14　列车到站停车时追踪间隔示意图

最小间隔时间可按式（2-11）求得，即：

$$I_{到} = t_{作业} + 0.06\frac{0.5l_{列} + l'_{分区} + l''_{分区} + l_{进}}{v_{进}^{平均}} \tag{2-11}$$

式中：$I_{到}$——列车到达追踪间隔时间(min)；

$t_{作业}$——车站准备进路和开放信号的时间(min)；

$v_{进}^{平均}$——列车通过进站计算距离的平均速度(km/h)。

④列车从车站出发时列车出发追踪间隔时间 $I_{发}$。列车从车站出发时的追踪运行情况如图 2-15 所示。

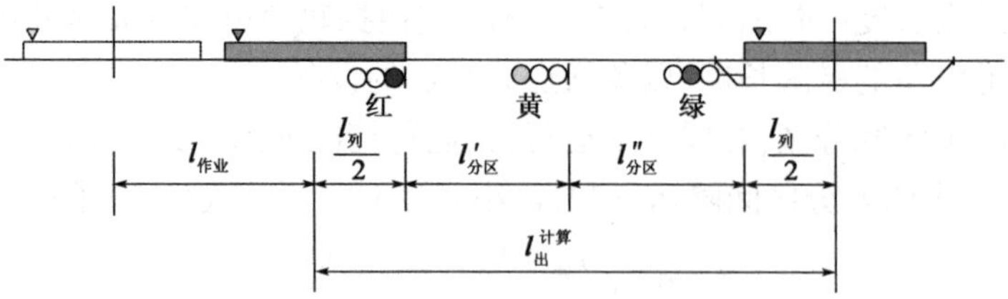

图 2-15　列车从车站出发时追踪间隔示意图

最小间隔时间可按式(2-12)求得，即：

$$I_{发}=t_{作业}+0.06\frac{l_{列}+l'_{分区}+l''_{分区}}{v_{出}^{平均}} \tag{2-12}$$

式中：$I_{发}$——列车出发追踪间隔时间(min)；

$t_{作业}$——车站开放信号和司机确认信号的时间(min)；

$v_{出}^{平均}$——列车通过出站计算距离的平均速度(km/h)。

⑤列车不停车通过车站时列车追踪间隔时间 $I_{通}$。列车不停车通过车站时的追踪运行情况如图 2-16 所示。最小间隔时间可按式(2-13)求得，即：

$$I_{通}=t_{作业}+0.06\frac{l_{分区}^{站}+l'_{分区}+l''_{分区}+l_{列}+l_{岔}}{v_{通}^{平均}} \tag{2-13}$$

式中：$I_{通}$——不停车通过车站时列车追踪间隔时间(min)；

$l_{分区}^{站}$——车站闭塞分区长度(m)；

$l_{岔}$——出站信号机至最外方道岔的距离；

$t_{作业}$——第二列车开放进站信号的时间(min)；

$v_{通}^{平均}$——列车通过车站计算距离的平均速度(km/h)。

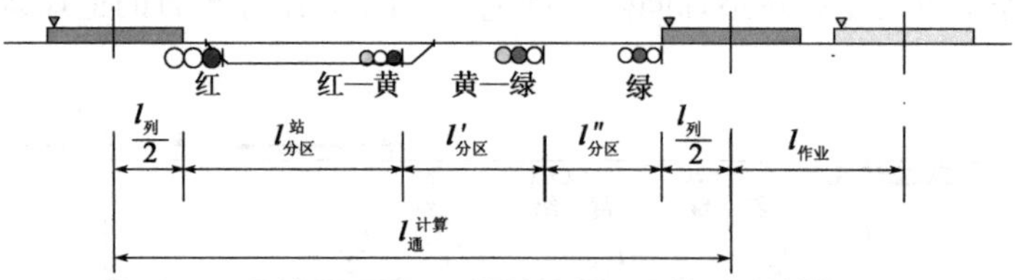

图 2-16　列车不停车通过车站时追踪间隔示意图

追踪列车间隔时间的最小值，由所采用的信号系统、车辆性能、折返能力、旅行时间、停站时间、投入运行的列车数等多种条件确定。在城市轨道交通系统的运营高峰时，线路上个别车站的客流量大，乘客上下车时间会较长。在设备和运营模式固定的条件下，应尽可能压缩停站时间，提高输送能力，同时，最小追踪间隔时间应留有一定的余量，当列车运行偏离运行图时，便于行车调度员采取必要的调整措施，使整个系统的列车运行秩序能尽快恢复正常。

2.3 通过能力

为了实现运输生产,完成运输任务,轨道交通必须具有一定的运输能力。运输能力一般采用通过能力和输送能力两种概念。

取决于固定设备设置条件的轨道交通运输能力,统称为轨道交通通过能力。通过能力,一般按轨道交通区段或方向确定。它是在一定的固定设备、一定的机车车辆类型和一定的行车组织方法的条件下,固定设备在单位时间内能通过的最大列车数或列车对数。

取决于活动设备的数量和设置的轨道交通运输能力,统称为轨道交通输送能力。输送能力一般按线路或方向分别确定。它是在一定的固定设备、一定的机车车辆类型和一定的行车组织方法的条件下,根据活动设备(机车车辆)数量和职工配备情况,在单位时间内最多能够输送的列车对数、列车数或货物吨数。

我国铁路通过能力在内涵和计算方法方面,较城市轨道交通通过能力复杂,具体参见杨浩教授主编的《铁路运输组织学》(第三版)。本节主要介绍城市轨道交通通过能力相关概念和计算方法。

城市轨道交通的通过能力是指在采用一定的车辆类型、信号设备和行车组织方法条件下,城市轨道交通固定设备在单位时间内(通常是高峰小时)所能通过的最大列车数。

2.3.1 通过能力的影响因素

城市轨道交通的通过能力,应按下列四类固定设备计算。

①线路。线路是指由区间和车站构成的整体,其通过能力主要受正线数目,列车运行控制方式,车辆技术性能,进出站线路平、纵断面,列车停站时间和行车组织方法等因素影响。

②列车折返设备。其通过能力主要受车站折返线布置、信号和联锁设备种类、列车在折返站停站时间,以及调车进路长度与调车速度等因素影响。

③车辆段设备。其通过能力主要受车辆的检修台位、停车线等设备的数量和容量等因素影响。

④牵引供电设备。其通过能力主要受牵引变电所的数量、容量等因素影响。

城市轨道交通各项固定设备的通过能力通常各不相同,其中通过能力最小的固定设备限制了整个系统的通过能力,该项固定设备的通过能力即成为城市轨道交通的最终通过能力。因此,城市轨道交通通过能力是各项固定设备的综合能力,如果各项固定设备的通过能力相差悬殊,则会产生某些固定设备通过能力的闲置现象。在各项固定设备中,限制城市轨道交通通过能力的固定设备通常是线路和列车折返设备。

在影响城市轨道交通通过能力的诸多因素中,权重最大的是列车运行控制方式和列车停站时间。

列车运行控制方式是指列车运行间隔、速度的控制方式和行车调度指挥方式,取决于采用的列车运行控制设备类型。表2-1是三种列车运行控制方式的通过能力比较。

列车运行控制方式与线路通过能力对比表　　表2-1

序号	闭塞设备	列车间隔控制	列车速度控制	行车调度指挥	通过能力
1	自动闭塞	追踪运行+列车自动防护	连续速度控制	行车指挥自动化	高
2	自动闭塞	追踪运行	点式速度控制	调度集中	中
3	双区间闭塞	非追踪运行	点式速度控制	调度监督	低

由于城市轨道交通车站一般不设置配线，列车只能在车站正线停车办理客运作业，致使列车追踪运行时经过车站的间隔时间，远大于在区间追踪运行时的间隔时间。因此，列车停站时间是限制城市轨道交通线路通过能力的主要因素之一。

2.3.2 通过能力计算

1. 线路通过能力

(1)自动闭塞行车时的线路通过能力

其计算公式为：

$$n_{max}=\frac{3600}{h}\quad(列)\tag{2-14}$$

式中：n_{max}——1h 内线路能够通过的最大列车数(列)；

h——城市轨道交通追踪列车间隔时间(s)。

(2)双区间闭塞行车时的线路通过能力

双区间闭塞行车是指列车连发间隔，按同一时间、两个区间内只准有一列车占用进行控制。双线双区间闭塞列车运行图周期，如图 2-17 所示。

双区间闭塞行车时的线路通过能力计算公式为：

$$n_{max}=\frac{3600}{\sum t_{运}^{i}+t_{站}+\tau_{连}}\quad(列)\tag{2-15}$$

式中：$t_{运}^{i}$——i 区间运行时分(s)；

$\tau_{连}$——连发间隔时间(s)。

2. 列车折返设备通过能力

列车折返设备通过能力计算公式为：

$$n_{折返}=\frac{3600}{h_{发}}\quad(列)\tag{2-16}$$

式中：$n_{折返}$——1h 内列车折返设备能够折返的最大列车数(列)；

$h_{发}$——列车折返出发间隔时间(s)。

列车折返方式不同，$h_{发}$ 的计算方法也不同。

(1)站后折返

站后折返时的列车折返出发间隔时间，如图 2-18 所示。

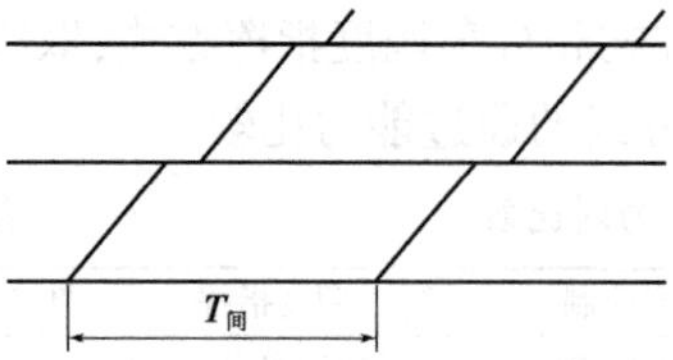

图 2-17 双线双区间闭塞列车运行图周期示意图

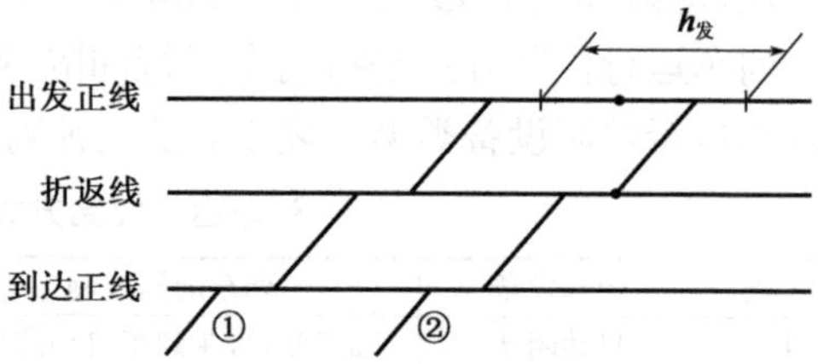

图 2-18 采用站后尽端线折返时 $h_{发}$ 计算示意图

当折返列车②在折返线规定的停留时间结束后，即能进入下行车站正线，此时折返列车①与②之间有最小的折返出发间隔时间 $h_{发}$，即：

$$h_{发} = t_{离去} + t_{作业} + t_{确认} + t_{出线} + t_{站} \quad (s) \tag{2-17}$$

式中：$t_{离去}$——出发列车驶离车站闭塞分区的时间(s)；

$t_{作业}$——车站为折返线停留列车办理调车进路的时间(s)，包括道岔区段进路解锁延迟、排列进路和开放调车信号等各项时间；

$t_{确认}$——司机确认信号时间(s)；

$t_{出线}$——列车从折返线至车站出发正线的走行时间(s)；

$t_{站}$——列车停站时间(s)。

(2)站前折返

列车经由站前双渡线折返时，可以有侧向到达、直向出发和直向到达、侧向出发两种折返模式。从列车进站应减速、出站需加速以及乘客乘坐的舒适性考虑，侧向到达、直向出发是较为合理的列车进、出站运行组织方法。站前折返时的列车折返出发间隔时间如图 2-19 所示。

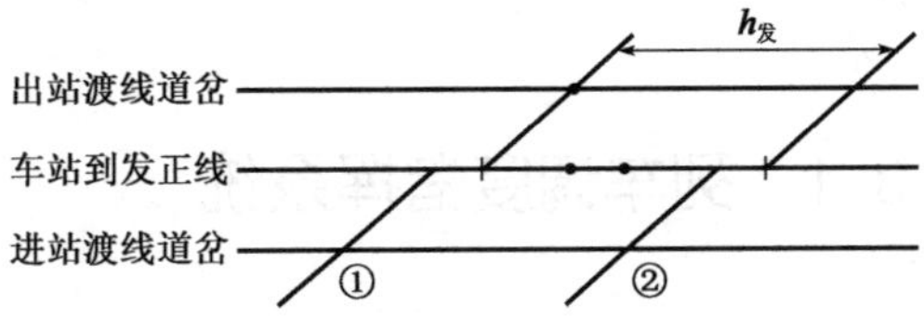

图 2-19　侧到直发时 $h_{发}$ 计算示意图

当进站列车②位于进站渡线道岔外方确认信号距离处时，即能进入车站正线，此时折返列车①与②之间有最小的折返出发间隔时间 $h_{发}$，即：

$$h_{发} = t_{离去} + t_{作业} + t_{确认} + t_{进站} + t_{站} \quad (s) \tag{2-18}$$

式中：$t_{作业}$——车站为进站列车办理接车进路的时间(s)，包括道岔区段进路解锁延迟和排列进路等各项时间；

$t_{进站}$——列车从进站渡线道岔处至车站正线的走行时间(s)。

3. 最终通过能力

如果城市轨道交通的最终通过能力，受限制于线路或列车折返设备的通过能力，则最终通过能力可用以公式(2-19)计算，即：

$$n_{max}^{最终} = \frac{3600}{\max\{h, h_{发}\}} \quad (列) \tag{2-19}$$

式中：$n_{max}^{最终}$——城市轨道交通在 1h 内最终能够通过的最大列车数(列)。

思考题

1. 简述列车运行图的作用。
2. 简述列车运行图的分类。
3. 简述列车运行图的影响因素。
4. 试说明追踪列车间隔时间计算方法。
5. 简述城市轨道交通通过能力的影响因素。

第3章 行车调度指挥

轨道交通系统是一个复杂的技术密集系统,它具有高度集中和各个工作环节紧密联系、协同动作的特点,必须实行集中领导、统一指挥的原则。运输调度是轨道交通系统日常运输工作的指挥中枢,凡与运输有关各部门、各工种都必须在运输调度的统一指挥下,进行日常生产活动。本章主要介绍列车调度指挥系统的构成,日常和非正常情况下调度,以及行车调度分析。

3.1 列车调度指挥系统

3.1.1 列车调度系统构成

列车调度系统是以轨道交通现代化技术设备为基础,利用信息采集装置收集列车运行的实时信息,由计算机自动进行列车运行追踪和管理。它根据未来运输变化的需要,自动制订列车运行计划,合理配备牵引动力、车辆及乘务员,传达列车运行调整信息,自动完成调度监督,提供列车进路控制手段,自动进行列车运行实绩的统计和分析。

1. 组织机构

城市轨道交通运营指挥执行层次,如图3-1所示。

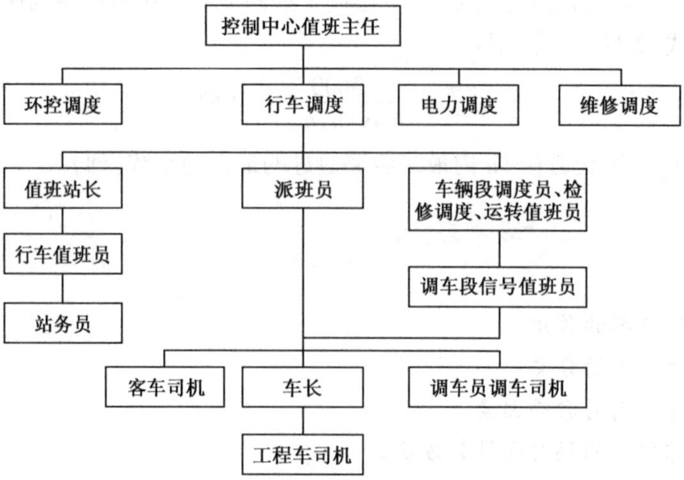

图3-1 城市轨道交通运营指挥执行层次图

控制中心代表运营公司总经理领导、指挥日常运营工作；值班主任是调度班组长，负责领导、指挥和协调本班的运营工作；行车调度是列车运行的组织、领导和指挥者，所有与列车运行有关的作业人员都必须服从行车调度指挥、执行行车调度命令，行车调度应严格按运行图指挥行车。

在车站，行车组织工作由值班站长领导、车站值班员指挥；在车辆段，行车组织工作由运转值班员领导，调车进路和列车进路办理由车辆段信号值班员指挥，调车作业由调车员指挥。列车在区间时，客运列车由司机指挥，施工列车由车长指挥；列车在车站时，接受行车调度员或车站值班员指挥；行车设备在运营时间内发生故障时，由行车调度员通知维修调度组织抢修。

2. 城市轨道交通运营指挥机构

运营指挥分为一级、二级二个指挥层级；二级服从一级指挥。

一级指挥为：行车调度、电力调度、环控调度和维修调度。

二级指挥为：值班站长、派班员、车辆段调度员。

各级指挥要根据各自职责任务独立开展工作，并服从运营控制中心值班主任总体协调和指挥。

3. 城市轨道交通运营控制中心

在日常运输工作中，为统一指挥、有序组织运输生产活动，轨道交通系统设立控制中心。为对复杂的运输生产活动进行全面的指挥和监督，控制中心实行分工管理原则，将整个运输生产活动按业务性质划分成若干部分，设置不同的调度工种分别管理一定的工作。控制中心通常设有行车调度、电力调度、环控调度和维修调度等调度工种。

值班调度主任（调度长）是调度班组工作的组织者和领导者，其主要工作职责是传达、贯彻和执行上级有关文件、命令及指示，负责完成本班组各项运输指标，主持接班会、布置有关注意事项，检查安全生产情况，掌握列车运行执行情况，负责施工和救援工作的把关，主持事故分析会等。

运营控制中心的主要功能包括以下十项：

①运营控制中心是轨道交通系统日常运营、设备维护、行车组织的指挥中心。

②运营控制中心是轨道交通系统运营信息的收发中心。

③运营控制中心代表运营公司总经理指挥运营工作，代表运营公司与外界协调联络运营支援工作。

④运营控制中心各调度由值班主任统一指挥。在处理突发事件、事故时，各调度有责任向值班主任提供本岗位的处理方案，并及时报告相关信息。

⑤城市轨道交通的行车工作由行车调度统一指挥。

⑥城市轨道交通供电设备运作由电力调度统一指挥。

⑦环控和防灾报警设备由环控调度统一指挥。

⑧维修调度主要负责管理范围内的故障（事故）信息接收、传递、反馈和处理的组织、协调及统计分析工作。

⑨在行车组织指挥时，车站由值班站长，车辆段由车辆段调度员统一指挥。发生行车设备

故障,车站值班站长(值班员)应及时报告行车调度,由行车调度通知维修调度或车辆调度派人组织抢修。

⑩列车在区间时,客车由司机负责指挥,工程车由车长负责指挥。

3.1.2 列车调度系统的主要功能

城市轨道交通运营调度是城市轨道交通日常运输组织的指挥中枢,城市轨道交通的运营管理行车组织工作,为安全运送乘客、满足设备维护的需要,按列车运行图的要求,实现安全、准点、舒适和快捷的运营服务为宗旨。各单位、各部门必须在集中领导,统一指挥的原则下,紧密配合、协调动作,确保行车和乘客安全,完成各项工作任务。列车调度系统的主要功能包括以下4项。

①负责城市轨道交通系统的日常行车组织、指挥工作,按照列车运行图的要求组织行车,实现安全、准点和优质的运营服务。

②负责监督控制全线客流变化情况,调集人力、物力和备用车辆,疏导突发大客流。

③负责组织、实施正线、辅助线范围内的行车设备检修以及各种施工、工程车运输作业。

④负责组织、处理在运作过程中发生的各种故障、事件或事故。

3.1.3 调度指挥原则

调度指挥应遵循以下四项原则。

1. 安全生产的原则

在列车调度指挥工作中,必须坚持安全生产的原则,正确指挥列车运行。不能发布没有安全保障依据的命令和指示。当得到有关危及行车安全的信息时,要正确、及时、妥善处理。以保证旅客列车的安全为重点,组织列车安全运行。

2. 按图行车的原则

列车正点率是轨道交通运输产品质量的重要技术指标,也是轨道交通运输组织管理水平的综合反映。只有按图行车,才能保持正常的运输秩序,进而保证列车的正点率。

3. 单一指挥的原则

城市轨道交通的行车工作是一个由互相联系、互相影响的多部门、多单位、多工种所组成的完整系统。在这个系统中,各部门、各单位、各工种间的紧密联系和协调一致,对于保证行车安全和运输效率有着决定性的意义。行车调度是为适应城市轨道交通行车特点,而设置的行车工作的统一指挥者。在列车行车调度工作中,与行车有关的人员,必须服从所在区段当班行车调度的集中统一指挥。其他任何人不得发布与行车有关的命令和指示。

4. 下级调度服从上级调度的原则

在列车运行组织与调整过程中,相邻调度台之间应保持紧密联系,以保证列车的正常交接。对出现的问题,双方要主动协商解决,当出现意见不一致的情况时,由上一级调度进行仲裁。一经上级调度决定,有关人员必须无条件执行。

3.1.4　行车调度工作的基本任务与控制方式

1. 行车调度的基本任务

①组织指挥各部门、各工种严格按照列车运行图工作。

②监控列车到达、出发及途中运行情况,确保列车运行正常秩序。

③随时掌握客流情况,及时调整列车运行方案。

④检查监督各行车部门执行运行图情况,发布调度命令。

⑤当列车运行秩序不正常时,及时采取措施,尽快恢复正常运行秩序。

⑥及时、准确地处理行车异常情况,防止行车事故的发生。

⑦当发生行车事故时,立即采取措施,防止事故扩大,并积极组织救援工作。

2. 行车调度控制方式

行车调度控制方式,主要有人工调度、调度集中和行车指挥自动化三种。

①人工调度指挥系统。该系统主要由行车调度通过电话给车站值班员直接发布指令,以路票作为行车凭证,因此,该方式也被称为电话闭塞法。

②调度集中。行车调度通过调度集中控制设备控制所管辖线路上的信号和道岔,办理列车进路,组织和指挥列车运行。基本闭塞方法为自动闭塞法,列车运行以驾驶员操纵为主。

调度集中控制设备是一种远程控制的信号设备。特点是区间采用自动闭塞、车站采用集中连锁,并用电缆把它们引接到指挥该线路列车运行的控制中心。

③行车指挥自动化。在行车调度监控下,由冗余计算机组等设备构成的列车自动监控子系统(ATS)实现列车运行的控制。这时,基本闭塞方法为自动闭塞法,通常还采用列车自动防护(ATP)和列车自动运行(ATO)子系统,三个子系统构成列车自动控制系统(ATC),ATC系统具有列车运行自动化和行车指挥自动化的功能。

3.1.5　行车调度的职责

1. 行车调度业务素质

列车运行是轨道交通系统日常运输生产活动的重要内容,行车调度担负有指挥列车安全、正点运行的责任。要求行车调度应具备的素质包括以下八项:

①具有运输专业实践工作经验。

②熟悉人、车、天、地、图等各种与行车有关的因素。

③熟悉司机、车站值班员等与列车运行有关的工作人员情况。

④熟悉车辆技术状态,使用性能和特点等情况。

⑤掌握气候变化等因素对客流增减及对列车运行影响的一般规律。

⑥熟悉与行车有关的各种技术设备。

⑦熟悉列车运行图、技规、行规、调规等技术文件和有关规章制度。

⑧有很好的沟通能力和应急决策能力。

2. 行车调度职责

①组织各部门、各工种严格按照列车运行图工作。

②监控列车到达、出发及途中运行情况，确保列车运行正常秩序。

③随时掌握客流情况，必要时调整列车运行方案。

④检查督促各行车部门执行运行图情况。

⑤当列车运行秩序不正常时，及时采取措施，尽快恢复正常运行秩序。

⑥及时、准确地处理行车异常情况，防止行车事故发生。

⑦当发生行车事故时，按规定程序及时向上级主管部门汇报，并采取措施防止事故扩大，积极参与组织救援工作。

3.2 列车运行日常调度指挥

在我国大部分城市，通常由控制中心承担城市轨道交通系统的列车指挥工作。控制中心是城市轨道交通企业的运营生产指挥部门，负责所辖各条轨道交通线路行车、电力、消防环控及票务等的行车调度和特发事件处理等工作。

3.2.1 列车运行调度指挥日常工作

列车运行调度指挥日常工作包括以下七项：

①组织制订行车、电力、环控调度规程，参与运营技术管理、行车组织等规程及突发事件预案，并组织实施。

②组织、控制有关行车人员按运行图行车，遇到列车晚点和突发事件时，及时采取调整措施，迅速恢复列车正常运行。

③密切注意客流动态，并按规定负责下达和通知自动售检票系统有关单位，实行相关运营方案。

④负责行车、设备事故及突发事件的救援抢修调度指挥，采取有效措施防止事故扩大，尽快恢复正常运行；按事故报告程序及时做好上报和下达工作。

⑤负责编制和组织实施正线的施工、调试列车的作业计划。

⑥建立、健全生产运营、调度指挥等各项原始记录、统计和分析表，并按规定向上级主管部门上报。

⑦维护调度纪律，督查各基层单位执行车调度命令和有关规章制度的情况，发现问题立即采取相应措施。

3.2.2 正常情况下列车运行组织

1. 运营服务前的准备工作

运营服务前的准备工作是安全运营的前提，通过对技术设备、运营人员、车辆状况的检查，达到开始运营的条件，才能维护正常的运营秩序。

①每日运营前，行车调度要与车站值班员确认线路上所有施工检修作业已经完成、注销，线路空闲，无侵限。

②根据运营计划，行车调度与车辆段调度员核对运行图，当日运用车列数应符合运营计划

的要求。出场列车需具备以下三项条件：

a. 列车无线电话和车厢广播设备使用功能良好；

b. 车载 ATC 设备日检正常、铅封良好；

c. 车辆设备良好；

③每日运营前 ATS 需具备以下七项条件：

a. 中央工作站表示正确且一致；

b. 所有集中站处于中控状态；

c. 方向开关、道岔位置及信号表示正确；

d. 确认各终端站折返的主用模式；

e. 确认系统的调整方式；

f. 消除告警窗内所有无效告警；

g. 建立并确认计划时刻表。

④每日运营前，须确保接触网系统、消防环控系统、通信信号系统等与运营有关的设备状况良好。

⑤每日运营前，各车站及车辆段信号楼须按规定做好各项运营准备工作。所有运营有关值班人员须到岗，检查、确认无任何异常情况。

⑥每日运营前，车站值班员、车辆段调度员等有关运营人员须主动与行车调度校对时间，以控制中心 ATS 钟点为准的钟表时间(ATS 钟点应与北京时间校对)，列车司机须在出乘报到时，向运转值班员校对钟表时间。

2. 列车出入场(库)

(1)列车出场

出场列车为 ATS 系统所确认的计划列车，并确定列车的出场进路，以及进入运营系统的车站。列车经出场线(入场线)出场，司机凭出场信号机显示的绿色灯光开出车场。遇特殊情况时，列车可以凭行车调度下达命令投入运营。

(2)列车回库

入场列车为 ATS 系统所确认的计划回库列车，列车入场原则由入场线开往车场，图定或经由行车调度准许的入场列车，可由出场线运行至车场。

车场接入站和车场信号楼的行车值班员需相互办理行车日志的填报，其内容为车次、开车点、到达点、反向运行时还需注明径路(出场线或入场线)及调度命令号等。在中央控制故障改为站控时，车场接入站和车场信号楼的行车值班员须向行车调度报出入场列车的车次、到开点，车场信号楼的行车值班员应按运行图规定，组织好出、入车场列车的出入场工作。

3. 运营中的调度监督

列车进入正线运营后，行车调度必须时刻关注列车运行动态，确保安全、正常运行。

正常情况下的列车运行组织是指在营业时间采用基本列车运行控制方式和基本行车闭塞情况下的列车运行组织，目前主要有两种方式。

(1)调度监督下的列车运行组织

调度监督是一种行车调度能监视现场设备和列车运行状态，但不能直接进行控制的远程监督设备。通常是地铁新线在信号系统尚未安装情况下,投入运营时采用的过渡期时调度指挥方式。为了实现调度监督,除控制中心的显示盘等设备外,还需要在车站安装行车控制台、道岔局部控制设备及出站信号机等临时信联闭设备,在实施调度监督时,双线自动闭塞为基本闭塞法。

在调度监督情况下,由车站值班员排列列车进路、开闭出站信号,行车调度通过显示屏,监督线路上各车站信号机开闭显示、区间闭塞情况和列车运行状态,组织指挥列车运行。

为了实现按图行车,行车调度要努力组织列车正点运行,而组织列车正点始发又是列车正点运行的基础。对始发列车,行车调度应在列车出库、列车折返和客流异动等各方面具体掌握,以组织列车正点始发。

在始发站列车正点始发的情况下,由于途中运缓、作业延误或设备故障等原因,难免会出现列车运行晚点的情况。行车调度应根据实际情况,及时采取有效的调整措施,尽可能使晚点列车恢复正点运行或缩短晚点时间。

(2)行车指挥自动化时的调度监督

行车指挥自动化是利用计算机控制调度集中设备,指挥列车运行的一种自动远程遥控设备。在行车指挥自动化时,自动闭塞为基本闭塞法。行车指挥自动化的基本功能有以下五种。

①由基本列车运行图或计划列车运行图自动生成实际列车运行图。

②自动或人工监督控制各管辖车站的信号机、道岔及排列接发车进路。

③跟踪正线列车运行的信息(车次、正晚点)、显示沿线各车站进路占用。

④自动或人工进行列车运行调整。

⑤自动绘制实绩列车运行图及运营统计分析报告。

在行车指挥自动化情况下,由调度集中系统,选择确定当日使用的列车运行图,自动排列列车进路和自动调整列车运行。控制中心 ATS 通常储存多套基本列车运行图,经过加开或停运等修改后的列车运行图称为计划列车运行图;根据当日的客流情况、列车配备和人员配备情况,调度集中系统从计划列车运行图中,选择确定当日列车运行用的运行图。行车调度通过显示器,准确掌握线路上列车运行和分布情况,区间和站线的占用情况,以及信号机的显示状态和道岔的开通位置等。行车调度也可以应用人工控制功能,通过工作站终端输入各种控制命令,控制管辖区域的信号机,道岔以及排列列车进路,进行列车运行组织。

4. 运营结束后的收尾及施工前的准备工作

运营结束后,首先要核对所有运营列车及备用列车是否离开运营正线,确保正线线路空闲。

日常的养护维修、施工,原则上采用夜间"天窗"集中作业的维修模式,通常在列车夜间停运后安排维修。作业单位应提前提出计划报运营部,经运营部安排,以检修施工通告的形式,下达给有关站、段、总调度所及作业单位。施工前调度员对当晚行车、电力、工务、环控等方面的施工进行核对,落实具体的施工计划、责任人安全细则。

根据施工计划及施工申请,对需要停电区段的接触网通知电力调度停电,并监控施工作业过程。

日常的养护维修、施工,作业负责人应充分做好准备,按批准的检修施工计划,提前在车站进行检修施工登记,通过车站值班员向行车调度申请作业,行车调度应保证作业时间,并向有关车站、单位及作业负责人发出实际作业命令。作业负责人确认施工内容及起止时间后,在设好停车防护后,方可开工,并保证在规定时间内完成。经检验设备使用性能良好,通过车站值班员报行车调度申请开通区间,由总调度所下达注销命令号码。如不能在规定时间内完成施工作业,须在规定的施工截止时间前20min与总调度所联系,得到批准后方可延长作业时间。

3.2.3　行车调度命令

行车调度命令是指行车调度在调度指挥过程中,对行车有关人员发出的要求,并强制其配合完成的指令。

1. 调度命令分类

调度命令有口头命令、书面命令两种。口头命令与书面命令虽然形式不同,但具有同样的严肃性,均须做到规范发令、严格执行。

①口头命令一般为向单个受令对象(一般为列车司机),直接发布的短期性指令。

在无线录音设备正常状态时,行车调度发布的命令均以口头命令下达。包含的内容有命令号、受令人处所、受令人、受令内容、发布日期及时间、发令人姓名及复诵人姓名等。

②书面命令一般至少有两个受令对象。有时还需送达司机,较长时间影响行车的命令一般为书面命令。在录音设备故障停用时,遇救援列车、反方向行车及ATP切除运行均需发布书面命令。

2. 发布调度命令的一般规定

①调度命令应由当班行车调度发布,发布前应详细了解现场情况,听取有关人员的意见。

②命令内容,应一事一令,先拟后发。书面调度命令,必须由负责监护的调度员签阅后方可发布,发布口头命令可不签阅,发令时应口齿清晰、语速中等。

③受令处若为沿线各站,根据标准填写车站全称。

④发令人、受令人、复诵人、复核人必须填记全名。

⑤发令日期、发令时间按实际发令时间填写。

⑥所有命令必须记录在调度命令登记簿上,不随意涂改。

⑦下达口头命令在录音设备故障时,必须改用书面命令。

3. 需发布调度命令的情况

在下列十种情况下,行车调度应发布调度命令:

①区间发生重大、大事故。

②列车反方向运行。

③变更行车闭塞法。

④封锁区间、开通区间。

⑤列车清客、区间下人。

⑥向封锁区间开行救援列车。

⑦临时加开或停运列车。

⑧后端驾驶列车。

⑨载客通过、开行工程列车、调试列车。

⑩行车调度认为有必要的其他情况。

3.2.4 正常情况下列车运行组织

1. 列车运行要求

①在双线行车状况下，城市轨道交通系统的列车通常是按右侧单方向运行。

②为保证列车运行的安全，在组织列车运行时，通过设备或人工控制，使列车按闭塞分区或站间区间保持间隔距离。

③各站的行车工作由行车调度统一指挥。

2. 列车运行调整方法

组织列车正点始发是保证列车正点运行和实现列车运行图的基础。对始发列车，行车调度应在列车出库、列车折返交路和客流情况等方面，具体掌握和组织，以保证正点发车，列车在始发站发车早点不应超过1min。

在列车运行晚点时，行车调度应根据列车运行的实际情况，按规定的列车等级顺序进行调整，对同一等级的旅客列车，可根据列车的接续车次、乘客多少等情况进行运行调整，尽可能在最短时间内，使列车恢复按图运行。

在进行列车运行调整时，列车等级顺序依次排列如下：专运列车、旅客列车、调试列车、回空列车、其他列车。在抢险救灾的情况下，优先放行救援列车。

列车运行调整应注意列车运行安全，做到恢复正点运行和行车安全兼顾。

列车运行调整的主要方法包括以下十种：

①始发站提前或推迟发出列车。

②根据车辆的技术性能、司机操作水平和线路允许速度，组织列车加速运行、恢复正点。

③组织车站快速作业，压缩停站时间。

④组织列车通过某些车站。分为列车载客通过和列车放空通过两种情况。列车载客通过车站应严格掌握，一些客流较大的车站原则上不应组织列车通过，仅在由于车辆、设备故障，事故或车站因乘客滞留造成人多拥挤等原因引起运行秩序混乱，或是特殊需要时，方准列车载客通过车站。安排列车通过车站应考虑越站乘客是否有返回乘坐的列车，但末班列车不能载客通过车站。为了缓解客流压力或因列车晚点影响后续列车运行时，准许列车始发放空通过某些车站，但不宜连续放空两个列车。组织列车通过车站时，行车调度要加强预见性和计划性，提前下达命令。司机和车站有关人员应对乘客作好宣传解释工作，车站应维持秩序，组织好乘客乘降，保证乘客安全。

⑤变更列车运行交路，组织列车在具备条件的中间站折返。

⑥组织列车反方向运行。在双线线路，如一个方向列车密度较大，而另一个方向列车密度较小，为了恢复正点运行，可利用有道岔车站的渡线，将列车转到列车密度较小的线路上反方向运行。

⑦扣车。当一条线路的列车由于车辆、设备故障或其他原因不能正常运行，造成换乘站站台乘客拥挤时，行车调度应采取扣车措施，即将另一条线路的上下行列车扣在换乘站附近的车

站，以缓解换乘站的压力。扣车时间一般应控制在10min内，如果堵塞线路的列车在短时间内不能恢复正常运行，可组织扣下的列车在换乘站通过。同时，行车调度应发布畅通线路各站停售堵塞线路车票的命令。

⑧调整列车运行时间间隔。当换乘站由于客流骤增造成作业困难时，行车调度可根据列车的运行情况，适当调整列车运行时间间隔，尽量避免各线列车同时到达换乘站。

⑨在环形线情况下，当一条线路运行秩序混乱时，要尽力维持另一条线路的列车正常运行，并通知各站组织乘客乘坐畅通线路方向的列车。

⑩停运列车。行车调度对列车运行调整方法的选择，取决于列车运行的具体情况，而在实际工作中往往又可将几种列车运行调整方法结合运用。

3.2.5 大客流情况下列车运行组织

随着我国城市化进程的加快，城市人口急剧增加，经常出现在某一时段、某一地区大客流突发的情况，此时需要采取一些及时的措施疏散客流，防止出现意外事件。

①当某一车站出现大客流时，客运调度员要通过各种渠道及时发布相关信息，通知全线各站，并告知乘车的旅客，请轨道公安部门配合，组织好车站客流的疏散和安置工作。

②如站内客流超过安全容许的程度，要及时采取封站措施，禁止旅客进入，做好站外到站厅客流截流工作，以减轻站台的压力，并处理好乘客的情绪；同时，请求其他运输方式的配合，共同输送旅客。

③如遇大客流发生在轨道换乘站，相邻线路的行车调度要互通信息，加强配合，尽可能通过其他车站换乘旅客，当换乘站客流持续增长要及时通知相邻换乘站启动“换乘站客流组织应急预案”。

④当换乘站客流超出容许限度时，要采取限制换乘人数、临时关闭换乘通道、临时停售车票等措施，并请轨道公安部门配合好旅客的组织工作，同时通过广播等媒体及时向旅客通报有关信息，稳定乘客的情绪，避免出现乘客拥挤、摔倒等现象，确保安全。

⑤当大客流得到有效疏散，客流恢复到正常水平时，车站应及时向行车调度员汇报，取消应急预案，打开封锁的换乘通道，恢复正常运营行车。

3.2.6 正常情况下的列车运行监控

城市轨道交通具有运能大、行车密度高、运行间隔短、运营安全、受气候影响小等优点。根据目前采用的信号设备，正常情况下的运行组织分为调度集中控制、调度监督下的自动运行控制和半自动运行控制三种模式。

1. 调度集中控制条件下的列车运行组织

调度集中控制条件下的列车运行组织，是在调度所行车调度的指挥下，利用集中设备，对车站上列车的到、发、通过、折返等作业进行远程控制和调整，行车调度是唯一的行车指挥者和操作者，车站一般不参与行车指挥工作，只是对有关作业进行监督。

调度集中控制设备必须具备以下四种功能：

①车站采用电气集中联锁或微机联锁，能够对车站的设备（如道岔、进路）进行远程控制，车站设备要保证列车的安全运行。

②行车调度能够通过调度监督设备(微机显示器或显示屏),监护列车在线路上的运行状态,包括所有的信号显示,道岔位置及进路的布置。

③行车调度能够远程控制车站的道岔转换、进路排列、信号开放、指挥和调整列车的运行。

④设有自动或人工绘制列车运行图的设备。

2. 调度监督下的自动运行控制

这是目前城市轨道交通采用的主要列车运行方式。它是利用计算机技术对列车实行自动指挥和自动运行监护,并利用列车自动防护(ATP)系统,保护列车运行安全。在正常情况下,系统能够根据列车运行图自动排列车站的接发车进路(ATS),列车按照自动运行(ATO)系统模式自动运行。调度监督下的自动运行控制应能实现以下七项功能:

①计算机系统内存储多套列车运行图,根据实际使用的运行图实现列车自动运行。

②调度监督能够对运行的列车实时跟踪监控,对线路占用、道岔位置、信号显示、进路布置,能够通过终端系统显示其状态。

③能够实现集中控制系统和车站控制系统控制权的转换。

④能够自动或人工对列车运行作必要的调整,包括车站进路排列、道岔转换、信号开放等。

⑤列车运行一般采用 ATO 系统模式,必要时转换为人工控制,列车占用区间的凭证为列车收到的速度码。

⑥列车自动防护(ATP)系统为列车运行安全提供保证,使前后列车保持必要的间隔。

⑦能够自动或人工绘制列车实绩运行图。

3. 调度监督下的半自动控制

调度监督下的半自动控制是在调度所的统一指挥和监督下,由车站控制列车进路的排列、信号开放等作业的一种运行模式。这种模式在早期运营的城市轨道交通中采用,并一直沿用到现在。在新修建的城市轨道交通中,信号系统尚未安装调试到位,过渡期运营时也可采用此模式,在正式运营中,当中央 ATS 发生故障,或者特殊情况进行运行调整时,也可采用此模式。

调度监督下的半自动控制应实现以下五种功能:

①车站采用电气集中连锁或微机连锁,能实现进路排列、道岔转换、信号开放等功能。

②能够实现线路状况、进路占用情况、道岔位置、信号等状态的实时监控,对列车的运行进行监护。

③能够对列车运行的数据进行记录,便于调用。

④车站能够根据行车调度员的指令调整列车运行。

⑤人工或微机绘制实绩列车运行图。

3.3 非正常情况下列车运行组织

由于信号、道岔故障等原因,基本列车运行控制方式(正常情况下)不能继续采用时,需要在非正常情况下,组织列车运行。

3.3.1 列车自动控制系统故障时的行车

在采用ATC系统情况下，由ATS子系统完成列车运行的控制任务，行车调度只起监控作用；列车根据ATO子系统提供的信息，由ATO子系统自动驾驶运行。

在ATC系统发生故障时，行车指挥方法和列车运行控制方式按照下列方式改变。

①ATS子系统发生故障，改为调度集中控制，由行车调度人工控制全线的信号与道岔、办理列车进路和调整运行秩序。

②ATP地面设备发生故障，因ATO车载设备接收不到限速命令，无法按自动闭塞法行车。此时，如是小范围的设备故障，可由行车调度确认故障区间空闲后，向司机发布命令，列车在故障区间限速运行；如是大范围的设备故障，须停止使用自动闭塞法，改为车站控制，实行电话闭塞法行车。

③ATP车载设备发生故障，因故障列车无法接收限速命令，该列车司机应按调度命令，手动驾驶限速运行。

④ATP子系统和车站通信设备同时发生故障，采用时间间隔法行车。

⑤ATO子系统发生故障，列车改为手动驾驶，在ATP车载设备的监护下，按车内速度信号显示运行。

3.3.2 改为车站控制时的行车

凡发生下列情形之一时，根据行车调度的命令，由调度集中控制改为车站控制。

①对所管辖的道岔或信号失去了控制作用。

②表示盘上失去了复示作用或不能正确复示。

③停止使用自动闭塞法，

④按半自动闭塞法行车。

⑤清扫道岔。

⑥列车运行或调车有关工作必须由车站办理。

当调度集中控制改为车站控制时，在行车调度员的指挥下，车站行车值班员办理闭塞、准备进路、开闭信号和接发列车。

3.3.3 改用电话闭塞法时的行车

1. 改用电话闭塞法行车的时机

在停止使用自动闭塞法时，应改用电话闭塞法行车。以下情形须停止使用自动闭塞法，而用电话闭塞法。

①因故不能使用基本闭塞设备。

②因故发出由区间折回的列车。

③双线区间列车反方向运行。

④半自动闭塞区间出站信号机故障或灯光熄灭。

⑤办理不能使轨道电路起作用的轻型轨道车运行。

电话闭塞法是在没有机械、电气设备控制的条件下，仅凭电话联系，保证列车空间间隔的行车闭塞法。由于安全程度较低,所以只是一种临时代用的闭塞法。

2. 改用电话闭塞法行车的作业办法与要求

改用电话闭塞法行车,应有行车调度的命令,并严格按规定的作业办法与要求办理。

改用电话闭塞法行车时的作业办法与要求有以下七项。

①基本行车闭塞法的变更或恢复,均应按行车调度的命令办理。行车调度电话不通时,应由该区间两端站的行车值班员确认区间空闲后,直接以电话电报记录办理,但列车反方向运行除外。

②行车调度应及时调整列车运行计划,车站值班员根据行车调度的命令,办理闭塞、准备进路、开闭信号和接发列车。

③对最初列车、反方向运行列车、在车辆段与相邻站间运行列车,发车站行车值班员在发车前,必须得到接车站行车值班员以电话电报记录号码承认的闭塞;其余列车则实行电话闭塞解除法。接车站通告发车站前次列车闭塞解除的条件有以下两种:

a. 接车站接到发车站通知,向本站开来的列车,已到达本站并已由本站发出或已进入折返线;

b. 接车进路已准备妥当。

发车站收到接车站前次列车闭塞解除的通告,即是接车站对后一次列车闭塞的承认。此时,列车凭出站信号机显示的信号进入区间。如果出站信号机故障时,应发给列车司机绿色许可证,作为列车占用区间的行车凭证,手信号发车。发车站发车后,须及时通知接车站所发车次及发车时刻。

④取消闭塞(包括以电话电报承认和以闭塞解除法承认的闭塞),按下列四项规定办理:

a. 因故不能接车或发车时,由提出一方发出电话电报号码作为闭塞取消的依据;

b. 列车由区间途中退回到发车站时,由发车站发出电话电报记录号码,作为闭塞取消的依据;

c. 恢复基本闭塞法或使用时间间隔法行车时,自动取消;

d. 每日末班列车过后,自行取消。

⑤在双线线路上,列车按右侧单方向运行,但在一条正线中断行车的特殊情况下,可组织列车反方向运行。根据规定,旅客列车反方向运行必须得到值班调度主任准许,方可以调度命令执行。

双线区间反方向运行,无闭塞设备控制,只能改用电话闭塞法行车。这时,列车占用区间的行车凭证为路票。路票须在查明闭塞区间空闲,仅取得接车站承认闭塞后,方可填发。路票填写的正确与否,关系到列车运行的安全,为了防止差错,路票原则上应由车站值班员亲自填写。

填写路票要内容齐全、字迹清楚、不得涂改。出现填写错误时,应在路票上划"×"注销,重新填写。车站值班员对于填写完毕的路票,应与电话电报记录进行核对,确认无误并签名后,方可交给司机。

⑥为了确保行车安全,在改用电话闭塞法行车时,对部分列车闭塞的承认和取消,均要求有电话电报记录号码。车站值班员据此确认区间空闲或办妥的闭塞已经取消。要求及时准确地填记电话电报记录簿,一旦发生问题,有据可查。电话电报记录簿所使用的号码,须符合下

列三项要求：

a. 以站为单位，用满若干个非顺序的号码循环一次；

b. 相邻站不使用相同的号码；

c. 每个号码在本循环内只使用一次，号码一经发出，无论生效与否，不得重复使用。

⑦在改用电话闭塞法行车时，行车日志内应正确填记列车车次、到达、发出及闭塞解除时刻。对于最初列车、反方向运行列车、在车辆段与相邻站间运行列车，行车日志内还应填记承认闭塞的电话电报记录号码。

3.3.4 改用时间间隔法时的行车

由于自然灾害或其他原因使车站一切电话中断，车站行车值班员无法与控制中心、邻站取得联系，为了不间断行车，双线区间可改用时间间隔法行车。此时，行车作业办法与要求有以下四种：

①车站行车值班员指定改用时间间隔法的第一趟列车司机，将实行该行车法的情况通知有关车站。

②除线路两端折返站外，中间站道岔一律置于正线列车运行位置，如车站行车值班员无法在控制台上确认道岔位置或转换道岔，必须随车就地确认或办理。

③出站信号机置于停车信号显示，列车进入区间的行车凭证为红色许可证，手信号发车。

④两列车的间隔时间和列车运行速度应符合《中华人民共和国铁路技术管理规程》要求。

3.3.5 夜间施工时的行车

夜间施工是轨道交通系统生产活动的重要组成部分。运输调度部门既要按照批准的施工计划，保证设备维修更换、线路扩建工程等夜间施工任务顺利完成，又要保证次日运输生产能正常进行。为此，夜间施工时的行车应按有关作业办法与要求组织。

①行车调度应认真核对当夜施工计划，对施工内容、地点和方法做到心中有数。目前规定如施工负责人在 23:00 前未与行车调度员确认夜间施工，视为施工计划自行取消，行车调度员不予安排。

②行车调度员在 23:00 后将施工命令，下达给有关车站值班员和信号楼值班员，对重点车站应做重点布置。行车调度应保证施工时间，并在施工过程中与施工负责人保持联系。

③需向施工封锁区间开行施工列车时，列车进入封锁区间的行车凭证为调度命令。调度命令中应包括列车车次、运行速度、停车地点、停车时间、到达车站的时刻等有关事项。向施工封锁区间开行施工列车，施工地点每一端只准进入一列。施工列车进入施工地段时，应在施工防护人员显示的停车手信号前停车，根据施工负责人的要求，按调车办法，进入指定地点。

④施工列车应按闭塞方式运行。当一个区段一条线路上，只有一个列车往返多次运行时，可采取封闭区间运行的办法。此时，列车在始发站根据调度命令、凭手信号发车，并且还必须符合下列四项要求：

a. 封闭区间的所有道岔均应保持开通于列车运行的方向；

b. 封闭区间无其他施工作业；

c. 列车不准越出封闭区间运行；

d. 列车按调度命令指定时间离开封闭区间。

⑤行车调度应在满足施工要求的前提下，尽量缩小线路封锁或封闭的范围，使其对行车和其他施工作业的影响达到最小。

⑥当施工负责人报告不能按时完成施工作业、造成设备损坏、影响邻线列车运行和发生人员伤亡等情况时，行车调度应立即报告值班调度主任，同时采取有效措施，确保施工安全和次日运输生产能正常进行。

3.4 行车调度分析

运营结束后，应计算列车运行的指标，统计相关数据，作为分析、考核调度工作的质量，不断提高调度工作水平，更好地服务城市轨道交通运输。

3.4.1 行车调度工作考核指标

行车调度工作考核指标包括以下四种。

1. 列车运行图兑现率

实际开行列车数（不包括临时加开的列车数）与列车运行计划开行的列车数之比，计算公式如下：

$$\text{列车运行图兑现率} = \frac{\text{全部开行列车数} - \text{晚点列车数}}{\text{全部开行列车数} \times 100\%} \tag{3-1}$$

2. 列车正点率

按列车运行图固定车次、时间准点运行的列车数（包括根据调度命令临时加开或减开，以及调点列车）与全部开行列车数之比。列车正点率可分为始发正点率、到达正点率。

正点统计的标准有以下三种：

①凡按列车运行图固定车次、时间准点始发、到达终点的列车均统计为正点列车数。早点或晚点不超过 1min 的按正点统计。临时增加开行列车也按正点统计。

②由于客流变化而抽线或加开列车，行车调度采取措施对部分列车调点时，该部分列车仍按正点统计。

③如遇大型活动，影响列车运行秩序，可以不统计正点率指标或部分时间内的列车运行情况不予统计。

列车到、发和通过时刻的确认标准分别为以下三种：

①到达时刻，以列车在规定位置停稳为准。

②出发时刻，以列车由车站（包括车辆段规定发车地点）前进起动不再停车时为准。

③通过时刻，以列车最前部通过站台末端行车室时为准。

3. 列车运行通过率

在车站不停车通过的开行列车数与全部列车数（不包括列车运行图固定的通过列车）之比，计算公式如下：

$$列车运行通过率 = \frac{全部列车数}{全部开行列车数} \times 100\% \quad (3\text{-}2)$$

不论是在始发站或中间站，由于晚点或其他原因，列车不停站通过，均统计为通过列车数。某次列车如连续或不连续在几个车站通过，只统计为一个通过列车。

4. 平均满载率

反映单位时间内的车辆运能利用的程度，计算公式如下：

$$平均满载率 = \frac{日常运量 \times 平均运距}{线路长度 \times 旅客运输能力} \times 100\% \quad (3\text{-}3)$$

3.4.2 调度工作的统计与分析

1. 调度工作分析的类型

调度工作分析可以分为日常分析、定期分析和专题分析。

(1) 日常分析

日常分析应每日进行，在班工作或日工作终了时对日班计划的执行情况及日常运输中的先进经验和存在问题进行简要地分析。对运输中存在的问题查明情况及原因，以便采取措施。

(2) 定期分析

定期分析分为旬分析和月分析。在日常分析的基础上，收集和积累有关资料、建立必要的台账和报表，如运营日报、故障报告等，按时做出旬、月分析，总结经验、发现问题，提出改进意见。

(3) 专题分析

专题分析是运输工作在某一方面或某一指标有比较突出的变化，而且对运输生产产生较大影响时，分析人员深入现场调查研究，对某一方面或某一指标做出专题分析，并提出改进意见和措施，以改进运输工作。

2. 调度工作分析的主要内容

作为运营管理指挥中心，城市轨道交通控制中心每天都应对行车组织、客运组织及票务管理方面进行总结分析，以适应和改善日后的工作。一般地，控制中心的运营调度工作分析主要包括以下两方面内容。

(1) 运营日报

值班主任每日均须编写运营日报，报告前一天运营计划完成情况。运营日报的主要内容包括以下六项：

①当日完成运送客运量、客车开行情况、兑现率、正点率和月度累计指标。

②车辆调度提供的运用客车数及投入使用客车数。

③客车加开、停运及中途退出服务情况。

④耗电量和温湿度情况。

⑤客车服务情况，包括事故、故障和列车延误及处理。

⑥有关工程列车、试验列车运行方面的信息。

(2) 故障和延误报告

故障和延误报告作为编写运营日报原始资料的一部分，行调应在行车设备发生故障及造成列车延误时，及时编写故障和延误报告。故障和延误报告主要内容包括以下四项：

①发生故障的时间、地点、列车编组报告员及概况(故障现象)等情况。

②发生故障导致列车延误、影响情况。

③采用的调整列车运行的措施。

④恢复正常运行的时间。

3. 行车事故概况

行车调度根据每件行车事故及时填写“行车事故概况”,并按规定的时间上报运营公司安全监察室和运营主管部门。

4. 统计分析工作制度

(1)客车统计分析

①运营结束后,控制中心值班主任负责客车统计分析。分析内容包括:计划开行列数、实际开行列数、救援列次、清客列次、下线列次、晚点列数、正点率和列车运营里程。

②行调对发生晚点的客车记录晚点原因。

③对晚点列车进行分析包括:车辆故障、线路故障、供电故障、通信故障、信号故障、客流过多、调度不当及其他方面。

(2)工程车统计分析

要求根据当天工程车开行情况进行统计,内容包括:工程车列数、实际进出车场的时间。

(3)调试列车统计

要求根据当天调试列车开行情况进行统计,内容包括:实际开行调试列车的列数。

(4)检修施工作业及统计分析

①对前一天的正线、辅助线的检修计划件数和完成情况进行统计。

②对检修施工完成情况进行分析,分析内容包括:日计划、临时计划兑现率,临时计划占全日比例,各单位施工计划完成情况分析以及检修施工作业件数的统计。

(5)月度运营技术分析

轨道交通企业通常在每月上旬对上月的运营情况进行技术分析。调度部门根据各室、部相关单位提供的资料,重点对月度运营指标完成情况、行车组织、客运组织、票务管理等情况、设备故障和当月典型事件、故障、事故等进行技术分析,找出问题,提出完善建议。

思考题

1. 简述行车调度的层次。
2. 简述运营中的调度监督。
3. 简述正常情况下列车运行组织内容。
4. 简述调度工作日常分析内容。

第4章 列车自动控制(ATC)系统原理

列车自动控制(ATC)系统是城市轨道交通信号系统最重要的组成部分,它实现了行车指挥和列车运行自动化,能最大限度地保证列车运行安全,提高运输效率,减轻运营人员的劳动强度,发挥城市轨道交通的通过能力。ATC 系统的技术含量高,运用了许多当代重要的科技成果。本章主要介绍 ATC 的三个子系统 ATP、ATO 和 ATS 的设备组成、主要功能和工作原理。

4.1 ATC 系统

4.1.1 ATC 系统功能

列车自动控制(Automatic Train Control,简称 ATC)系统包括三个子系统:列车自动防护(Automatic Train Protection,简称 ATP)、列车自动驾驶(Automatic Train Operation ,简称 ATO)、列车自动监控(Automatic Train Supervision,简称 ATS)。

ATC 系统包括 5 个原理功能:ATS 功能、联锁功能、列车检测功能、ATC 功能和 PTI(列车识别)功能。

①ATS 功能:可自动或人工控制进路,进行行车调度指挥,并向行车调度和外部系统提供信息。ATS 功能主要由位于 OCC(控制中心)内的设备实现。

②联锁功能:响应来自 ATS 功能的命令,在随时满足安全准则的前提下,在车站对进路、道岔和信号进行管理与控制,将进路、轨道电路、道岔和信号的状态信息提供给 ATS 和 ATC 功能。联锁功能由分布在轨旁的设备实现。

③列车检测功能:检测轨道电路区段占用/空闲状态。一般由轨道电路完成。

④ATC 功能:在联锁功能的约束下,根据 ATS 的要求,实现列车运行的控制。ATC 功能有三个子功能:ATP/ATO 轨旁功能、ATP/ATO 传输功能和 ATP/ATO 车载功能。ATP/ATO 轨旁功能负责列车间隔和报文生成;ATP/ATO 传输功能负责发送感应信号,它包括报文和 ATC 车载设备所需的其他数据;ATP/ATO 车载功能负责列车的安全运营、列车自动驾驶,且给信号系统和司机提供接口。

⑤PTI 功能:通过多种渠道传输和接收各种数据,在特定的位置传给 ATS,向 ATS 报告列车的识别信息、目的号码、乘务组号和列车位置数据,以优化列车运行。

4.1.2 不同结构 ATC 系统

按照地面信息的传输方式划分,ATC 系统可以分为点式和连续式两种结构。

1. 点式 ATC 系统

点式 ATC 系统因其主要功能是实现列车超速防护,所以又称为点式 ATP 系统。它采用点式信息传递方式,用车载计算机进行信息处理。

点式 ATC 系统的主要优点是采用无源、高信息容量的地面应答器,结构简单、安装灵活、可靠性高以及价格明显低于连续式 ATC 系统。

点式 ATP 系统难以胜任列车密度大的情况。这是由于后续列车驶过地面应答器时,受前方区段有车的影响,它算出的速度曲线是一条制动曲线。后续列车驶过地面应答器后,尽管前行列车已驶离,但后续列车因得不到新的信息只能减速运行,直到抵达运行前方的地面应答器,才能加速。

点式 ATP 系统由车载设备和地面设备组成,主要包括地面应答器、轨旁电子单元(又称为信号接口)以及车载设备等,其基本结构如图 4-1 所示。

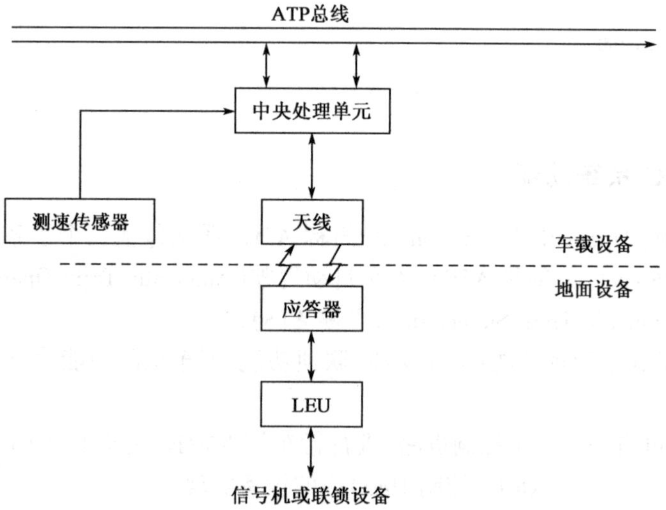

图 4-1　点式 ATP 系统的基本结构图

(1)地面应答器

地面应答器通常设置在信号机旁或者设置在一段需要降速的缓行区间的始、终端。它接收车载设备发射的能量,供内部电路与回答发送用。其内部寄存器按协议以数码形式存放实现列车速度监控及其他行车功能所必需的数据。当列车驶过地面应答器,且车载应答器与地面应答器对准时,车载应答器首先以一定的频率,通过电磁感应方式将能量传递给地面应答器,地面应答器的内部电路在接收到来自车上的能量后即开始工作,将所存储的数据以某种调制方式(通常用 FSK 方式)通过电磁感应传送至列车上。

(2)轨旁电子单元(Lineside Eletronic Unit,以下简称 LEU)

轨旁电子单元是地面应答器与信号机之间的电子接口设备,其任务是将不同的信号显示转换为约定的数码形式。

(3)车载设备

车载设备由车载查询器,测速传感器,中央处理单元,驾驶台上的显示、操作与记录装置等部分组成,如图4-2所示。

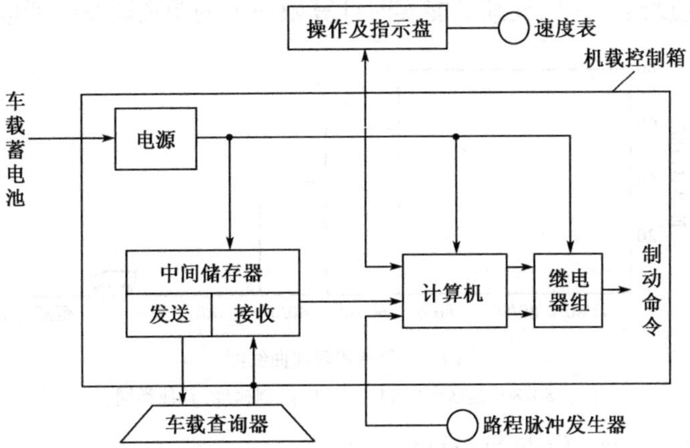

图4-2 点式ATC系统车载设备组成结构图

车载查询器用于完成车—地间的耦合联系,将数据送至地面应答器,并传送至中央控制中心;接收地面应答器所储存的数据并传送至中央处理单元。

测速传感器通常装在轮轴上,根据每分钟车轮的转数与车轮直径,在中央处理单元内换算成列车当前的速度。

中央处理单元的核心是安全型计算机。它负责对所接收到的数据进行加工处理,形成列车当前允许的最大速度,并将此最大允许速度值与列车的当前速度值进行比较,以决定是否给出启动常用制动乃至紧急制动的信息。从车载设备传向地面应答器的数据也由它产生。

经过一个接口,即可将中央处理单元内的列车现有速度及列车最大允许速度显示出来,这种显示可以是指针式或液晶显示屏方式,按照需要,还可显示出其他有助于司机驾驶的信息,如距目标点的距离、目标点的允许速度等。对于出现非正常的情况,如出现超速报警、启用常用或紧急制动,都可以由记录仪进行记录。

2. 连续式ATC系统

按地-车信息传输所用的媒体分类,连续式ATC系统可分为有线与无线两大类,前者又可分为利用轨间电缆与利用数字编码音频轨道电路两类。

(1)采用轨道电路的连续式ATC系统

按地-车之间所传输信息的内容,ATC系统有速度码系统与距离码系统两种。不论是速度码系统还是距离码系统,其轨道电路都被用作双重通道。当轨道电路区段上无车时,轨道电路发送的是轨道电路检测信号或检测码;当列车驶入轨道电路区段,立即转发速度信号或者有关数据电码。

①速度码系统(Speed Code System)。

速度码系统通常使用频分制方法,采用模拟音频轨道电路,即不同的频率,代表不同的允许速度。由控制中心通过信息传输媒体,将列车最大允许速度直接传至车上,这类制式在信息传递与车上信息处理方面比较简单,速度分级是阶梯式。

速度码系统从地面传递给列车的允许速度(限速值)为阶梯分级,在轨道电路区段分界处的限速值为跳跃式,如图 4-3 所示。跳跃式的限速对于平稳驾驶、节能运行及提高行车效率都非常不利。因此,速度码系统已逐渐被能实时计算限速值的距离码系统所取代。

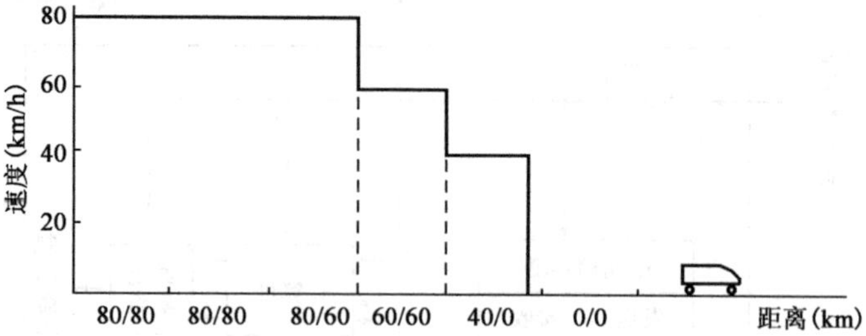

图 4-3 阶梯式限速曲线图

注:"80/80"是区段"入口/出口"限制速度,其他类同。

②距离码系统(Distance Code System)。

距离码系统由于信息电码的多样性和复杂性,所以必须使用时分制数字电码方式,按协议组成各种信息。距离码系统采用数字编码音频轨道电路,是目前使用最广泛的 ATC 系统。

距离码系统从地面传至车上的是前方目标点的距离等一系列基本数据,车载计算机根据地面传至车上的各种信息(包括区间的最大限速、目标点的距离、目标点的允许速度、区间线路的坡度等),以及储存在车载单元内列车自身的固有数据(如:列车长度、常用制动及紧急制动的制动率、测速及测距信息等),实时计算出允许速度曲线,并按此曲线对列车的实际运行速度进行监控。

由于数据传输、实时计算以及列车车速监控都为连续,所以速度监控为实时、无级,可以有效地实现平稳驾驶与节能运行。

(2)采用轨间电缆的 ATC 系统

该类系统利用轨间铺设的电缆传输信息。控制中心储存线路的固定数据,包括:区间线路坡度、弯道、缓行区段的位置及长度等。经联锁设备,将沿线的信号显示、道岔位置等信息传送至控制中心。列车将其数据如载重量、列车长度、制动率、所在位置、实际速度等经电缆传给控制中心。控制中心的计算机根据这些数据计算出该时刻的列车允许速度。此速度值经电缆传送给运行在线路上的相应列车。列车获得此速度值对列车速度进行监控。采用这种方式统一指挥全部列车运行,遇有发生行车晚点或其他障碍,可以迅速地将行车命令传给列车。但控制中心故障则会导致全线瘫痪。因此可采用另一种控制方式,由控制中心将有关信息(线路坡度、缓行区段位置、目标距离或目标速度等)通过电缆送至列车,由车载计算机计算其允许速度。

这类 ATC 系统主要由控制中心设备、轨间传输电缆及车载设备组成,如图 4-4 所示。

采用轨间电缆超速防护系统的室内室外设备联系,用两级控制方式实现,即控制中心与若干个沿线设置的中继器相连,控制中心与敷设在轨间的电缆之间的信息交换将在中继器内进行中间变换(如频率变换、电平变换、功率放大等)。

在这类连续式超速防护系统中,轨间电缆是车—地之间的唯一信息通道。为了降低牵引电流的干扰,以及实现列车定位,轨间电缆每隔一定距离(如 25m)做一交叉,如图 4-5 所示。

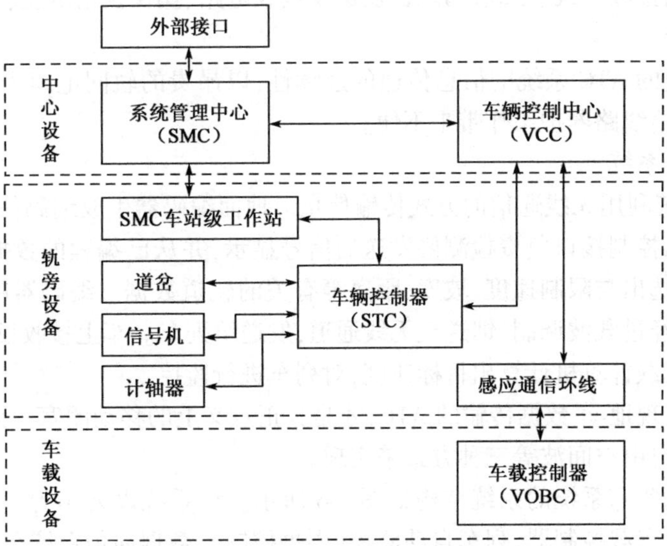

图4-4 采用轨间电缆的ATC系统结构图

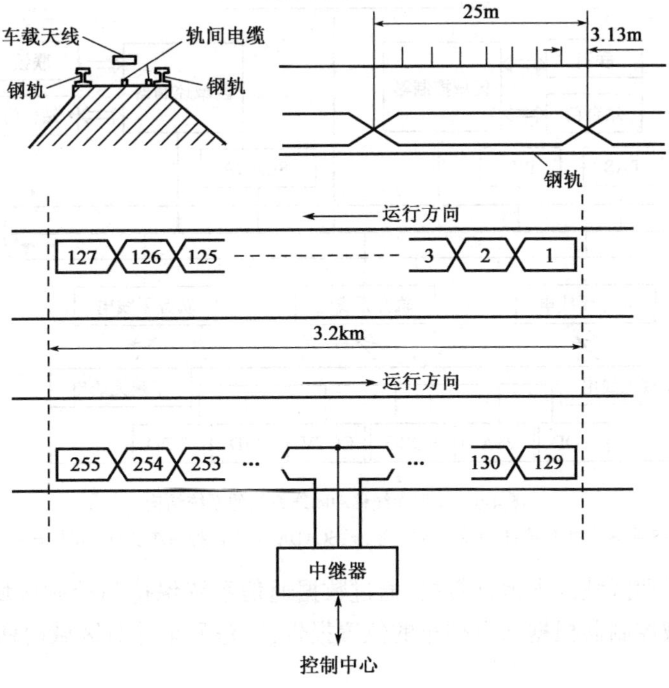

图4-5 轨间电缆的交叉配置示意图

利用轨间电缆的交叉配置即可实现列车定位。通过事先约定的电码结构,包括:列车运行方向码、中继器的代码、粗地址码和细地址码等。列车定位地址码解码后即可知道列车所在的确切位置。

中继器是控制中心与轨间电缆之间的中间环节,它的功能是把控制中心的命令通过轨间电缆传给列车,将列车信息传到控制中心。

车载设备包括接收天线、车载计算机、发送及接收电路、操作及指示盘、与制动机的接口及路程脉冲发生器等。

采用轨间电缆的 ATC 系统的信息传递的连续性,以昂贵的轨间电缆为代价,维修费用也高,而且轨间电缆给线路养护工作带来不便。

(3)无线 ATC 系统

无线 ATC 系统利用无线通信的方式传输信息。地面编码器生成编码信息,通过天线向车上发送。信号显示控制接口负责检测要发送的信号显示,并从已编程的数据中选出有用数据送至编码器,同时选出与限制速度、坡度、距离等有关的轨道数据。编码器用高安全度的代码将这些数据编码,经过载波调制,馈送至无线通道,发送给列车。车上接收设备接收限制速度、坡度、距离后,由车载计算机计算出目标速度,对列车进行监控。

用无线通道实现地-车数据传输的 ATC,才是真正意义上的移动闭塞。无线通信可采用波导管、漏泄电缆和自由空间波等三种方式来实现。

典型无线移动闭塞系统的系统结构如图 4-6 所示。该系统以列车为中心,其主要子系统包括:区域控制器、车载控制器、列车自动监控(中央控制)、数据通信系统和司机显示等。

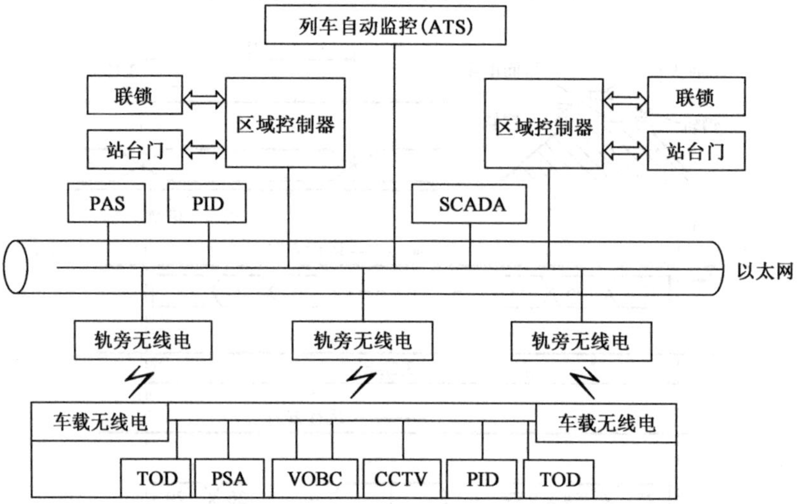

图 4-6　典型无线移动闭塞系统的系统结构

CCTV-闭路电视;PAS-乘客广播系统;PID-乘客向导系统;SCADA-电力监控系统;TOD-司机显示;VOBC-车载控制器

①区域控制器即区域的本地计算机,通过数据通信系统保持与控制区域内所有列车的安全信息通信。区域控制器根据来自列车的位置报告,跟踪列车并对区域内列车发布移动授权,实施联锁。

ATS 系统可实现与所有列车运行控制子系统的通信,用于传输命令及监督子系统状况。

②车载控制器与列车一一对应,实现 ATP 系统和 ATO 系统的功能。车载查询器和天线与地面的应答器(信标)用于列车定位校准,测速发电机用于列车测速和测距。

③司机显示提供司机与车载控制器及 ATS 的接口,显示的信息包括最大允许速度、当前速度、到站距离、列车运行模式及系统出错信息等。

④数据通信系统实现所有列车运行控制子系统间的通信。

(4)CBTC

采用轨间电缆感应通信和无线通信的列车控制系统称为基于通信技术的列车控制系统(CBTC),该系统的使用代表着目前世界上列车运行控制系统的发展趋势,是近年来城市轨道交通领域积极采用的一种移动闭塞方式。

CBTC 是一种采用先进的通信、计算机技术、连续控制、监测列车运行的移动闭塞方式的列车控制系统。它摆脱了用轨道电路判断列车对闭塞分区的占用,突破了固定(或准移动)闭塞的局限性。较以往系统具有更大的优越性,主要体现在以下三个方面。

①实现列车与轨旁设备实时双向通信,且信息量大。

②可减少轨旁设备,便于安装维修,有利于降低系统全寿命周期内的运营成本。

③确立"信号通过通信"的新理念,使列车与地面(轨旁)紧密结合、整体处理,改变以往地-车相互隔离、以车为主的状态。这也意味着车—地通信采用统一标准协议后,就有可能实现不同线路间不同类型列车的联通联运。

4.1.3　ATC 系统控制模式

1. ATC 系统控制模式的内涵

ATC 系统控制模式包括:控制中心自动控制模式、控制中心自动控制时的人工介入控制或利用 CTC 系统的人工控制模式、车站自动控制模式和车站人工控制模式。

控制模式间的优先等级为:车站人工控制优先于控制中心人工控制、控制中心人工控制优先于控制中心的自动控制或车站自动控制。ATC 系统在同一时间只能处于一种模式。

(1)控制中心自动控制模式(CA)

在控制中心自动控制模式下,列车进路命令由 ATS 进路自动设定系统发出,其信息来源是时刻表及列车运行自动调整系统。控制中心调度员可以对列车运行自动调整系统进行人工干预,使列车运行按调度员意图进行。

(2)控制中心自动控制时的人工介入控制模式(CM)

在控制中心自动控制时,控制中心调度员也可关闭某个联锁区或某个联锁区内部分信号机或某一指定列车的自动进路设定,直接在控制中心的工作站上对列车进路进行控制,在关闭联锁区自动进路设定时,控制中心调度员可发出命令,利用联锁设备自动进路控制功能,随着前行列车的运行,自动排列一条后续列车的固定进路。在自动进路功能出现故障的情况下,调度员可以人工设置进路。

在 CM 模式中,车站的人工控制转到 ATS 系统。一旦车站工作于该模式,则由 ATS 系统启动控制而不由车站控制计算机启动控制。车站控制计算机仍继续接收表示,更新显示和采集数据。

(3)车站自动控制模式

在控制中心设备故障或通信线路故障时,控制中心将无法对联锁车站的远程控制终端进行控制,此时将自动进入列车自动监控后备模式,由列车上的车次号发送系统,发出带列车去向的车次信息,通过远程控制终端自动产生进路命令,由联锁设备的自动功能自动设定进路,即随着列车运行,自动排列一条固定进路。

(4)车站人工控制模式

当 ATS 因故不能设置进路(不论人工方式,还是自动进路方式),或由于某种运营上的需要,不能由中心控制时,可改为现地操纵模式,在现地操纵台上人工排列进路。

车站自动控制和车站人工控制也可合称车站控制(LC)。当车站工作于 LC 模式时,不能由 ATS 系统启动控制。ATS 系统将仍继续收到表示,更新显示和采集数据。

2. 控制模式间的转换

(1)转换至车站操作

只有当控制中心 ATS 已经发出相应的命令,才能转换到车站操作模式。因此,所有转换操作只能由车站操作员才能有效实施。

转换模式时,不用考虑特别检查联锁条件,启动运行功能不受影响。

即使转换至车站操作,联锁显示还应该传输至控制中心 ATS,仅由车站操作站的打印机执行对显示和命令的记录。

(2)强制转换至车站操作

在没有收到控制中心 ATS 发出的命令时,也可以转换至车站操作。通过一个已经登记的转换操作可以转换至车站操作,并且联锁系统的所有转换操作仅能由车站操作员执行。

(3)转换至控制中心 ATS 操作

只有当车站操作已经发出释放的命令,才能转换到控制中心 ATS 操作,然后控制中心 ATS 确认它。因此,所有转换操作只有由控制中心操作员才能有效实施。在这种情况下,只有正常的转换操作才能被接受。随着转换至控制中心 ATS 操作,控制中心 ATS 可以执行所有允许的操作。但是只有车站操作才能有效实施以下转换操作:当车站操作故障,在没有车站操作释放命令的情况下,也可以转换至控制中心 ATS 操作。

4.1.4 驾驶模式

城市轨道交通列车的主要驾驶模式应包括:列车自动运行驾驶模式、列车自动防护驾驶模式、限制人工驾驶模式、非限制人工驾驶模式,以及自动折返驾驶模式。

自动驾驶模式和无人驾驶模式可以提高列车行车效率,实现列车运行自动调整、维护列车运行秩序、减少司机劳动强度和人员配备的数量。由于无人驾驶涉及车辆、行车组织、车辆段配置等多种因素,系统造价高,应根据需要逐渐采用。

1. 列车自动运行驾驶模式(ATO 模式或 AM 模式)

ATO 模式即 ATO 自动运行模式,此模式是正线上列车运行的正常模式。在 ATO 模式下,ATO 根据 ATP 编码和列车位置生成运行列车的速度曲线,完全自动地驾驶列车;ATO 还能根据到停车点的距离计算出列车的到站停车速度曲线;ATO 速度曲线可以由 ATS 的调度命令修改;ATP 系统控制列车的紧急制动。

在这种模式下,列车在车站之间自动运行,不需司机驾驶,司机只负责监视 ATO 显示,监督车站发车和车门关闭,以及列车运行所要通过的轨道、道岔和信号的状态,并在必要时人工介入。

2. 列车自动防护驾驶模式(SM 模式)

SM 模式即 ATP 监督人工驾驶模式,是一种受保护的人工驾驶模式。ATO 故障时,列车可用 SM 模式在 ATP 的保护下降级运行。在这种模式下,司机根据驾驶台上的指示手动驾驶列车,并观察 ATP 显示,以及列车运行所要通过的轨道、道岔和信号的状态,可以在任何时候操作紧急制动。ATP 连续监督人工驾驶的列车运行,向司机提示安全速度和距离信息。在列车实际行驶速度达到最大安全速度之前,ATP 可实施常用制动,防止列车超速;由 ATP 系统控制列车的紧急制动。

3. 限制人工驾驶模式(RM 模式)

RM 模式即 ATP 限制允许速度的人工驾驶模式,这是一种受约束的人工操作,必须"谨慎运行"。在这种模式下,列车由司机根据轨旁信号驾驶,ATP 仅监督允许的最大限速值。

该运行模式在下列情况下使用:列车在车辆段范围内(非 ATC 控制区城)运行时;正线运行中,联锁设备或轨道电路或 ATP 轨旁设备或 ATP 列车天线或地对车通信发生故障时;列车紧急制动以后。

在 RM 模式下,列车由司机人工驾驶,速度不得超过 25km/h,否则 ATP 系统就会实施紧急制动。司机负责列车运行的安全,并监督列车所要通过的轨道、道岔和信号的状态,如有必要,对列车进行制动。

4. 非限制人工驾驶模式(关断模式、URM 模式)

关断模式是不受限制的人工驾驶(无 ATP 监督)模式,用于车载 ATP 设备故障以及车载设备测试情况下完全关断时的列车驾驶,使用这种模式必须进行登记。列车由司机根据轨旁信号和调度员的口头指令驾驶,没有速度监督。ATP 的紧急制动输出被车辆控制系统切断,司机必须保证列车运行不超过限制速度(最高 25km/h),并监督列车所要通过的轨道、道岔和信号的状态,必要时采取措施,对列车进行制动。

5. 自动折返驾驶模式(AR 模式)

列车在站端(没有折返轨道的终端)调转行车方向或使用折返轨道进行折返操作,就要求能进入自动折返驾驶模式。为使自动折返操作具有高度的灵活性,自动折返模式有:ATO 自动运行折返模式、ATO 无人自动折返模式和 ATP 监督人工驾驶折返模式。采用无人折返或有司机折返取决于司机采取的不同折返模式。

折返命令由 ATS 中心根据需要生成并传输至列车,或由设计固定的 ATP 区域(如终端站)的轨旁单元发出。ATP 车载设备通过接收轨旁报文而自动启动 AR 模式,并通过驾驶室显示设备指示给司机,司机必须按压"AR"按钮确认折返作业。是否折返,是否使用折返轨道折返,由无人驾驶执行,还是由司机执行,这些完全由司机决定。

4.2 ATP 系统

ATP 子系统(以下称为 ATP 系统)是保证行车安全、防止列车进入前方列车占用区段和防止超速运行的设备。ATP 系统负责全部的列车运行保护,是列车安全运行的保障。ATP 系统执行以下安全功能:速度限制的接收和解码、超速防护、车门管理、自动和手动模式的运行、司机控制台接口、车辆方向保证以及永久车辆标识。

ATP 系统是 ATC 系统的基本组成部分,是安全系统,必须符合故障-安全的原则。

4.2.1 ATP 系统设备组成

采用轨道电路传送 ATP 信息时,ATP 系统由设于控制站的轨旁单元、设于线路上各轨道电路分界点的调谐单元和车载 ATP 设备组成,并包括与 ATS 系统、ATO 系统、联锁设备连接的接口设备。

连续式 ATP 系统利用数字音频轨道电路,向列车连续地发送数据,允许连续监督和控制列车运行。对于 ATP 系统,由轨道电路反映轨道状态,传输 ATP 信息,在轨旁无须其他传输设备。当轨道电路区段空闲时,发送轨道电路检测电码。当列车占用时,向轨道电路发送 ATP 信息。轨道旁的轨道电路连接箱内(发送、接收端各一个)仅有电路调谐用的无源元件,包括轨道耦合单元及长环线。

车载 ATP 设备完成命令解码、速度探测、超速下的强制制动、特征显示和车门操作等任务。车载 ATP 设备包括两套 ATP 模块、两个速度传感器和两个接收天线、车辆接口、司机室内的操作和控制单元(MMI)等。车载 ATP 设备根据地面传来的数据(由 ATP 天线接收)与预先储存的列车数据,计算出列车实时最大允许速度。将此速度与来自速度传感器测得的列车实际运行速度相比较,超过允许速度时,报警后启动制动器。

借助于 MMI,司机可以按照 ATP 系统的指示运行。MMI 包括司机显示功能、司机外部接口两个子功能。司机显示功能向司机显示实际速度、最大允许速度、目标距离、目标速度、ATP 设备的运行状态,以及列车运行时产生的重要故障信息,在某些情况伴有音响警报。司机外部接口包括允许按钮、车门释放按钮以及确认按钮。

4.2.2 ATP 系统主要功能

ATP 系统具有下列主要功能:列车位置检测、停车点防护、超速防护、列车间隔控制(移动闭塞时)、临时限速、测速测距、车门控制和记录司机操作。

以数字音频轨道电路方式的 ATP 系统为例,ATP 系统功能可分为 ATP 轨旁功能、列车检测功能(负责根据各轨道区段的“空闲”或“占用”情况,检测列车的位置)、ATP 传输功能和 ATP 车载功能。

1. ATP 轨旁功能

ATP 轨旁功能负责列车安全间隔和生成报文,完成对列车安全运行授权许可的发布和报文的准备,这些报文包括安全、非安全和信号信息等。ATP 轨旁功能又分为列车安全间隔功能和报文生成功能。

列车安全间隔功能负责保持列车之间的最小安全距离,还负责发出运行授权。

报文生成功能从各种 ATP 轨旁功能里接收请求,完成整理数据、准备和格式化要传送到 ATP 车载设备的报文,并决定传输方向。

2. ATP 传输功能

ATP 传输功能负责发出报文信号,包括报文和 ATP 车载设备所需要的其他数据。音频轨道电路电流以二进制编码顺序调制。当音频轨道电路显示轨道区段空闲,二进制编码顺序为音频轨道电路设备内预设的顺序。当音频轨道电路显示轨道区段占用,二进制编码顺序为ATP报文产生功能生成相应的报文。对于每个占用的音频轨道电路产生单独的报文。

3. ATP车载功能

ATP车载功能负责列车安全运行,并提供信号系统和司机间的接口。车载功能由下列子功能组成:ATP命令解码、ATP监督功能、ATP服务/自诊断功能、ATP状态功能、速度/距离功能,以及司机人机接口(MMI)功能。

①ATP命令解码功能是对传送到车上的格式化数据,进行报文解码,以实现各种ATP功能。

②ATP监督功能负责保证列车运行的安全。ATP监督包括:速度监督、方向监督、车门监督、紧急制动监督、后退监督、报文监督和设备监督等。

③ATP服务/自诊断功能负责采集、存储、记录、调用列车数据、状态信息,为ATP监督提供服务,完成ATP车载设备的自诊断。

④ATP状态功能负责根据主要情况选定正确的状态和模式。

⑤车门释放功能保证当显示安全时允许打开车门。

⑥速度/距离功能基于测速单元的输入,负责测定列车的运行速度、运行距离和运行方向。

⑦司机人机接口(MMI)功能提供信号系统与司机的接口。

4.2.3 ATP系统工作原理

1. 列车检测

采用轨道电路等作为列车检测设备。当轨道电路区段空闲时,发送轨道电路检测电码,此时轨道电路的功能是检测区段是否空闲,检测结果送往联锁装置。

2. 列车自动限速

ATP轨旁单元从联锁和轨道空闲检测系统获得驾驶指令,形成计划数据后传输至ATP车载设备。驾驶指令主要包括目标数据(目标速度和目标距离)、最大允许线路速度和线路坡度。ATP车载设备利用这些数据,计算现有位置的列车允许速度。驾驶列车所需的数据经由司机室显示器指示给司机。

实际的列车速度和驶过的距离由测速装置连续进行测量。

ATP车载设备将列车实际速度与列车允许速度进行比较。当列车速度超过列车允许速度时,ATP的车载设备就发出制动命令,发出报警后控制列车进行常用全制动或实施紧急制动,使列车自动制动;当列车速度降至ATP所指示的速度以下时,便自动缓解。但运行操作仍由司机完成。

ATP系统不仅可用来保证列车之间的运行安全,还用于受曲线等线路条件、通过道岔、慢行区间等限制而需要限速的区段。因此限速等级是根据后续列车和先行列车之间的距离、线路条件等来决定。ATP系统可对列车运行速度进行分级或连续监督。

3. 目标速度和目标距离

ATP轨旁设备向其控制范围内的列车分配一个“目标距离”,再由轨道电路生成代码,通知列车前方有多少个未占用的轨道区段，车载 ATP 设备调用存储器里的信息，决定列车任何时刻的运行速度和可运行的最远距离，确保在抵达障碍物或限制区之前安全停车。目标距离原理如图 4-7 所示。

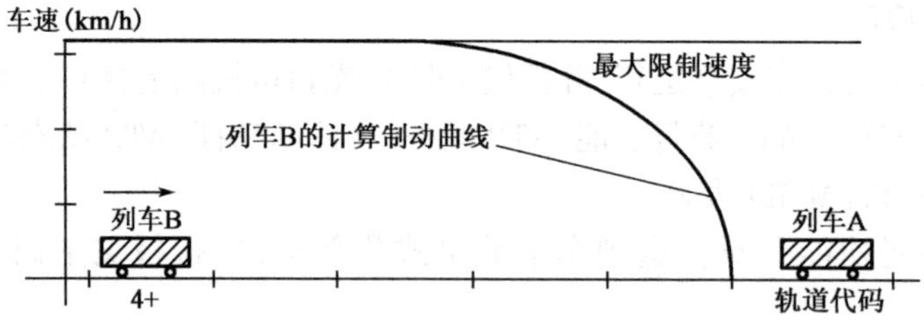

图 4-7　目标距离原理示意图

图 4-7 中编码仅表示列车 B 前方未被占用的轨道电路的数目。列车 B 所在的区段标记为 4 +，这代表在到达阻碍或限制区之前，前方有 4 个空闲的轨道区段。列车 B 可获得其精确的位置，这一信息与保存在 ATP 系统和 ATO 设备存储器中的线路图数据相结合，可推算出列车的最大安全距离或目标距离。这样，列车 B 就能安全地进入列车 A 所占用的轨道区段后方的空闲轨道区段。

列车的实际行驶速度不断与计算出来的最高速度进行比较，如果实际车速超过最高速度，则自动启用紧急制动。

列车除了必须遵循通过轨道传来的指示目标距离的编码外，在线路的某些区域，由于某种特殊情况或临时性原因，如轨道临时性作业等，还会有一些对速度的限制要求。ATP 系统将充分考虑到各种限速条件，选择最严格的条件执行。

4. 制动模式

列车制动控制模式分为分级制动模式和一级制动模式 2 种。

(1)分级制动模式

分级制动是以闭塞分区为单元，根据与前行列车的运行距离，调整列车速度，各闭塞分区采用不同的低频率调制，指示不同的速度等级，在此基础上确定限速值。分级制动模式又分为阶梯式和曲线式。

阶梯式分级制动模式俗称大台阶式。它将一个列车全制动距离划分为 3 ~4 个闭塞分区，每一闭塞分区根据与前行列车的距离，确定限速值。当列车速度高于检查值时，列车自动制动。其为滞后监督方式，即在闭塞分区出口才监督是否超速，所以为确保安全，必须设有“保护区段”。阶梯式分级制动模式的速度曲线如图 4-3 所示。固定闭塞制式的 ATC 系统通常采用阶梯式分级制动模式。

阶梯式分级速度控制方式虽然构成较为简单，但具有较多缺点，如不能满足高密度行车的需要，改为速度—距离模式曲线控制方式。

根据闭塞分区提供的允许速度值以及列车参数和线路常数，由车载计算机计算速度—距离模式曲线(或将各种制动模式曲线储存调用)。

(2)一级制动模式

一级制动按目标距离制动。根据距前行列车的距离或距运行前方停车点的距离，由控制中心根据目标距离、列车参数和线路参数计算出列车制动模式曲线,或由车载计算机予以计算,按制动模式曲线控制列车运行。信息传输有数字编码轨道电路传输和无线传输两种方式。无论何种方式,传输的信息必须包括线路允许速度、目标速度和目标距离。一级制动方式能合理地控制列车运行速度,是列车自动控制技术的发展方向。准移动闭塞和移动闭塞制式的 ATC 系统通常采用一级制动模式。

5. 测速与测距

确定车辆速度和位置是车载设备关键、重要的功能。

(1)测速

列车运行速度的测量非常重要,这是由于列车实际运行速度是速度控制的依据。该速度值的准度和精度直接影响调速效果。

测速有车载设备自测和系统测量两类方法。车载设备自测有测速发电机、路程脉冲发生器、光电式传感器和霍尔式脉冲转速传感器等方法。系统测量有卫星测速和雷达测速等方法。

测速发电机是早期采用的测速方法。它安装在车轮轴头上,发出的电压与车速成正比。该电压经处理后产生模拟量和数字量两个输出,分别用来驱动速度表和传入车载计算机用于速度比较。测速发电机原理、结构均简单,但在低速范围内精度较差,可靠性也不高。

路程脉冲发生器的核心部件是一个 16 极的凸轮。随着车轮的转动,发生一系列脉冲,车速越快,脉冲数越多,只要在一定时间内记录下脉冲的数目,即能换算成列车的实际速度。

光电式传感器应用光电传感技术,随着车轮的转动,光线不断地通过和被阻挡,使光电式传感器产生电脉冲,记录脉冲数目测量车速。

霍尔式脉冲转速传感器在车轮转动时产生频率正比于车轮转速的信号,根据该信号进行测速。

通常需采用两路测速,两套传感器安装在不同的车轴和不同的侧面,以提高保证测量准确性和提高测量精度,并对车轮空转、蠕滑、死抱等引起的误差进行修正。转速传感器无法精确补偿车轮滑转和滑行,可用一台多普勒雷达装置,向 ATP/ATO 系统输入第三个车速信息。这个信息跟转速传感器输入的车速相比较,以检验车速测量系统的可靠性。

(2)测距

测量距停车点的精确距离是列车运行超速防护系统的重要任务。测距通过测速与轮径完成。不断地对轮径进行修正才能获得准确的测距数据。

6. 速度限制

ATP 系统通过设置区域限速或闭塞分区限速,设置速度限制。

(1)区域速度限制

区域速度限制是针对轨道电路内的预定区域设定的限制速度,可以分为 15km/h、30km/h、45km/h 和 60km/h 共 4 种。区域限速可由 ATP 轨旁设备设置,也可在需要时由控制中心操作。一旦设置了限速,集中站的 ATP 轨旁设备就将产生到速度限制区的新的目标距离和实际的目标限制速度,通过轨道电路传送给接近限速区域的列车。

(2)闭塞分区限速

闭塞分区限速是对单独的轨道电路,设置最大的线路速度和目标速度。通过 ATP 轨旁设备选择最大速度,所选的速度作为轨道电路的最大允许速度。

7. 常用制动和紧急制动

ATP车载设备具有常用制动和紧急制动两级防护控制的能力。在常用制动失效后,可施行紧急制动。

常用制动是直接控制列车主管压力使机车制动与缓解,不影响原有列车制动系统的功能。它缩短了制动空走时间,大大减小了制动时的纵向冲击加速度,使列车运行更安全、舒适。

紧急制动是将压缩空气全部排入大气,使副风缸内压缩空气很快推动活塞,施行制动,使列车很快停下来。紧急制动时,列车冲击大,中途不能缓解,充风时间长,不能使列车安全平稳地运行。

8. 停站

(1)车站程序停车

线路上的车站都可以预先确定停站时间间隔。控制中心ATS监督列车时刻表,计算需要的停站时间,以保证列车正点到达下一个车站。由集中站ATS通过环线传送给车载设备。控制中心能通过集中站ATS,缩短或延长车站停站时间。在控制中心要求下,列车可跳过某车站。这一命令由控制中心通过集中站ATS传给列车。

(2)车站定位停车

设置站台屏蔽门时,车门的开度和屏蔽门的开度要配合良好。要求安装有屏蔽门的地下车站允许停站误差为±0.25m,其他车站允许停站误差为±0.5m。车站定位停车是靠一组地面标志线圈(或者环线)提供至停车点的距离信息,标志线圈设置的多少可视定位停车精度而异,一般为3~4个。地面标志器设于沿线离站台的确定距离内,当列车标志天线置于地面标志器作用范围内时,使列车接收滤波—放大电路开始振荡,振荡频率通过调谐标志线圈确定,每个标志线圈根据距站台的距离调在不同的频率上。

9. 车门控制

通常情况下,在车辆没有停稳靠在站台或车辆在车辆段转换轨上时,ATP系统不允许车门开启。当列车在车站的预定停车区域内停稳且停车点的误差在允许范围以内时,地面定位天线会收到车载定位天线发送的停稳信号,列车从ATP轨旁设备收到车门开启命令,ATP系统才会允许车门操作,车载对位天线和地面对位天线才能很好地感应耦合并进行车门开关操作。这需要地面和车载ATC设备以及车辆门控电路共同配合。有了车门开启命令后,使ATP轨旁设备改发打开屏蔽门信号,当站台定位接收器收到此信号,便打开与列车车门相对的屏蔽门。

列车停站时间结束(或人工终止),地面停站控制单元启动ATP轨旁设备,停发开门信号,由司机关闭车门,同时关闭屏蔽门。在列车停靠站台的精度已经偏离了±0.5m(对于地下车站)或±1m(对于高架车站或地面车站)的情况下,列车可以被允许以小于5km/h的速度移动,以满足精确停车点的要求。

左右车门选择由车门开启命令执行,此命令通过轨旁ATP系统取得。ATP系统不断监视车门,以确保车门没有被异常打开。地面ATP设备还将列车停准、停稳信息送至控制中心作为列车到站的依据。车门关闭后,车载ATP设备才具备安全发车条件。

车站在检查屏蔽门已关闭好以后,才允许 ATP 系统向列车发送运行速度命令信息,列车收到速度命令,同时检查车门已关闭后,可按车载 ATP 设备收到的速度命令出发。

4.3　ATO 系统

ATO 子系统(以下称为 ATO 系统)能代替司机操纵列车的驱动和制动设备,自动完成列车的启动、加速、匀速滑行和制动等驾驶功能。ATO 主要用于实现“地对车控制”,即用地面信息实现对列车驱动、制动的控制,包括列车自动折返,根据控制中心指令自动完成对列车的启动、牵引、惰行和制动,送出车门和屏蔽门同步开关信号,使列车按最佳工况,正点、安全、平稳地运行。

4.3.1　ATO 系统设备组成

虽然设备供应商的 ATO 系统结构各不尽相同,但 ATO 系统的具有共同的基本组成。ATO 系统由地面设备和车载设备组成。

ATO 系统地面设备包括设在每个车站 ATC 设备室内的车站停车模块或 ATO 通信器、沿每个站台设置的一组地面标志线圈或环路,以及和 ATP、联锁系统的接口设备。

ATO 车载设备由设在列车每一端司机室内的 ATO 控制器(包括司机控制台)及安装在列车每一端司机室车体下的两个 ATO 接收天线和两个 ATO 发送天线组成,还包括 ATO 附件,这些附件用于速度测量、定位和司机接口。

ATO 系统具有一个双向通信系统,通过车载 ATO 天线和地面 ATO 环线允许列车直接与车站内的 ATS 连接,可以实现最佳的运营控制,完整的 ATO 系统功能包括:程序停车、运行图和时刻表调整、轨旁/列车数据交换、目的地和进路控制功能。此外,ATO 还具有定位停车系统,为列车提供精确的位置信息。

4.3.2　ATO 系统主要功能

ATO 系统的功能分为基本控制功能和服务功能。基本控制功能包括:自动驾驶、自动折返和车门打开。这三个控制功能相互之间独立地运行。服务功能包括:列车位置、允许速度、巡航/惰行和 PTI 支持功能等。

1. 自动驾驶

(1)自动调整列车运行速度

ATO 车载控制器通过比较实际列车运行速度及 ATP 给出的最大允许速度及目标速度,并根据线路的情况,自动控制列车的牵引及制动,使列车在区间内的每个区段始终控制速度(ATP 计算出来的限制速度减去 5km/h)运行,并尽可能减少牵引、惰行和制动之间的转换。

(2)停车点的目标制动

车站停车点作为目标点,采用最合适的减速度(制动率)使列车准确、平稳地停在规定的停车点。与列车定位系统相配合,可使停车位置的误差达到 0.5m 以下。

(3)从车站自动发车

当发车安全条件符合时(在 ATO 模式下,车门关闭,由 ATP 系统监视),ATO 系统给出启动显示,司机按下启动按钮,ATO 系统使列车从制动停车状态转为驱动状态。停车制动将被缓解,然后列车加速。

(4)区间内临时停车

由 ATP 系统给出目标点位置(例如前方有车)及制动曲线,经 ATO 启动列车制动器,使列车停稳在目标点前。一旦前方停车目标点取消,ATO 系统使列车自动启动。

(5)限速区间

临时性限速区间的数据,由轨道电路报文传输给 ATP 车载设备,经 ATO 系统传送给列车驱动制动控制设备。对于长期的限速区间,数据可事先输入,ATO 系统会自动考虑限速。

2. 无人自动折返

无人自动折返是一种特殊情况下的驾驶模式,在这种驾驶模式下无须司机控制,而且列车上的全部控制台将被锁闭。从接收到无人驾驶折返运行许可时,就自动进入 AR 模式。授权经驾驶室 MMI 显示给司机,司机必须确认这个显示,按下站台的 AR 按钮以后,才实施无人驾驶列车折返运行。

3. 自动控制车门开闭

由 ATP 系统监督开门条件,当 ATP 系统给出开门命令时,可以按事前的设定由 ATO 系统自动地打开车门,也可由司机手动打开正确一侧的车门。车门的关闭只能由司机完成。

4. 列车位置

列车位置功能从 ATP 功能中接收到当前列车的位置和速度等详细信息。根据上一次计算后所运行的距离,调整列车的实际位置。此调整也考虑到在 ATP 功能计算列车位置时传送和接收的延迟时间,以及打滑和滑行。

5. 允许速度

允许速度功能为 ATO 速度控制器,提供列车在轨道任意点的对应速度值。这个速度没有优化,只是低于当前速度限制和制动曲线的限制。允许列车速度调整是为了能源优化或由惰行/巡航功能完成的列车运行。

6. 巡航/惰行功能

巡航/惰行功能的任务是按照时刻表自动实现列车区间运行的惰行控制,同时节省能源,保证最大能量效率。由 ATO 系统和 ATS 确定的列车运行时间,由 ATO 系统计算能源优化轨迹。

7. PTI 支持功能

PTI 支持功能通过多种渠道传输和接收各种数据,在特定的位置(通常设在列车进入正线的入口处)传给 ATS,向 ATS 报告列车的识别信息、目的号码和乘务组号,以及列车位置数据(例如当前轨道电路的识别和速度表的读数),以优化列车运行。

4.3.3 ATO 系统工作原理

ATO 系统不能脱离 ATP 系统和 ATS 系统单独工作,必须从这 2 个系统得到基础信息,共同构成 ATC 系统。

1. 列车自动驾驶

ATO 系统接收来自 ATP 系统的信息,包括 ATP 速度命令、列车实际速度和列车走行距离,接收位置识别和定位系统的信息,接收来自 ATS 系统及联锁系统的惰行控制命令、扣车命令、下一站通过命令、运行方向及目的地等信息。根据这些信息,ATO 通过牵引/制动曲线控制列车,使其维持在一个参考速度上运行。

ATO 系统利用闭环反馈控制技术实现调速,即将列车实际速度与参考速度之差作为偏差控制量,通过牵引制动曲线对列车实施一定的牵引力或制动力,使偏差控制量为 0。ATO 系统可将列车实际运行速度调整到参考速度 ±2.0km/h 以内。

由 ATO 系统执行的自动驾驶过程是一个闭环反馈控制过程,其基本关系如图 4-8 所示。测速单元通过 ATP 系统向 ATO 系统发送列车的实际位置信息。反馈环路的基准输入从 ATP 数据和运营控制数据中得出。ATO 系统向牵引和制动控制设备提供数据输出。

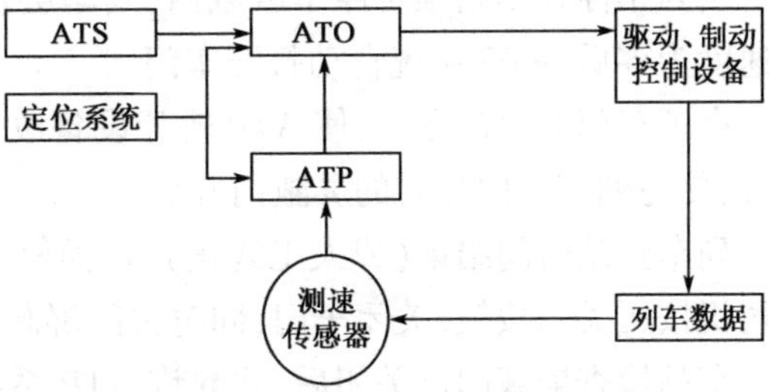

图 4-8　自动驾驶的闭环控制框图

2. 车站程序停车

线路上的车站都有预先确定的停站时间间隔。控制中心 ATS 监督列车时刻表,计算需要的停站时间以保证列车正点到达下一个车站。由集中站 ATS 通过 ATO 环线传送给 ATO 车载设备。控制中心能通过集中站 ATS 缩短或延长车站停站时间。在控制中心要求下,列车可跳过某车站。这一命令由控制中心通过集中站 ATS 传给列车。

3. 车站定位停车

车站定位停车是靠一组地面标志线圈(或者环线)提供列车至停车点的距离信息,标志线圈布置如图 4-9 所示。

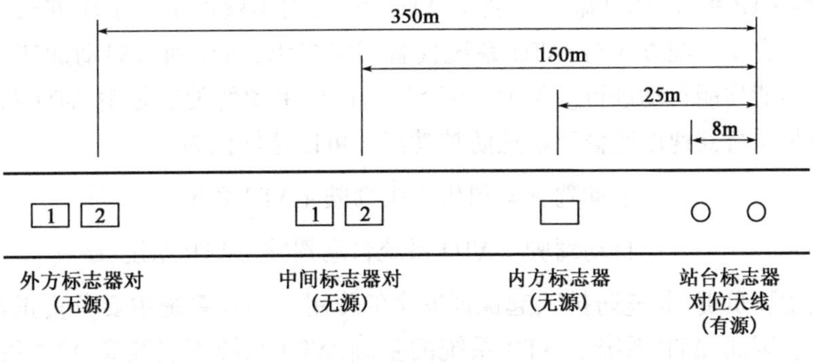

图 4-9　标志线圈布置图

350m 和 150m 标志线圈成对布置,具有方向性。无源标志线圈具有固定的谐振频率,列车经过时与车载标志天线产生谐振。有源标志线圈能发送特定的频率信号。

当列车正向运行经过350m标志线圈时,启动定点停车程序,列车按定点停车曲线运行。定点停车曲线建立在一个固定减速率基础上(制动率为全常用制动的75%)。150m、25m标志线圈的作用是根据停车曲线对实际车速进行校正。当列车到达8m标志线圈时,收到一个频率信号,即转入停车模式,减速率进一步降低。当车载定位天线与地面定位天线对齐时,又收到一个频率信号,立即实施全常用制动,将列车停住。若列车停准(误差为±0.25m以内),地面定位天线会收到车载定位天线发送的停稳信号,然后才能进行开关车门和屏蔽门的操作。

4. 车门和屏蔽门控制

当列车停在车站预定停车区域内,列车会从ATP轨旁设备收到车门开启命令,并且确定其速度为零后,ATO系统自动打开车门。

有了车门开启命令后,使ATP轨旁设备改发打开屏蔽门信号,当站台定位接收器收到该信号,使与列车车门相对的屏蔽门开启。

列车停站时间结束(或人工终止),地面停站控制单元启动ATP轨旁设备,停发开门信号,由司机按压关门按钮,关闭车门,同时关闭屏蔽门。

车站检查屏蔽门已关闭后,才允许ATP系统向列车发送运行速度命令信息,列车收到速度命令,同时检查车门已关闭后,可按车载ATP收到的速度命令出发。

5. 轨旁/列车数据交换PTI

ATO系统的一项重要功能是将列车数据从车上传输到控制中心。此功能由列车识别定位系统完成。列车PTI天线负责发送特征数据电码,钢轨间的回路环线(在区间内每隔一定距离设置一个接收环线,停车站正线设一接收环线)用于接收列车天线发送的数据,并将其由光缆或电缆传至控制中心。

由PTI传送的列车数据包括:车次号、驶往目的地(终点站名称)、乘务员编号、车门状态和列车状态(停车或运行)等。

4.3.4 ATO系统与ATP系统的关系

在"距离码ATP系统"的基础上安装了ATO系统,列车就可采用手动方式或自动方式进行驾驶。在选择自动驾驶方式时,ATO系统代替司机操纵,诸如列车启动加速、匀速惰行、制动等基本驾驶功能均能自动进行。然而,不论是由司机手动驾驶还是由ATO系统自动驾驶,ATP系统始终是执行其速度监督和超速防护功能。可以这样认为:

手动驾驶=司机人工驾驶+ATP系统

自动驾驶=ATO系统自动驾驶+ATP系统

ATP系统主要负责"超速防护",起保证安全的作用。ATO系统主要负责正常情况下列车高质量地运行。因此,ATP系统是ATO系统的基础,ATO系统不能脱离ATP系统单独工作,必须从ATP系统获得基础信息。而且,只有在ATP系统的基础上才能实现ATO系统,列车安全运行才有保证。ATO系统是ATP系统的发展和技术延伸,ATO系统在ATP系统的基础上实现自动驾驶,而不仅仅停留在超速防护的水准上。

4.4　ATS 系统

ATS 子系统(以下称为 ATS 系统)主要实现对列车运行的监督和控制,包括:列车运行情况的集中监视、自动排列进路、自动列车运行调整、自动生成时刻表、自动记录列车运行实迹、自动进行运行数据统计及自动生成报表、自动监测设备运行状态等,辅助调度人员对全线列车进行管理。

4.4.1　ATS 系统设备组成

ATS 系统由控制中心设备、车站设备、车辆段设备、列车识别系统及列车发车计时器等组成。因此用户要求不同,ATS 系统的硬件、软件配置差别很大。

1. 控制中心设备

控制中心设备属于 ATS 系统,是 ATC 系统的核心,用于状态表示、运行控制、运行调整、车次追踪、时刻表编制及运行图绘制、运行报告、调度员培训、与其他系统的接口。其设备组成如图 4-10 所示。

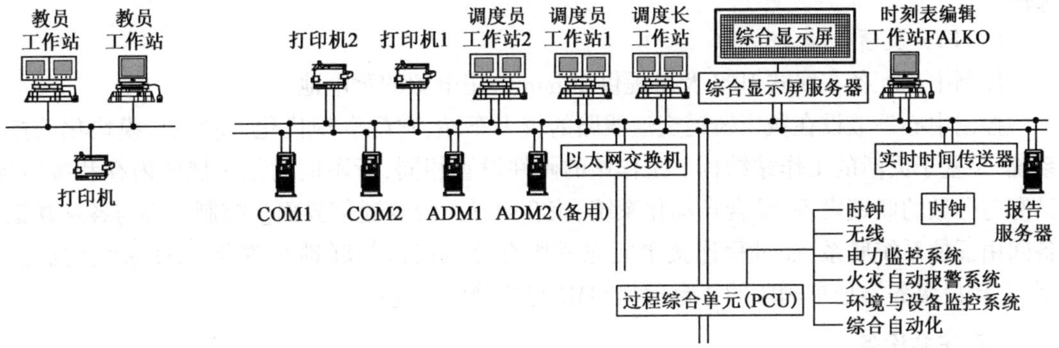

图 4-10　控制中心设备组成图

控制中心 ATS 设备主要包括:中心计算机系统、综合显示屏、调度员及调度长工作站、运行图工作站、培训/模拟工作站、绘图仪和打印机、维修工作站、UPS 及蓄电池等。

(1)中心计算机系统

中心计算机系统包括:控制主机、通信服务器、ADM 服务器、TTE 服务器、局域网及各自的外部设备等。为保证系统的可靠性,主要硬件设备均为主/备双套热备方式,可自动或人工切换。系统能满足自动控制、调度员人工控制及车站控制的要求。

(2)综合显示屏

综合显示屏用来监视正线列车运行情况及系统设备状态,由显示设备和相应的驱动设备组成。

(3)调度员工作站及调度长工作站

调度员工作站及调度长工作站,用于行车调度指挥,进行运行计划的编制和修改。通过人机对话可以实现对运行时刻表的编辑、修改及管理,使调度员能在控制中心监视和控制联锁设备及列车的运行,如需要可显示计划运行图和实际运行图。

(4)运行图工作站

用于运行计划的编制和修改,通过人机对话可以实现对运行时刻表的编辑、修改及管理。

(5)培训/模拟工作站

培训/模拟工作站配有各种系统的编辑、装配、连接和系统构成工具,以及列车运行仿真的软件。它可与调度员工作站显示相同的内容,有相同的控制功能,能仿真列车在线运行及各种异常情况,但不参与实际的列车控制。实习调度员可通过它模拟实际操作,培训系统控制和各种情况下的处理能力。

(6)打印机服务器、绘图仪和打印机

打印服务器缓冲和协调所有操作员和实时事件激活的打印任务。彩色绘图仪和彩色激光打印机,用于输出运行图及各种报表。

(7)维修工作站

主要用于 ATS 系统的维护、ATC 系统故障报警处理和车站信号设备的监测。

(8)局域网

将本地和远程工作站、服务器的 PLC 连接在一起。以太网允许各成员间进行高速数据交换。

(9)UPS 及蓄电池

控制中心配备在线式 UPS 及可提供 30min 备用电源的蓄电池。

控制中心一般设在城市轨道交通线路的较大车站,它配套现代化、高性能、模块化的控制系统,是基于灵活的工作站结构。工作站的硬件设置相同,所不同的是扩展的内存和接口板,具有与分散的联锁设备、综合自动化系统、旅客向导系统等通信界面。控制中心与各站联锁设备间由遥控系统联系,如过程连接单元完成所有分散接口与联锁装置及 ATO 系统的通信控制,车辆段服务器把车辆段的 2 台远程 MMI 与控制中心连接。

2. 车站设备

车站分集中联锁站和非集中联锁站,设备不同。

集中联锁站设有一台 ATS 分机,是 ATS 与 ATP 地面设备和 ATO 地面设备接口,用于连接联锁设备和其他外围系统,采集车站设备的信息,传送控制命令,使车站联锁设备能接收 ATS 系统的控制,以实现车站进路的自动控制。为从联锁设备取得所需数据,配备了采用可编程控制器的远程终端单元。采用模块化设计,扩展十分容易。它还控制站台上 PIIS 的列车目的显示器、列车到发时间显示器和发车计时器 DTI。

非集中联锁站不设 ATS 分机。非集中联锁站的 PTI,PIIS 和 DTI 均通过集中联锁站的 ATS 分机与 ATS 系统联系。有岔非集中联锁站的道岔和信号机由集中联锁站的计算机控制,通过集中联锁站的 ATS 分机接收 ATS 系统的控制命令。

3. 车辆段设备

(1)ATS 分机

车辆段设一台 ATS 分机,用于采集车辆段内存车库线的列车占用及进/出车辆段的列车信号机的状态,在控制中心显示屏上给出以上信息的显示,以便控制中心及车辆段值班员及车辆管理人员了解段内停车库线列车的车次及车组运用情况,正确控制列车进/出段。

(2)车辆段终端

车辆段派班室和信号楼控制台室各设一台终端,与车辆段 ATS 分机相连,根据来自控制中心的实际时刻表建立车辆段作业计划。

车辆段联锁设备,通过 ATS 分机与控制中心交换信息,实现段内运行列车的追踪监视,车辆段与控制中心间应具备有效的传输通道。

4.4.2　ATS 系统主要功能

ATS 系统在 ATP 系统和 ATO 系统的支持下,根据运行时刻表完成对全线列车运行的自动监控,可自动或由人工监督和控制正线(车辆段、停车场、试车线除外)列车进路,并向行车调度员和外部系统提供信息。

1. 列车监视和跟踪

列车监视是用计算机再现列车的运行。列车运行由轨道空闲和占用信号驱动。列车由车次号识别。ATS 系统给 MMI、旅客信息显示系统、模拟线路表示盘提供列车位置和车次号。

列车车次号是实现 ATS 系统功能的先决条件,必须在固定时间内提出。当列车由车辆段或其他地点进入正线运行时,ATS 系统将根据计划时刻表自动给计划列车加入车次号。列车车次号输入用于修改和确认列车车次号。输入方式有:在读站自动输入车次号、时刻表系统提出车次号、系统自动生成虚拟车次号、线路调度员人工输入等 4 种。车次号在该列车通过读站时被记录,出错时调度员可用另一车次号予以替代。车次号删除是从 ATS 系统中清除车次号记录,在被监视到离去本区段、被覆盖时删除,也可人工删除。

列车运行由轨道占用信号从"空闲"到"占用"的翻转识别,从而实现列车监视的计算机化。

2. 时刻表处理

时刻表处理包括安装、修改、存储时刻表,描绘、显示和打印实绩运行图。系统储存适合于不同运行情况的多套时刻表;根据时刻表自动完成列车车次号的跟踪与更新。此外,它还能自动生成时刻表。

3. 自动建立进路

自动建立进路的功能是形成控制道岔位置的命令和在适当时间向信号系统发送这些命令。将列车车次号和位置信息、道岔位置和已选信号系统的信息,提供给自动建立进路系统,命令的输出由接近列车的监测和进路计划控制。

4. 列车运行调整

不断地对计划时刻表与实际时刻表进行比较,在此基础上自动产生列车的出发时间。调度员也可通过人工命令调整列车停站时间,调整列车运行。

5. 旅客信息显示系统

用来通知等待的乘客下一列车目的地和到达时间。

6. 列车确实位置识别

列车识别码由司机在开始旅程前选定，由列车自动发送。

7. 服务操作

操作员能修改数据库、列车参数、控制与显示数据库信息。

8. 仿真及演示

通过仿真手段，离线模拟列车的在线运行，主要用于系统的调试、演示以及人员培训。具有模拟时刻表，模拟列车运行的调度等功能，可记录、演示。

9. 遥控联锁

联锁设备由远程控制系统操作，它提供了与运营控制系统的接口界面。

10. 运行报告

ATS 系统能记录大量与运行有关的数据，如列车运行里程数、实际列车运行图、列车运行与计划时间的偏差、重大运行事件、操作命令及其执行结果、设备的状态信息，以及设备的故障信息等。通过选择，可回放已被记录的事件；提供数据备份和恢复功能，并可回放和查询；提供运行分析报告。

11. 监测与报警

能及时记录被监测对象的状态，有预警、诊断和故障定位能力；监测列车是否处于 ATP 保护状态；监测信号设备和其他设备结合部的有关状态；具有在线监测与报警能力；监测过程应不影响被监测设备的正常工作，等。

4.4.3 ATS 系统工作原理

1. 自动列车跟踪

列车追踪系统是监视受控区域内列车的移动。不论是自动还是人工方式，每列列车与一个列车车次号相关联。当列车由车辆段进入正线运行时，ATS 系统根据计划时刻表自动给该列车加入车次识别号。根据来自联锁设备的信息来推断，随着列车的前进，列车车次号在列车追踪系统中从一个轨道区段单元向下一个轨道区段单元移动。列车移动在调度员工作站上的车次号窗内，以列车识别号显示。

如果某一列车出现在列车追踪系统所监视区域，该列车识别号必须报告给列车追踪系统。列车识别号报告给列车追踪系统的方法有：手动输入、PTI 读入、从列车时刻表中导出或在步进检测中产生。

自动列车跟踪要完成列车号定位、列车号删除和车次号处理等过程。

2. 自动排列进路

通过列车进路系统，将进路排列指令及时地输出到联锁设备中去，实现了进路的自动排列。这可以节约调度员大量的操作工作量。

调度员可在任何时候绕过列车进路系统，用手动方式办理进路。列车进路系统则在可用性检查中检测这一行为，并将该列车转到被动状态，直到列车到达一个新的运行触发点为止。当列车到达新的运行触发点时,又恢复列车进路自动排列。列车进路系统可由调度员关闭,这一点非常必要,因为在调度员人工办理进路时,要避免列车进路系统发出命令的危险。

自动列车跟踪功能报告的列车位置、列车号,决定了所要求的目的地;进路设备命令在被输出到联锁设备功能前,要进行可行性检查,以决定执行或拒绝命令。

列车进路系统是在列车到达某一特定地点时才被启动,因此系统在确认列车通过“运行触发点”后启动进路排列。然后进行“触发区段检查”,即检查是否有其他列车处于该列车和进路入口之间,确认该列车是否到达进路的始端。接着要进行“进路可用性检查”,目的是防止将不能执行的命令发送到联锁设备。最后“办理进路检查”,以查明联锁设备是否已办理好进路。

特别地,列车自动排路功能不取消进路。

3. 时刻表系统

时刻表系统要完成的功能包括:时刻表数据管理、向其他 ATS 功能模块提供时刻表数据、向外部系统提供时刻表数据、为停站时间时刻表的在线装载设置界面、为时刻表的离线修改设置界面、为使用中的时刻表增加或删除一个列车行程设置界面、按自动列车追踪请求安排列车识别号等。

时刻表的编制和修改在离线模式下,用给定的数据在时刻表编辑器中编辑。基本数据代表一列列车在某段线路上的运行。

为了编制时刻表,调度员必须通过时刻表编辑界面输入以下数据:运行始发时间、运行始发地点、运行终到站、每一运行间隔阶段的开始时间和终止时间、每一运行间隔阶段(是一个时间段,在当日对所有列车有效)的运行间隔等。调度员通过时刻表编辑界面输入必要的信息后,时刻表编译器/模拟器从该信息中综合出所需时刻表。如果新的时刻表存在冲突就会被显示。调度员可以调整时刻表的结果。如果调度员存储时刻表,时刻表就被确定。在不同类型的运行阶段可存储不同的时刻表。

系统时刻表中列车运行图或列车运行档案通过列车运行图表示器显示。

4. 自动列车调整

自动列车调整功能按当天时刻表调整列车运行。其调整方式选择条件是:当列车早点或晚点到达车站时,采用改变列车停站时间的方式;当列车延误或提前发车时,用改变站间行车时间的方式。

如果没有重大的时刻表偏差,自动列车调整根据时刻表,确定计划行车时间,包括列车出发、到达和停站时间。

当车站列车出发信息发出后,自动列车调整功能向 ATP 系统提供一个该列车根据时刻表应该到下一站的有关信息。此外,每当出发、到达后,自动列车调整功能向后续各站(直至终点站)提供预期到站时间和目的地名信息。

调度员可调用或取消自动列车调整功能。在不调用自动列车调整功能的模式下,调度员可人工调整行车时间,提前发车或让列车直接越站运行。

思考题

1. 列车自动控制系统由哪几个系统组成？
2. 说明分级制动与一级制动过程与区别。
3. 列车自动驾驶系统的基本原理是什么？
4. 试述 ATO 系统与 ATP 系统的关系。
5. 列车自动监控系统的基本功能有哪些？

第5章 地-车信息传输技术和列车定位技术

本章主要介绍故障-安全技术、地-车信息传输技术和列车定位技术。故障-安全技术使列车运行控制系统在发生故障的情况下,能够维持安全状态或向安全状态转移。地-车信息传输技术实现车载设备与控制中心的信息传输,列车运行控制系统的车载设备依据地面控制中心发送的行车控制命令,控制列车运行。

5.1 故障-安全技术

5.1.1 故障-安全原理

1. 安全性和可靠性

安全性是指在规定的条件下,在规定的时间内,系统不陷入危险状态的性能。

可靠性是指系统在给定的条件下,到给定的时刻,不发生故障的概率。

可靠性是反映产品质量的一个重要指标,在通常情况下是质量的重要部分。在与安全有关的系统中,安全性也是反映质量的重要指标,在信号系统中它比可靠性更重要。

失效则有三层含义。一是系统或系统的部件不能在规定的限制内执行所要求的功能;二是一个功能单元执行所要求功能的能力终结;三是程序操作偏离了程序的需求。失效是导致错误发生的主要原因。

错误是指系统陷入不正常状态或执行非正常操作。错误可能由硬件失效、软件失效、环境干扰等原因引起,错误的严重性可以分为五个类别。

①故障:由于错误造成系统的部件或软件或系统丧失必要的功能。即由于各种原因所造成的系统的不正常状态。图5-1给出了系统故障与原因的关系。

②失误:人为的失败和错误。通常指人的错误操作。

③危害:有可能给人类或财产带来不良影响的事情。

④风险:用来表示危及安全的事件发生频度以及事件危害程度(或严重程度)的指标。

⑤容错:一个系统在故障暴露之后,仍能提供满足要求的功能以使其存活的属性。

安全性评估是指采用解析或测试的方法,对系统的安全性能进行估算和分析,从而对系统的安全性能做出定量或定性的评价。

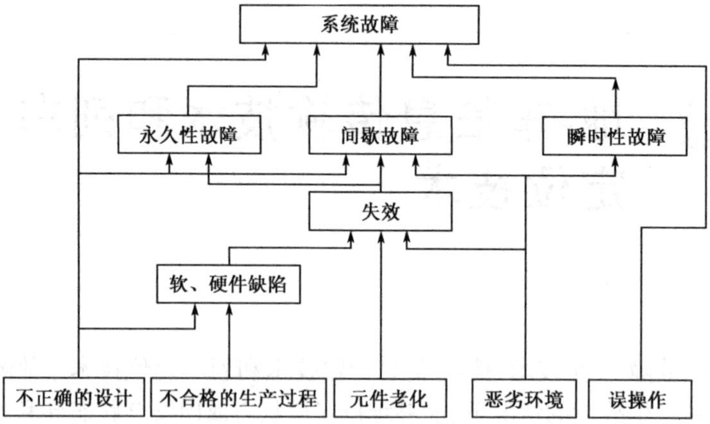

图 5-1 系统故障与原因的关系示意图

2. 故障-安全原理

故障-安全是指系统在发生故障的情况下,能够维持安全状态或向安全状态转移。它是与安全相关的系统特性。它在信号系统中常被称为故障导向安全原则,又被称 F-S(Fail-Safe)原则。

随着可靠性理论的发展,建立在概率论基础上的故障分析,揭示了故障-安全应是一个具有概率特性的概念。

客观上不存在可靠度为百分之百的设备,即设备的故障不可避免。用全故障率 λ_t 表示。

对设备的故障根据它所带来的后果可以分为危险侧故障和安全侧故障,分别用危险侧故障率 λ_s 和安全侧故障率 λ_d 表示,则有 $\lambda_t=\lambda_d+\lambda_s$。

危险侧故障率 λ_d 相对全故障率 λ_t 小到可以忽略的程度时,该设备才是故障-安全,即危险比 $\delta=\lambda_d/\lambda_t$ 应足够小。

将危险比 δ 写成另一种形式:

$$\delta=\frac{1}{1+\dfrac{1}{\lambda_d/\lambda_s}} \tag{5-1}$$

式中的 $\lambda_d/\lambda_s=v$ 称为非对称错误概率,它应该足够小。

为了实现故障-安全,危险侧故障率和安全侧故障率都应该尽可能的小。在此前提下危险比 δ 和非对称错误概率 v 也要足够小。设备的故障-安全特性是建立在设备的高可靠性基础上。

设备故障引起的事故用关系式描述为:

$$[事故]=[故障]\cup[危险侧]$$

若把[ ]中的真值取为 1,伪值取为 0,即[ ]中的变量为二值逻辑变量,则可将上式的否定形式认为具有安全的含义。根据摩根法则可得:

$$[没有事故]=[没有故障]\cap[安全侧]$$

还可以将安全性用逻辑式表示为:

［安全性］＝［高可靠性］∩［故障安全性］

5.1.2　安全性技术

1. 故障-安全计算机系统

随着微电子技术和计算机技术的快速发展，采用微型计算机的电子联锁装置、电子闭塞装置、列车自动停车装置、调度集中装置、道口防护装置等设备相继诞生并正式投入运用。轨道交通控制设备具备小型化、功能强、价格便宜、节省能耗、便于维修等特点，并逐步朝着智能化的方向发展，对计算机系统也提出了更高要求。

故障-安全计算机系统应由以下三部分构成。

①故障-安全计算机：实现数据处理过程的故障-安全。

②输入/输出接口：实现数据采集和控制过程的故障-安全。

③信息传输：实现远距离数据传输过程的故障-安全。

故障-安全计算机系统应采用硬件和软件冗余技术和故障诊断技术，将通用计算机的处理结果进行相互比较，发现故障时，使用输出导向安全侧的方法。在实现方式上，大致可分为软件和硬件相异性两大类。

软件的相异性就是在一台微型计算机上配置两套相异的软件，借此进行故障诊断和错误检测，从而实现故障-安全的一种方式。这类方式包括以下三种实现形式：

①双版本软件方式。

②软件自校验方式。

③数据的相异性方式。

硬件的相异性就是把相同的软件配置在两台微型计算机上，高频度地对数据(广义的)进行校验，在检出异常时，把输出保持在安全状态的一种方式。这类方式包括以下三种实现形式：

①紧密耦合的总线同步方式。

②时差同步式。

③程序同步式。

图 5-2 给出不同方式的故障-安全计算机结构。

2. 硬件安全性技术

在微型计算机化的设备中，通过硬件实现故障-安全性能的技术主要有以下四类。

(1)多重化技术

在处理器级采用的多重化技术包括：用比较电路进行故障诊断；对间歇故障进行屏蔽；对状态漂移进行补偿；对危险侧输入输出数据进行运算；用双绞线电路实现数据采集。

在总线同步方式下的多重化技术包括：总线比较的故障安全化；总线比较的启动定时；中断信号的输入采集。

在输入输出级采用的多重化技术包括：采用低级优先的二重化输入电路；用双 CPU 的逻辑“与”控制输出；用双绞线电路实现输入数据采集；确保二重化输入数据的同步。

在装置之间接口采用的多重化技术包括：用双 CPU 的逻辑“与”作为传送信息的启动信

号;对多重冗余系统进行总线同步方式下的时钟同步;用多重时钟进行时钟监督。

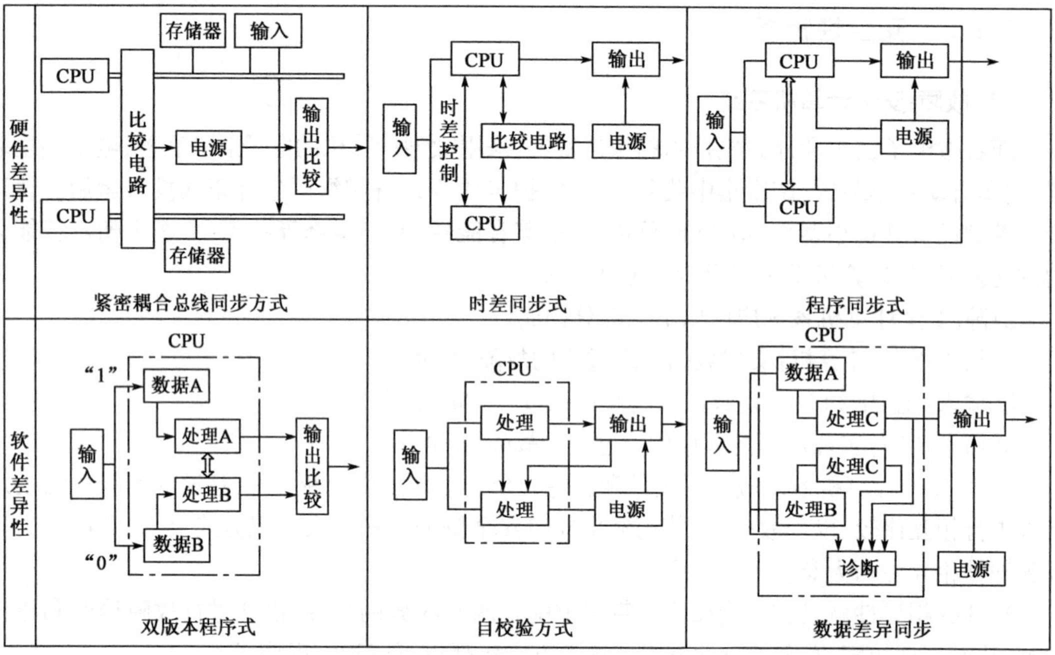

图 5-2　各种方式的故障-安全计算机结构图

在系统级采用的多重化技术包括:在二重冗余系统中对独立的处理结果进行比较,对故障系统进行切换;在三重冗余系统中实现多数表决逻辑;在多重冗余系统中采用智能监督器;在检出故障时进行系统切换。

(2)高可靠技术

处理器级的高可靠技术包括:将未使用的芯片引脚进行状态固定;对多传感器采样的危险侧数据进行特别处理。

输入输出级的高可靠技术包括:对输入数据的合理性进行检查;对输出的控制信息进行反馈、重复检查。

装置之间接口的高可靠技术包括:对公共信号进行处理;对总线随机延时进行处理;对系统总线所连接模块的电源 ON/OFF 的共同处理。

系统级的高可靠技术包括:对共享存储器存取方式的控制;多处理器的容错组合;在共同信号混乱时避免总线冲突;对模块电源断电时的处理对策;对电源电压波动时的处理对策;采用可以限定故障模式的设备。

(3)故障检测技术

处理器级的检测技术包括:用互补数据进行比较;对 ROM/RAM 实行故障检测;用交流信号实现故障检测;对附加检验信息的数据进行处理。

输入输出级的检测技术包括:用专用的测试信号进行故障检测;用照查脉冲作为执行部件的输入条件;用交流输出检测故障;对输入信息的译码进行故障检测;对输出信息的译码进行故障检测,对表示设备的故障进行故障检测。

系统级的检测技术包括：用伪信号附加功能检测机构；采用动作监督器。

(4)电路构成技术

处理器级的电路构成技术包括：进行故障-安全的频率变换、交直流变换；对看门狗定时器进行故障安全化。

输入输出级的电路构成技术包括：在发生故障时输出安全侧信号；构成故障-安全输入电路；对二重化系统输出电路实现故障安全化；对固定信息进行设置和生成。

3. 软件安全性技术

在微型计算机化的信号设备中，通过软件实现故障-安全性能的技术主要有以下四类。

(1)高可靠技术

在系统级的高可靠技术包括：设计与检查相互独立；分布式系统共同功能的检查和故障预防；安全处理功能与其他功能分离；多计算机系统的失效弱化；相位差同步方式下的共同处理；现行系统设计思想的沿袭；禁止中断；为禁止中断对软、硬件初值进行设定；简化程序结构；禁止使用 GO TO 语句；统一进行安全侧/危险侧状态信息的分配。

在输入输出级的高可靠技术包括：对控制输出进行反馈检查；串行数据传送时的安全对策；将输入条件组合后使用；为避免过渡过程的不稳定性而采取多次采样比较；对输入数据(变化、平均值、范围等)进行检查；对 CPU 之间传送的信息进行检查。

在诊断程序级的高可靠技术包括：在共享存储器方式下启动多数表决处理；对程序乱走的检测；采用非对称性结构的程序；对数据进行双重连接；对存储器的存取进行保护。

(2)故障检测技术

在系统级对系统故障进行诊断。

在输入输出级的检测技术包括：对输入电路故障进行检测诊断；对输出电路的故障进行检测诊断。

在诊断程序级的检测技术包括：对系统总线结合方式下的故障诊断；对传送线断线进行检测；对传送装置进行故障检测；对系统时钟进行故障检测；用交流输出进行故障检测；对 LAN 网中数据传送的顺序进行管理；对使用频率低的存储器进行故障诊断；对共享存储器进行故障诊断；对计数电路进行故障诊断；对 LAN 网中其他节点的状态进行监督。

(3)故障屏蔽和恢复技术

在系统级的屏蔽和恢复技术包括：在 LAN 网中发生接收错误时的处理；指针不能转换时的重新控制；现场机器失去控制时取消控制；在信息传送中断时进行安全处理；对丢失信息的再生；在二重冗余系统切换时确保处理的连续性；检出异常时的处理和恢复。

在输入输出级对难于更正的危险侧输出进行控制。

(4)人机技术

人机技术包括：拒绝错误操作；人机装置中防止误操作功能；控制台输入条件的合理性检查；为防止误操作进行操作导向；保证 CRT 所显示的表示信息的正确性。

4. 容错技术

微型计算机在轨道交通信号领域中的应用，使微型计算机系统的可靠性和安全性成为极为重要的课题。采用避错和容错技术，可以有效提高轨道交通信号设备应用微型计算机系统的可靠性和安全性。

避错技术是采用正确的设计和质量控制方法,尽量避免将故障引进系统,试图构造一个不包含故障和错误的"完善"系统的技术。但构造一个不包含错误的系统很难实现,只能使系统中包含的错误减少到一定程度。一旦系统发生故障,则必须通过故障检测和诊断确定故障部位,进而排除故障、修复系统,使系统恢复正常。

容错技术则指采用外加资源的冗余技术使系统在出现某些硬件故障或软件错误时,仍能正确执行规定的程序或实现规定的功能。容错技术可使过程不因系统中的故障而被中止或修改,并且执行的结果也不包含系统中故障引起的差错。

容错的基本思想是在系统体系结构上精心设计,利用冗余的硬件资源或软件资源,达到掩蔽故障的影响,从而自动地恢复系统或达到安全停机的目的,因而在轨道交通控制设备应用微型计算机的领域中得到广泛的应用。

容错技术以承认故障的不可避免为前提,也就是在容忍故障存在的条件下,采用静态和动态方法提高系统的可靠性。静态方法的基本思想是当系统发生故障时,掩蔽故障的影响,使系统不产生错误的输出,因而也不会导致系统失效。这种方法的典型实例是使用多数表决逻辑。动态方法的基本思想是让故障的影响表现出来,检测故障所引起的错误,从而诊断出故障根源,进而切除故障部件或修复软件故障,最后使系统恢复正常。这种方法的典型实例是使用双机比较运行结果。

实现容错技术的主要方法包括:硬件冗余、时间冗余、信息冗余和软件冗余等。

容错技术依靠外加资源的方法换取可靠性。外加资源的方法很多,主要有外加硬件、外加信息、外加时间和外加软件等方法,这些方法往往要合理使用,才能达到提高可靠性的目的。

5.2 地-车信息传输技术

地-车信息传输通道是列车运行控制的重要组成部分。列控系统的车载设备依据从地面控制中心接收的行车控制命令,实时监督列车的实际速度和地面允许的速度指令,当列车速度超过地面行车限速,车载设备将实施制动,保证列车的运行安全。这就要求地-车传输信息的可靠和安全。

地面信息传递到车上目前有两种方式,一种是点式传递信息方式,另一种为连续式传递信息方式。点式信息传递方式在闭塞区段内设若干点,通过感应点将地面信息传到列车,在地面信息发生变化时,列车只能经过感应点时才能得到信息,故时效稍差。连续式传递方式能连续不断地将地面信息即列车间隔、线路容许的速度等情况及时地向列车传输,使司机随时掌握列车速度,有利于保证行车安全和提高行车效率。

5.2.1 点式信息传递

点式传递信息方式多采用感应器或应答器方式,如查询应答器、点式环线等。在线路需要限速的地方可用点式信息给出限速值的条件。地面绝对信号机处设点式信息,当显示红灯信号时,以点式信息向列车发送绝对停车命令。

1. 点式环线

点式环线信息传输原理见图 5-3。地面有源点方式通过环线向机车发送信息,环线敷设在轨间,环线长度约为 10m。发送器放在集中室,通过交叉环线及匹配变压器连接到环线。发送器经常向环线内送检测信号,以检查环线的完整性。点式信息为单频率信号,自 1318Hz 开始,每间隔 140.8Hz 有一个单频信息,至 3712Hz 共 18 个,其中 4 个频率 1740Hz、2022Hz、2304Hz、2585Hz 与连续式机车信号载频靠近未被采用,有效信息共 14 个。

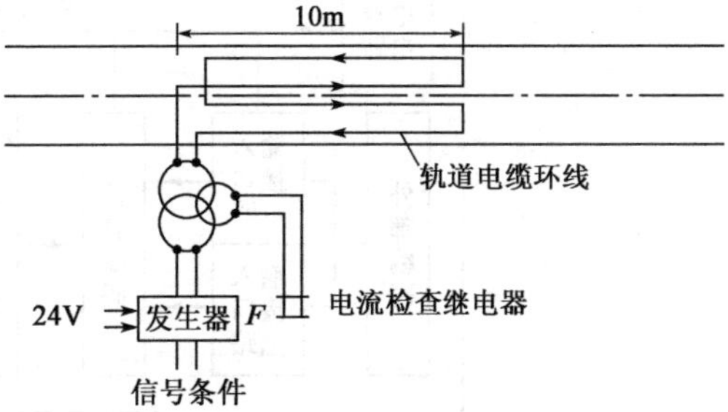

图 5-3　点式环线信息传输原理图

2. 移频叠加点式信息系统

多信息移频自动闭塞系统叠加多信息数字调制式轨道电路,是在已有的移频轨道电路的发送端,叠加发送一个多信息的数字调制信号,如图 5-4 所示。

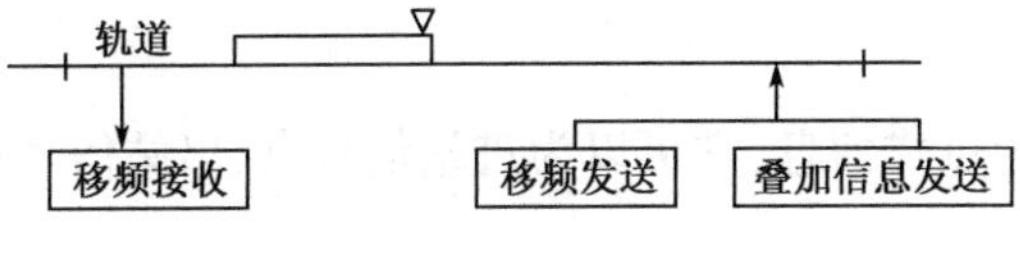

图 5-4　点式叠加轨道电路示意图

叠加多信息信号后,必须同时满足以下四项要求。

①发送设备可集中设置在车站,与移频轨道电路共用信道,不能影响移频自动闭塞的正常工作。

②点式信息与移频信息共用移频功率放大器。

③每个信号点均设置地面发送设备,信息量应满足列车超速防护系统“点”式信息的要求。

④发送设备具有故障检测和报警功能,并应满足“故障-安全”原则。

(1)信息发送电路结构

点式信息为二进制数字信息,要与移频信号叠加发送,因此必须经过调制。点式信息发送电路原理如图 5-5 所示,它主要由输入接口电路、信源编码电路、信道编码电路、差分移相调制电路、输出接口电路、报警指示电路和电源电路等部分组成。

点式信息发送的信息内容是有关列车运行前方线路上的一些重要信息。点式信息内容采用了由外部电路编码的方式。采用的编码规则能保证外围编码电路出现断线时,发送的点式信息为安全信息,满足“故障-安全”原则。

信息编码电路由 CPU 系统构成,实现的功能包括:完成两路输入信息的一致性比较;信息码的合理性检查;对重新组合的信息码添加校验码。

信道编码采用具有传输速率高、检错能力强的同步传输方式,将需要传送的信息码按协议构成一帧信息,然后以帧为单位传送。

因为移相调制的信号具有最强的抗干扰能力,在相同的传输波速率下,移相调制信号具有最窄的频带。为了避免接收设备出现相位模糊,应采用差分调制。实现差分移相调制的方法是:首先对数字基带信号进行差分编码,即将绝对码变成相对码,然后再进行绝对调相。

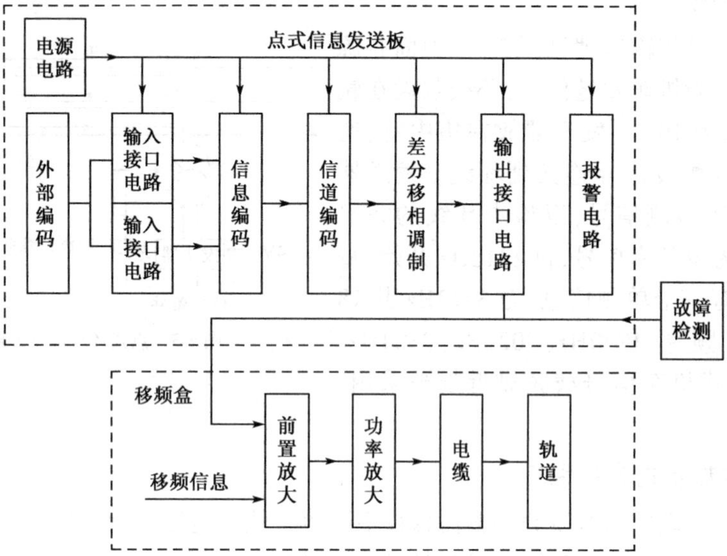

图 5-5　点式信息发送电路原理图

(2)信息发送内容

点式信息发送系统发送列车超速防护所需的点式信息,它可以为进站信号点、出站信号点和区间信号点。

进站信号点发送的信息包括:本信号机类型、车站代码、接车股道代码、接车进路长度、进站咽喉区长度、接车进路换算坡度、运行前方次一架信号机类型、出站外方第一闭塞分区限速以及出站外方第一闭塞分区长度。

出站信号点发送的信息包括:本信号机类型、运行方向代码、超速防护停用代码、出站咽喉区长度、出站外方第一闭塞分区换算坡度、出站外方第一闭塞分区限速等级、运行前方次一架信号机类型、运行前方次一闭塞分区限速等级以及运行前方次一闭塞分区长度。

区间信号点发送的信息包括:本信号机类型、运行前方闭塞分区长度、运行前方闭塞分区换算长度、运行前方次一架信号机类型、运行前方次一闭塞分区限速等级以及运行前方次一闭塞分区长度。

3. FTGS 数字编码轨道电路

FTGS 数字频率轨道电路现已广泛应用于欧洲、美洲、非洲及亚洲干线轨道交通与城市轨道交通。国内部分城市也采用此种轨道空闲检测系统。在连续列车运行自动控制系统(LZB700)也利用 FTGS 轨道电路向车载设备传输信息。

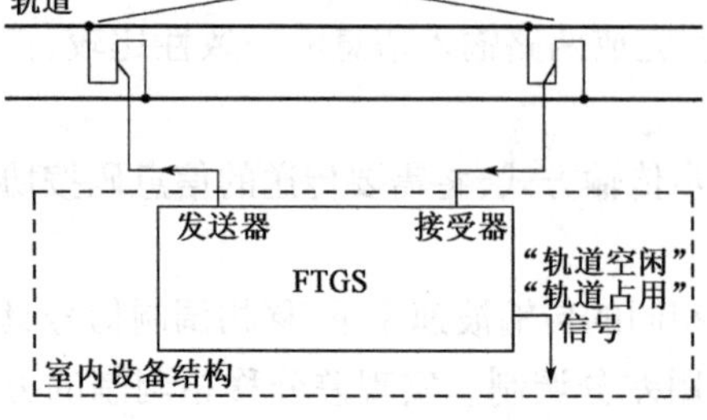

图 5-6　FTGS 的标准结构图

(1)工作原理

在 FTGS 轨道占用检测系统中,轨道被电气分割成许多区段。如图 5-6 所示,轨道区段被 S 形电气棒(简称 S-bonds)分割,该电气S-bonds完全是电气分割,没有物理上的分割。另外,它对两钢轨上牵引电流起到补偿的作用。

FTGS 轨道电路包括室内、室外两部分设备,室内设备对应每个轨道区段配置 1 个组闸单元,包括轨道电路的发送与接收。室外设备对应每个轨道区段分界点设置 S-bonds,起分割区段作用,同时设有轨旁单元(相邻区段共用一轨旁盒),直接向轨道发送后接收电信号。室内与室外最长传输距离可达 6.5km。

FTGS 无绝缘轨道电路是一种移频键控(FSK)数字编码系统,通过不同的位模式(15 种)、以频偏 64Hz 产生 FSK 信号。当某区段无车时,由室内发送设备传来的 FSK 信号,通过轨旁单元在相应轨道区段始端馈入轨道,并由轨道区段终端接收传至室内设备,进而通过信号鉴别判断(幅值、调制、编码检验),产生区段“空闲”状态。当列车进入某区段时,由于列车车轴的分路作用,减少了相应区段终端接收电压,进而产生区段“占用”状态。系统结构见图 5-7。

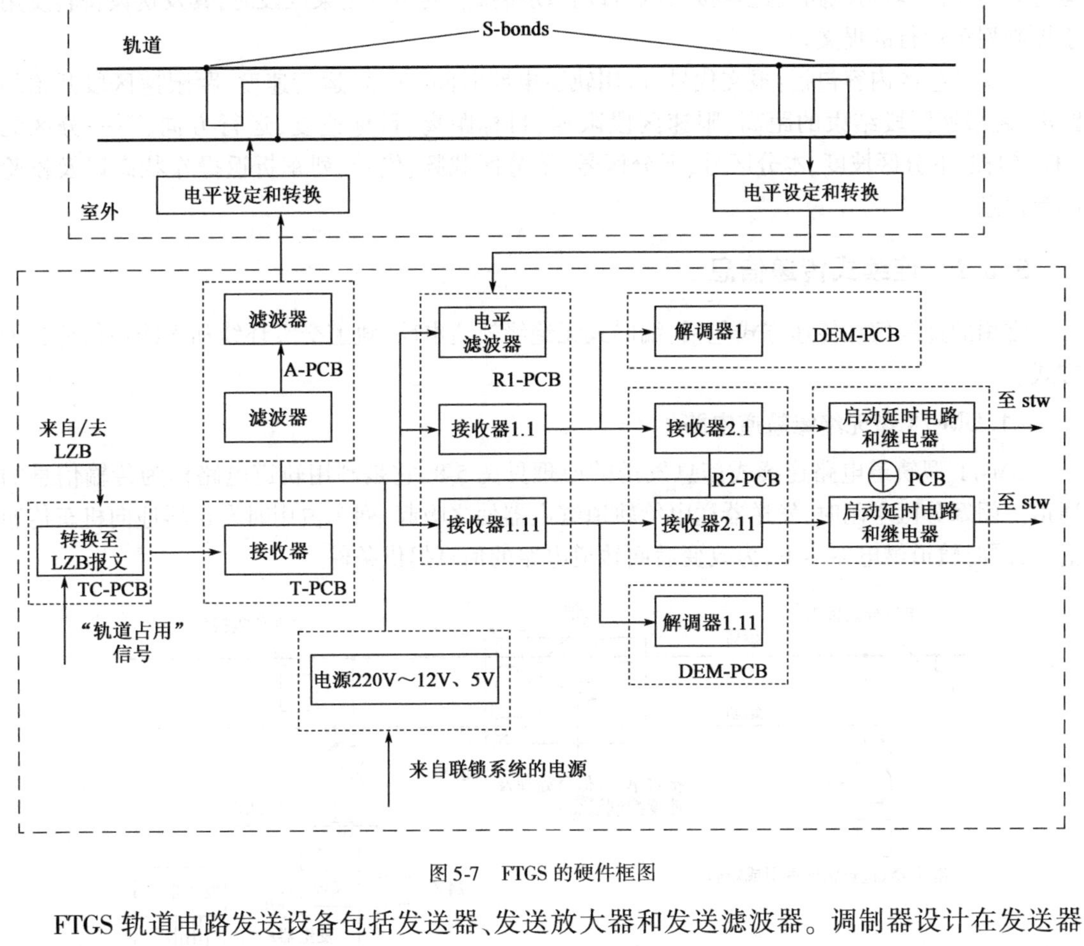

图 5-7　FTGS 的硬件框图

FTGS 轨道电路发送设备包括发送器、发送放大器和发送滤波器。调制器设计在发送器 PC 板(T-PCB)上。

发送放大器(A-PCB)将调制的音频信号升高到规定的电压幅度,功率放大至 30W 左右。带通滤波器(也是 A-PCB),使来自功放电路的方波信号转换为相应频率的正弦波,即让基波通过,抑制基波以外的高次谐波馈送到轨道上。

接收器 1(R1-PCB)板的功能是对来自轨面的信号进行选频、幅值判别、放大和整流。解调板(DEM-PCB)的功能是识别所接收到的音频信号的调制状态,对调制的信号进行解调,解调后所得到的数码组合方式与本电路板预置的数码组合方式进行比较,若两者一致,表示接收端准确地接收到发送信号。

接收器2(R2-PCB)的功能是对接收器1及解调电路的判断结果进行"与"逻辑运算。当接收器1对接收电压幅值的判断结果为"true"时(接收电压幅值超过规定值),以及解调器电路对内、外数码组合的比较结果为"true"时,在同步应答器脉冲的查询下,"与"门电路将向后续继电器电路输出脉冲。在接收器1及解调器电路中有任何一个电路的输出出现"false"(接收端电压幅值低于规定值或者内、外数码组合不一致),则"与"门电路无脉冲输出。

(2)FTGS轨道电路传输的报文信息

FTGS轨道电路可以为LZB700M列车自动控制系统传递列车控制所需的报文。根据列车运行方向不同,轨道电路发送与接收端可以自动转换。列车占用某区段时,其发送设备转发用于控制列车运行的报文。

报文信息的内容包括:报文代号、占用轨道电路时间、序号、运行速度、距限速区段开始的距离、距限速区段结束的距离、限速区段限速、目标距离、目标速度、运行方向、下一分区无ATP、门控、下分区坡度、本分区号、下分区号、下分区载频、代号、列车折返操作状态以及校验码等信息。

5.2.2 连续式传递信息

常用的连续信息传递方式包括:编码式无绝缘轨道电路、轨道交叉环线和无线通信等3种方式。

1. UM-71型无绝缘轨道电路

UM-71型轨道电路连续式信息发送的原理见图5-8,它是利用轨道电路作为传输信息的通道。闭塞分区空闲时,发送器送电给轨道继电器使之吸起,列车占用时发送器迎向机车传递信息,同时轨道继电器落下,为改变后面轨道电路的信息提供条件。

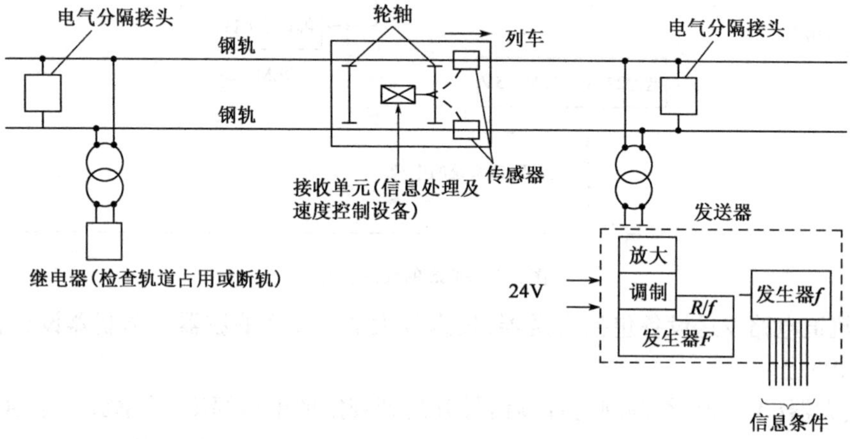

图5-8 连续式信息发送示意图

系统的信号采用移频键控制式,载频有1700Hz、2000Hz、2300Hz、2600Hz四种,频偏为

10Hz,调制频率即信息从10.3Hz到29Hz,每间隔1.1Hz取一个信息,共有18个,均作为速度信息。

采用1700Hz以上的音频便于实现无机械绝缘节的轨道电路,用电气分隔接头取代钢轨绝缘节可不锯长钢轨,也有利于减少机车车辆轮缘的磨损和牵引电流的回流。此外1700Hz以上的信号受牵引电流谐波干扰量也小。但频率较高给信号在钢轨中传输带来了困难,因此需在轨间并联补偿电容延长轨道电路长度。

轨道电路频率布置考虑了防止同一线相邻轨道电路和上、下行线间轨道电路等横向和纵向干扰,轨道中载频的布置见图5-9。上行线路为2000Hz、2600Hz相间隔排列,下行线路为1700Hz、2300Hz相间隔排列。

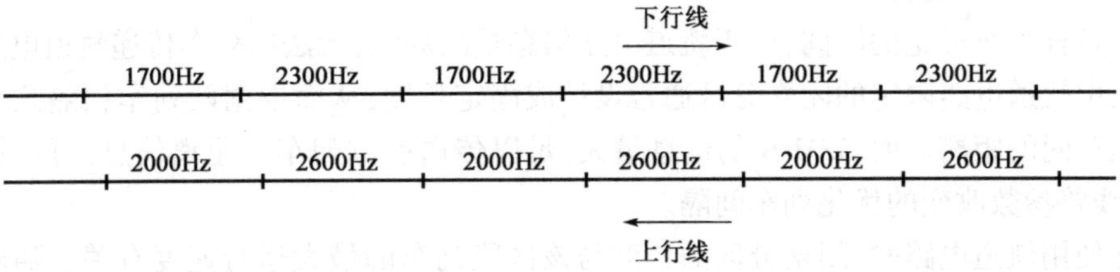

图5-9 轨道中载频的布置示意图

轨道电路电子设备集中设置,便于日常管理维修,特别是容易实现双线双方向的改变方向电路。轨道电路现场设有电气分隔接头的调谐单元,平衡牵引电流的空芯线圈以及匹配单元等。现场设备和集中室间用交叉环线连接,为防止交叉环线线间串音影响,轨道电路的同频率发送与接收不能合用同一根交叉环线。使用的交叉环线芯线直径为1.2mm,传输距离为7km。

2. GSM-R移动通信

基于GSM phase2+标准的GSM-R,是国际轨道交通联盟(UIC)和欧洲电信标准协会(ETSI),为欧洲新一代轨道交通无线移动通信开发的技术标准。

轨道交通专用移动通信网GSM-R与常用的移动通信网GSM之间的主要区别在于所使用的频带(GSM-R有其自身专用频带)及基本结构。GSM-R按照轨道交通专用及必要的优质服务要求建立,它由无线网络、交换网络以及与其他通信网络的接口组成,如图5-10所示。

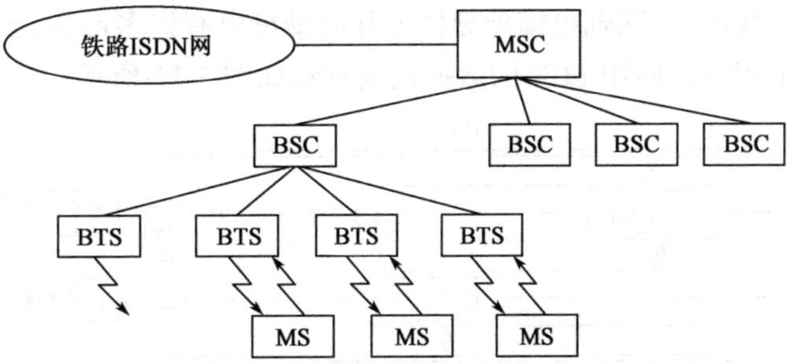

图5-10 GSM-R网的原理结构图

MS-移动通信站;BTS-基站;BSC-基站控制器;MSC-移动通信交换中心

在 RBC 控制中心存放整个控制区段及站场拓扑图,由 RBC 形成数据码发送至无线通信站 BTS。经无线通信站 BTS 转发,将数据信息传递给机车。这些数据包括各种速度数据、线路的最大允许速度、目标速度、目标距离、线路坡度和缓行段数据等。列车收到这些信息后,由车载计算机计算出当前的最大允许速度,在驾驶台上显示,并对列车运行速度进行监控。同时对列车重新定位,如果列车位置与收到的电码一致,则予以确认,否则进行修改。回执信息以不同频率,从机车向 BTS 传递。回执信息包括列车位置确认及其他列车数据信息。地面控制中心 RBC 收到回执信息后,重新确定整个控制区段上所有运行列车的精确位置,给出新的命令信息。

采用 GSM-R 无线传输信息的列车运行自动控制系统与基于轨道电路传输信息的系统相比,有以下 4 个突出的优点。

①在各种列车混跑的区间,由于轨道电路信息量的局限,无法向列车传递轨道电路长度信息,因此,由轨道电路限定的闭塞分区通常设计成固定长度,从而根据两列车相隔几个闭塞分区获得列车间的距离。而 GSM-R 的信息量大,足以传送前方列车的距离信息,可以构成随列车速度、线路参数改变的优化列车间隔。

②在使用轨道电路时,闭塞分区的长度与该区段列车的最大运行速度有关。随着列车运行速度的提高或制动性能的改善,固定长度的闭塞分区限制了运输能力的进一步提高。对于无线控制系统,列车速度提高或制动性能的改善,对应的仅是程序参数的改变,系统发展、完善十分简单。

③无线列车运行自动控制系统由于无固定的闭塞分区长度,所以对于任何类型的列车,都可以提高运行速度。

④GSM-R 的应用可以进一步取消固定信号机及轨道电路,又可以节省大量的安装、维护费用。

3. 微波传输

应用微波通信有两种方式,一种使用泄漏同轴交叉环线 LCX(Leaky Coaxial Cable),另一种使用毫米波。

(1)泄漏同轴电缆

泄漏同轴电缆是在同轴电缆外导体上开有一定形状和间距的槽,使电磁场的能量集中在同轴电缆的内外导线之间,部分能量可以从同轴电缆中的槽孔泄漏到空间中,并和附近的移动电台天线耦合构成无线通道,同轴电缆外导体上开的槽可以有许多形状,各种形状在传输损耗和耦合损耗方面各不相同。使用 LCX 的数据通信方法如图 5-11 所示。

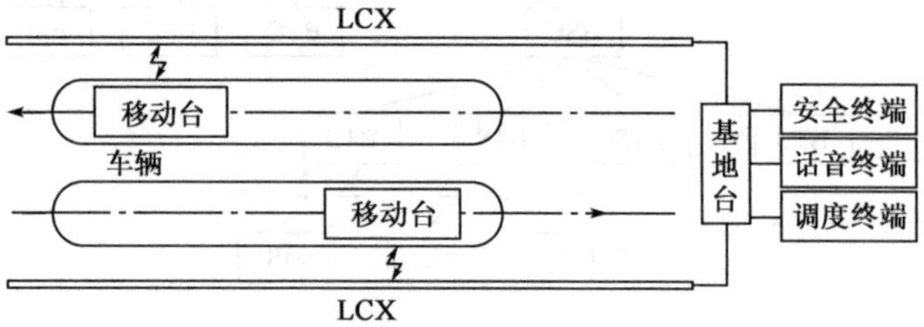

图 5-11　泄漏同轴电缆同轴传输数据图

由图5-11可以看出,使用LCX的通信方式比较简明,两条LCX交叉环线分别负责上行及下行的车辆通信,车上天线和LCX之间的距离很近,LCX还连接着基地台,通过泄漏同轴,各种安全调度信息和语音信息,可以在地面和列车之间双向传递。

由于电磁波在同轴电缆交叉环线内传播,场强分布稳定,辐射性能可以由槽的形状位置控制,受环境影响很小,和空间电磁波相比,它有以下两个优点:

①可以获得高品质、高可靠的通信信道。尽管轨道两旁的环境可能变化很大(如:山川、平原、城市等),但因为泄漏电缆同轴和移动车辆很近,所以耦合电场的波动很小。

②频段的利用率高。泄漏同轴电缆的辐射电场较弱,并且局限在交叉环线附近,因此,可以在长的区段上重复使用少数几个频点,而不会相互干扰。

使用泄漏电缆同轴具有对地形的适应性强、场强稳定、传输速率高和节省频率资源等优点,在数字化、大容量的移动通信方面具有独特的优势。

(2)毫米波

另一种大容量的数据传输方式是采用波长极短的毫米波,它允许采用比泄漏同轴交叉环线更高的频率、更大的带宽和更高的数据传输速率,可以满足多媒体通信的要求,毫米波通信的配置如图5-12所示。

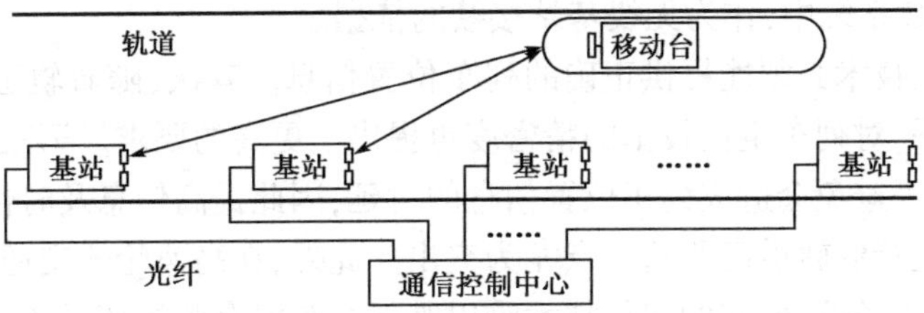

图5-12 毫米波传输数据图

列车移动时,依次与基站通信,基站沿轨道设置,相距1~2km,每个基站用光纤与通信控制中心相连,通信控制中心管理每个基站,并负责基站间通信的切换。

这种方式具有很高的传输速率,可以同时传输控制数据和音频、视频信息的优点。同时,它也具有设备成本高、技术复杂、维护困难,由于和安全相关的控制数据的流量并不是很大,在面向控制数据传输的场合,使用毫米波通信得不到合适的性能价格比的缺点。

5.3 列车定位技术

轨道交通列车运行密度高、车站间距小、安全性要求高,列车自动控制系统及列车本身需要实时了解列车在线路中的精确位置,分布于轨旁和列车上的列车自动控制系统,根据线路中列车的相对位置,实时动态地对每一列车进行监督、控制、调度及安全防护,在保证列车运行安全的前提下,最大限度地提高系统的效率为乘客提供最佳的服务。

列车位置信息在列车自动控制技术中具有重要的地位,几乎每个子功能的实现都需要列车的位置信息作为参数之一。所以说列车定位是列车控制系统中一个非常重要的环节,它的引入,使得调度指挥和行车控制一体化的综合自动化系统成为可能,更加有效地提高行车效率和安全度。

5.3.1 定位技术概述

1. 定位技术的作用

列车定位技术在现代轨道交通行车安全和指挥系统中的作用主要体现在以下六个方面:

①为保证安全列车间隔提供依据。

②在某些自动控制系统中,提供区段占用/出清信息,作为转换轨道检测信息和速度控制信息发送的依据。

③为列车自动防护(ATP)子系统提供准确位置信息,作为列车在车站停车后打开车门以及站内屏蔽门的依据。

④为列车自动运行(ATO)子系统提供列车精确位置信息,作为列车计算速度曲线、实施速度自动控制的主要参数。

⑤为列车自动监控(ATS)子系统提供列车精确位置信息,作为显示列车运行状态的基础信息。

⑥在某些 CBTC 系统中,作为无线基站接续的依据。

首先,列车定位技术必须能提供正确的列车位置信息。其次,随着轨道交通朝着高速、便捷、舒适的方向发展,对列车定位技术的精密度也提出了更高的要求。第三,由于经过采集、传输、计算等环节,不可避免会造成列车位置信息的时延,因此提高信息及时性、减少信息误差就非常重要,在高速运行的轨道区段这一点尤为突出。此外,在高速轮轨交通,由于速度高、信息量大以及特殊的边界条件,已有的定位技术难以胜任行车安全和指挥系统对它的要求,必须要有适应这一发展趋势的、新的列车定位技术。

2. 定位技术的分类

目前,在世界各国轨道交通列车自动控制系统中,使用的列车定位方式主要有轨道电路、计轴、测速定位、查询-应答器定位、交叉感应回线定位、卫星定位(包括 GPS 定位和 GLONASS 定位)、扩频无线电定位、惯性定位、信标—极距定位等种类。按照不同的分类性质可以把它们分为不同的种类。

(1)按定位信息的产生分类

按定位信息的产生分类,可以将这些定位方式分为以下三类。

①离散信息方式:信息在预先排列的一些点上产生,如查询-应答器、信标—极距定位等。

②分段信息方式:信息在某一个分段内产生,如轨道电路定位、计轴定位、交叉感应回线定位等。

③连续信息方式:信息在任何点上都能够连续产生,如卫星定位、扩频无线定位、测速定位和惯性定位等。

(2)按照产生位置信息的部位分类

按照产生位置信息的部位分类,可分为以下三类。

①完全主动式定位:不通过外界信息,由列车自主测量自身位置,如惯性定位、测速定位、

极距定位等。

②半主动式定位：由外界发送信息，列车接收该信息判断自身位置，如卫星定位、扩频无线电定位、交叉感应回线定位、查询-应答器定位等。

③完全被动式定位：由地面发送信息并接收信息，由接收到的信息判断列车位置，如轨道电路定位、计轴定位等。

(3)按照位置信息的参照分类

按照位置信息的参照分类，可分为以下三类。

①绝对定位方式：如轨道电路定位、计轴定位、查询-应答器定位，这些定位方式可以向系统提供列车的可靠位置或位置范围，而不依靠其他定位方式。

②准绝对定位方式：卫星定位、无线扩频定位等，之所以称这些定位方式为准绝对定位方式，是因为这些定位方式可以向系统提供列车的绝对位置，但是这种位置信息不具有故障-安全特性，在信号系统中这些信息不能作为唯一的位置依据，必须配合以其他定位信息或对系统进行改进后方可判断。

③相对定位方式：如测速定位、惯性定位等，这些定位方式向系统提供列车相对位移，需要知道列车的初始位置方能确定列车即时位置。

当然，以上列举的仅仅是较常用的分类方式，此外还可以按照其他分类方式对列车定位方式进行分类。

3. 列车定位系统的技术要求

作为列车自动控制系统中的关键技术之一，理想的列车定位系统应该满足下列 6 个技术要求。

(1)精确性

列车定位系统的精确性需满足两种不同的要求，一是列车在同一轨道上纵向的定位精确性，二是列车在不同轨道之间的横向的定位精确性。

(2)连续性

定位系统必须具有执行列车定位而不发生任何间断的能力，即在时间上有很好的可用性。

(3)覆盖性

不管列车运行在任何地理区域，定位信息必须不间断地提供给列车运行控制系统，即在空间上有良好的可用性。

(4)可靠性和安全性

定位系统与列车自动控制系统的其他子系统相互独立，其具有连续正常工作的能力，并能够检测和报告本身发生的失效和故障。

(5)可维护性

定位系统的设计和使用，必须综合考虑预防性维护和校正性维护等因素，从而使定位系统的生命周期成本最小。

(6)故障-安全性

当定位系统出现故障时，系统不能验出“无车”的通报信息，而必须有保证列车安全的相应措施。

5.3.2 离散定位方式

1. 查询-应答器

基于查询-应答器的定位方法是广泛采用的列车定位方式,它可以点式地给出列车定位信息。作为列车定位系统,应答—查询器具有很高的定位精度,它在应答器安装点的定位精度为1~2m,取决于查询天线的作用范围。它同时还具有很高的可靠度,可以在任何气候下,任何地点(包括GPS作用不到的地区)可靠地工作,并且还具有维修简便、运行费用低等一系列优点。

(1)查询-应答器工作原理

查询-应答器一般由车载查询器、地面应答器和轨旁电子单元LEU(可选择)组成。地面应答器一般装在两根轨道中央或一根钢轨的外侧。车载查询器装在机车上与应答器相对应的位置。应答器一般无源,其内部寄存器按协议数据形式存放,实现列车速度监控和其他行车功能所必需的数据。如图5-13所示,当列车驶过地面应答器且车载查询器与应答器对准时,查询器首先以一定的频率通过电磁感应方法将能量传递给应答器;应答器内部电路在接收到能量后即开始工作,将所储存的数据以某种调制方式通过电磁感应传送到机车上。

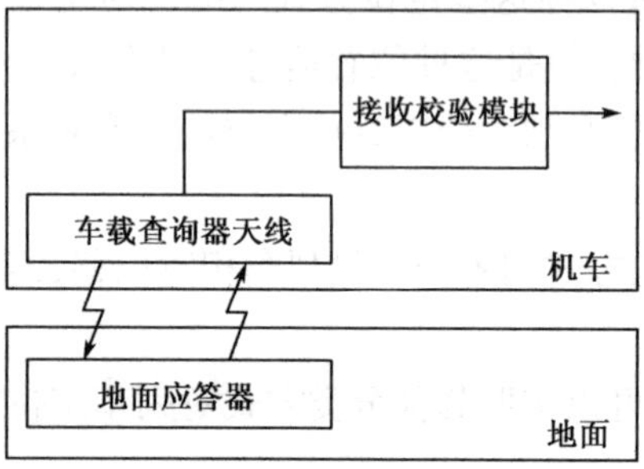

图5-13 查询-应答器基本工作原理图

(2)查询-应答器分类

查询-应答器主要分为有源和无源两种。无源应答器主要传送地面固定信息(例如线路长度、坡度、位置等),其报文通过无线读写器写入。有源应答器通过电缆与地面电子单元(LEU)连接,负责向列车传送实时可变的信息(例如临时限速、车站进路等),其报文由列控中心、车站联锁等设备通过LEU提供。查询-应答器与BTM的信息传输如图5-14所示。

(3)查询-应答器信息传输

查询-应答器可用作连续式列车速度自动控制系统的列车精确定位设备,这时应答器内部储存的数据固定,也可以用作点式列车速度自动控制系统的列车检测、定位辅助设备,作为电子计轴器等系统向机车传输数据的通道,置于信号机旁的应答器用于向列车传递信号显示信息,因此要通过LEU提供接口与信号机相连。

应答器传输系统由地面应答器、车载查询器和查询器主机组成。应答器向经过列车发送数据报文。每条报文至少都含有唯一的标记,可使列车确定它在线路上的绝对位置。

报文在列车经过应答器时传送。车载天线激活应答器传输报文。车载查询器使用激活的能量通过数据总线将报文传输至车载计算机。

在地面应答器内存储地理位置信息,车载查询器经过耦合以后,就可以得到列车的精确位置。显然,为了准确定位就必须大量设置地面应答器。在欧洲部分轨道交通线上,甚至每3~5m设置一个地面应答器。为了减少投资,也可用地面应答器来校准其他测速设备产生的里程数,消除累计误差,从而减少应答器的设置数量。

(4)查询-应答器技术特点

应答器定位技术的信息为间断传递,即当列车从一个信息点获得地面信息后,要到下一个信息点才能更新信息,若期间地面情况发生变化,就无法立即将变化的信息实时传递给列车。因此,应答器定位技术往往作为其他定位技术的补充手段。

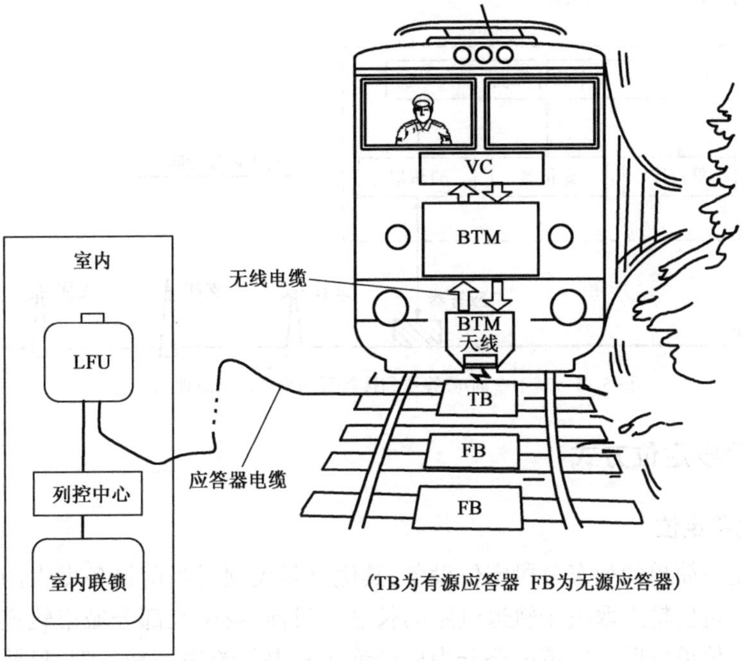

图5-14　查询-应答器与BTM的信息传输示意图

查询-应答器定位有以下四个特点:

①可以提供准确的初始位置信息。

②精度可以调节,根据不同的精度需要安装应答器,但是精度的提高,需以牺牲成本为代价。

③维护量大,沿线分布大量的应答器,需要大量的人工,且不便于设备的维护保养和线路的养护。

④查询-应答器既可以实现列车定位,也可以作为点式信息传输的通道,提供地-车通信。

2. 接触网定位器

利用接触网定位器辅助列车定位的方法,与基于应答器和里程计的列车定位方式相比,在不需增加线路上其他固定设备的情况下可以大大地减少地面应答器的数量,同时还较大幅度地提高了列车定位的精度,这不仅降低了成本,减少地面设备维护的维护量,还有利于线路的养护。

在电气化轨道交通线上,线路两旁树立有若干间隔较小的接触网支柱,线路的上方架有接触网馈电导线(接触线),接触线在支柱或隧道壁上通过定位器进行定位。由于线路上各个定位器的位置固定,相邻定位器间的距离大多数为20~45m,最长也不超过60m,因此在相邻两个应答器之间,可以利用定位器检测信号和线路参数,对里程累计误差进行校正。一般地,用于列车定位的线路参数应包括支柱杆号、杆距、定位器所在侧(处于线路运行方向的左侧或右侧)等数据。此外,线路参数还可以包括每个跨距内线路的性质(如桥梁、隧道等)、坡度、曲线半径等用于电子地图显示和列车自动运行控制所需的线路数据。基于查询-应答器和接触网的列车定位原理如图5-15所示。

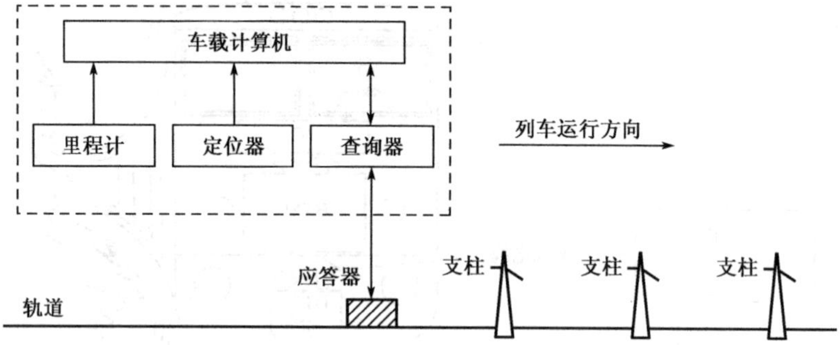

图5-15 基于查询-应答器和接触网的列车定位原理示意图

5.3.3 分段定位方式

1. 轨道电路定位

轨道电路是最简单的列车分段定位设备,其优点是无须对当前设备做大的改动即可实现列车定位。它的定位精度取决于轨道电路的长度。目前,我国大部分城市轨道交通列车的定位技术采用的是轨道电路。轨道电路分为机械绝缘和电气绝缘两种类型,目前城市轨道交通系统中普遍采用"S棒(S-bonds)"进行电气隔离的数字音频轨道电路。利用数字轨道电路对列车进行定位,是目前城市轨道交通系统中应用最为普遍的技术手段。

在数字轨道电路中全部有源器件都集中在控制室内,室外设备仅包括由电容、线圈等组成的调谐盒及轨间的S型连接导线,调谐盒中有发射与接收线圈。数字轨道电路的发射单元以差分模式向另一端通过钢轨传输一个调制信号,在轨道电路的另一端提取这个信号。接收的信息和传送的信息经逐位比较确认相同时,完成对接收信息的验证,判断钢轨和轨道电路的工作状态。当轨道电路内有车占用时,由于列车车轴的分路作用,接收端检测出信号电平的变化,从而判断出是否有车到达该轨道电路。

在线路设计时,根据用户对列车运行密度的要求,将整个线路用S棒分割成若干个轨道区段,并对所有轨道区段进行统一编号。对线路地形及线路设备进行数字化描述后形成线路地图,储存在轨旁和/或车载计算机中。在每个区段的始端和终端加上发送/接收器件,构成一个信息传输回路。区段空闲时,信息由发送端通过回路传输到接收端,接收端继电器励磁吸起;当列车进入区段时,车轮对将两根钢轨短路,信息不能到达接收端,接收端继电器失磁落下,达到列车检测定位的目的。当列车在线路中运行时,其所在区段的轨道电路会给出占用指示,对轨道电路占用状态的连续跟踪,就实现了对列车在线路中所处位置的连续跟踪。基于轨道电路的列车定位见图5-16。

为了保证安全并遵循故障导向安全的原则,轨道电路任何形式的故障都表示为"有车占用"。为了避免错误的跟踪,系统对轨道电路的"连续占用"与"顺序出错"进行逻辑判断,保证列车跟踪的可靠性和安全性。列车轨道电路定位既可以实现列车检测定位,又可以检测轨道的完好情况，满足故障-安全原则，是一种高安全可靠的列车检测定位方法，所以目前依然得到广泛使用。

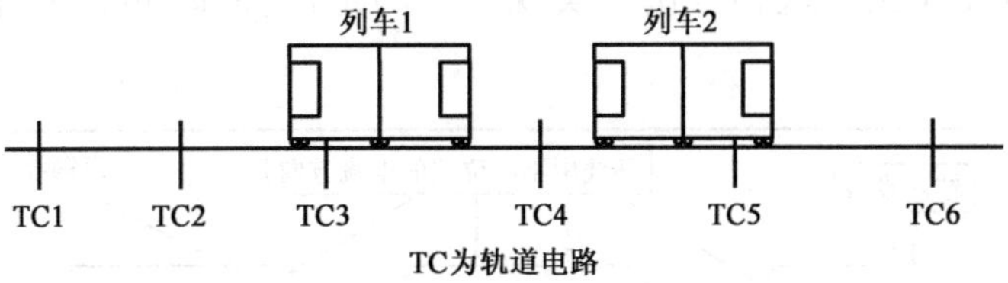

图5-16　基于轨道电路的列车定位示意图

轨道电路定位的优点有以下五点：

①轨道电路原理简单，安全性较高，同时可以对断轨故障进行检测。

②轨道电路采用列车的运行轨道——钢轨作为列车定位的信息传输通道，这个通道同时又可以作为列车 ATC 信息传输的通道，节省了大量设备，具有较高的性价比。

③技术成熟。轨道电路是目前使用最多、使用时间最长的列车定位方法，经过几十年的发展，积累了丰富的施工、维护经验。

④地理环境适应性强，在隧道、地下都可以使用该方法。

⑤适用速度范围宽，无论高速还是低速均可使用该方法。

轨道电路定位的缺点有以下三点：

①定位误差大。由于它所实现的定位是以轨道电路区段长度作为最小定位单元，列车在轨道电路区段的始端还是终端无法判断，因此列车定位的最大误差为一个轨道电路区段的长度。列车占用一个轨道电路区段后，不管其在区段的始端还是终端，都只能给出一个位置信息。在需要对列车实施精确控制的场合，必须辅之以其他的列车定位方式，如测速定位、设置信标等。

②传输距离有限。轨道电路的电气特性与传输的信息频率相关，频率越高，传输衰耗越大，信息传输距离越短。虽为了提高增强抗干扰性能，可通过设置补偿电容以加大传输距离，但其设备造价及施工维护量会提高。

③设备维护量大。继电器使用寿命有限（平均为1万次左右），而且还要在列车轨道旁一定区段内设立一个监测站，因此维护费用较大。为了保证轨道电路的良好电气特性，就需要经常进行测试与调整。在矿山、工厂等轨道条件较差的线路上，由于轨道电气特性极其恶劣，只能使用特殊的轨道电路方式，如高压脉冲轨道电路等，其传输的信息种类会相应减少。

2. 交叉感应回线定位

由于轨道电路在实现地-车通信时受钢轨、道床条件的限制较大，成为制约列车提速、提高密度的瓶颈，于是敷设的在轨间电缆作为地-车通信的信道。由于轨间电缆是实现地-车通信的唯一信息通道，必须考虑抗牵引电流干扰的问题，以提高其信息传输可靠性。通常采用的方法是在两根钢轨之间敷设交叉感应回线，即一条线固定在轨道中央的道床上，另一条线固定在钢轨的颈部下方，它们每隔一定距离作交叉，中央回线就像一个天线。当列车驶过一个交叉点时，通过车载设备检测环线内信号的相位变化（图5-17、图5-18），并对相位变化的次数进行计数，利用信号极性的变化引发地址码加1，由车载控制中心根据地址码计算出列车的地理位置，并对从列车转速转化的里程记录进行误差修正。由于感应回线是列车与地面之间的信息通道，利用极性交叉这种方法可实现列车的定位，同时起到了抗牵引电流干扰的作用。

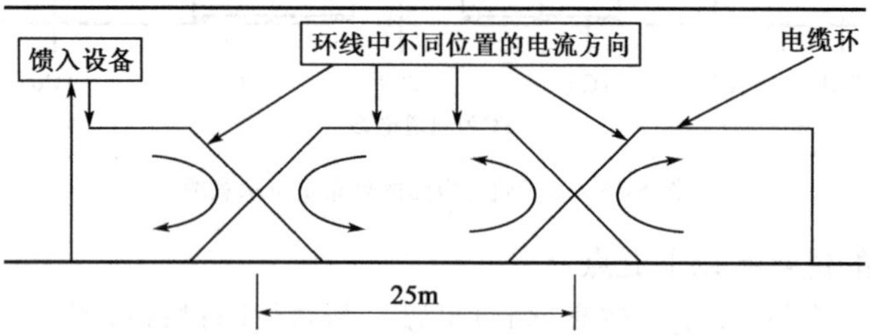

图5-17　交叉感应回线定位原理图

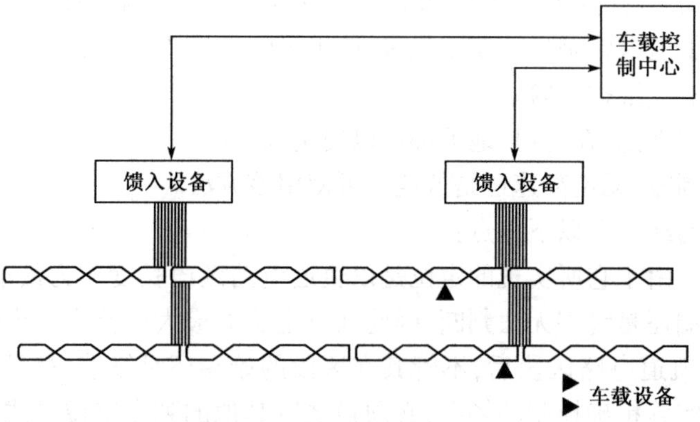

图5-18　交叉感应定位结构图

3. 计轴定位

用轨道电路定位最基本的条件之一是两根钢轨能够构成地-车信息传输的通路，由于轨道电路的电气特性对道床条件的依赖性很强，同时随着电力机车变流控制技术的发展，牵引电流高次谐波对轨道电路的干扰影响越来越大，用轨道电路对列车实施定位面临着复杂的各种不利条件的挑战。而在某些区段，道床漏泄又非常之大，如在德国轨道交通中曾经使用过的钢枕木道床，在这些条件下根本不可能用轨道电路定位，而用计轴器对列车定位较好地克服了这一问题。在电子技术高速发展的今天，电子计轴器已完全替代了传统的机械计轴装置。图5-19表示电子计轴器的基本构成。

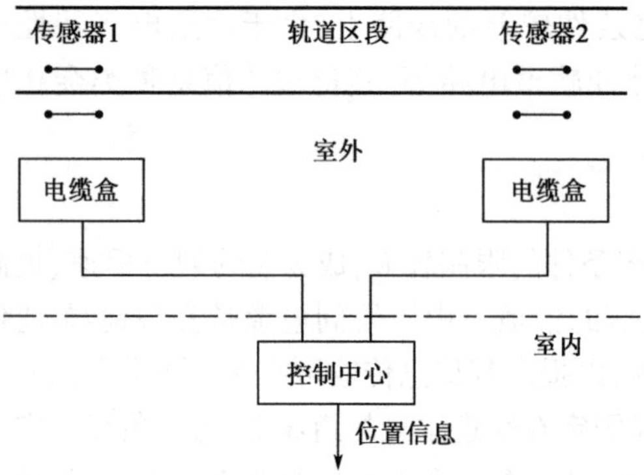

图5-19　计轴器定位原理图

电子计轴器列车定位系统主要包括室内和室外两部分。室内部分包括信号处理电路和计数器处理电路；室外部分主要包括地面传感器、电缆盒、传输电缆等。

在图5-19中,轨道区段的分界点安装计轴点,计轴点是一个车轮识别装置。当车轮驶过计轴点时,在计轴点中形成脉冲或其他信号,通过电缆传输到控制中心,由控制中心联锁设备计数装置,根据这些信号对车轮计数。当列车进入传感器1和传感器2防护的区段时(假定运行方向由左向右),列车轮对首先经过传感器1,列车每一对轮对经过传感器时都会改变一次传感器周围的电磁分布,传感器检测到这一改变后就说明列车已进入区间,传感器对这种改变的次数计数并将计数值传递给控制中心;当列车轮对开始出清该区段时,轮对同样会改变传感器2周围的电磁分布,传感器2也将检测到的变化次数传递给控制中心,当进入(传感器1)的次数等于出清(传感器2)的次数时,说明列车已完全出清。通过列车对区间的占用情况可以判断出列车的位置。显然,就其功能而言,电子计轴器与轨道电路相同。电子计轴器本身不具备向列车传输信息的通道,机车上要获取位置信息除了依靠司机瞭望信号机外,必须要另外增加信道。

计轴定位技术的关键在于车轮识别点(计轴点)的可靠工作,要求车轮识别点能够适应列车高速运行的机械应力、牵引电流、磁轨制动造成的电磁干扰等。

为了能够判别列车不同的运行方向,一般在一个计轴点设置紧密相依的两个车轮识别装置,通过车轮经过两个计轴点的先后次序,判断列车的运行方向。

即便现代科技为实现高可靠的计轴设备提供了物质基础,但设备的故障仍不可避免,因此计轴定位系统必须能够检测错误,并采取一定的措施防止计轴点出错。计轴点的故障主要有两类:设备故障导致不能计数或计数故障导致计数出错。针对前者,解决方案是取消该计轴点,将与该计轴点相邻的两个区间合并为一个区间;针对后者,解决方案是连续比较出错计数点前后相邻多个计数点的计数结果。

若实际的车轴数与设备给出的轴数不符,则认为出现计数差错。这种情况的出现将导致出现“不真实的区段占用”。可能会发生撞车事故,不符合故障-安全性准则。通常计数差错情况有以下两种:一种是当列车在进入某个区间时,传感器1少计数了若干轮对,而列车在出清该区间时,传感器2正常计数,那么就有可能列车在区间运行时,恰好有若干节车辆与列车脱节,而此时脱节的车辆轮对数恰好与传感器1少计数的轮对数相等。这样就会导致传感器1和传感器2的计数相等,从而给出区间“空闲”的信号。另外一种情况是,列车在进入区间时,传感器1的计数正确,而列车出清该区间时,传感器2多计数了若干轮对,那么就有可能列车在区间运行时,恰好有若干节车辆与列车脱节,而此时脱节的车辆轮对数恰好与传感器2多计数的轮对数相等。这样就会导致传感器1和传感器2的计数也相等,从而给出区间“空闲”的信号。

计轴定位继承了轨道电路定位的很多特点,和前述的轨道电路法一样,该方法的定位安全性较高、精度较差,通常也需与测速装置结合起来使用。由于不依赖于轨道电路,该方法对环境的适应性更强,维护量相对较小;但不能作为地-车通信的通道,也无法检测断轨故障。

5.3.4 连续定位方式

1. 测速定位

前面介绍的轨道电路、计轴器和查询-应答器定位技术的定位精度都比较低,在对列车运行速度、位移实施精确控制时远远不够。为了提高列车定位的精度,现场较广泛地应用了测速定位,作为辅助定位方式。测速定位就是通过不断测量列车的即时运行速度,对列车的即时速度进行积分(或求和)的方法,得到列车的运行距离。

由于测速定位获取列车位置的方法是对列车运行速度进行积分或求和,故其误差为累积误差,而且测得的速度值误差对最终距离值的误差影响也非常直接。因此,利用该种定位方法的关键在于速度测量的准确性和求位移算法的合理性。另外,测速定位法总体来说属于相对定位,它无法获取列车的初始位置,要获得列车的绝对位置仅仅依靠这种方法本身几乎不可能。

测速定位主要包括轮速(里程表)法和多普勒雷达法等测量方法。轮速法的原理是在列车车轮外侧安装旋转式光栅,当列车运行时由轮轴的旋转带动光栅旋转;在光栅的两侧安装发光装置和光电传感器,随着光栅的旋转光电传感器可以接收到发光装置的"光脉冲"信号,并将其转化为电脉冲信号送至车载计数器,由车载计数器对该脉冲信号进行计数;通过检测该信号次数可以判断车轮即时转角,由车轮的转角又可以求得列车的位移。例如,假定所采用光栅刻度为60线,车载计数器的计数结果为 n,则列车的位移 $s=(n/60)\times\pi\times d$,$d$ 为车轮直径。用轮速法测量列车距离的方法主要缺点是当列车轮对出现磨损、空转、滑行等情况时,其误差会较大。这种方法无论列车是在前进还是在后退,计数器均按照列车前进计数。同时对光测量设备的抗冲击性要求也比较高。但是,这种方法非常简便,易于实现。

多普勒雷达法利用多普勒效应测量列车运行速度。在车头位置安装多普勒雷达,雷达向地面发送一定频率的信号,并检测反射回来的信号。由于列车的运动会产生多普勒效应,所以检测到的信号频率与发送的信号频率完全不同。如果列车在前进状态,反射的信号频率高于发射信号频率;反之,则低于发射信号频率。而且,列车运行速度越快,两个信号之间的频率差越大。通过测量两个信号之间的频率差,就可以获取列车的运行方向和即时运行速度,对列车的速度进行积分,就可得到列车的运行距离。这种方法对列车测速的精度和频率要求都比较高。多普勒雷达法的设备相对于测速法较为复杂,如果地面不平整,导致电波的散射较厉害时,测量难度会加大。但它的优点是克服了车轮磨损、空转或滑行等造成的误差,可以连续测速、测向和定位。

2. GPS 列车定位

GPS 是基于卫星发射信号的定位系统,它向全球开放,大多属于美国军方。系统由导航卫星、地面检测站和用户接收机组成。利用低轨道 24 颗卫星进行全球导航定位,卫星处在距地面高度约 2 万 km、相互间隔 1200km 的三条轨道上。每个轨道上有 6 ~ 8 颗卫星,即总共有 18 ~ 24 颗卫星围绕地球运转,每 12h 绕地球一周。其目的是保证地球上任何一个用户终端能同时看到 4 颗卫星,以进行 4 颗卫星的无源定位,获得三维空间的位置参数。卫星发射出无线电信号,该信号包括载波信号、测距码(P 码和 C/A 码)。待定位的物体(如列车)上的接收器可以同时接收 4 颗以上卫星的信号,根据这些信号测定信号传播的单程时间延迟或相位延迟,进而确定从观测点至 GPS 卫星间的距离,计算出观测点的位置。

利用 GPS 实现列车定位已是一种比较成熟的技术。只要在列车两端安装 GPS 接收机和差分误差信息接收器,接受多颗导航定位卫星发送来的定位信息,就可以计算出自己确切的位置(图 5-20),从而通过导航卫星实现列车的精确定位。电磁波的传播速度是固定不变的光速,如果能够精确测量电磁波在两个物体之间传播的时间,也就等于测量出两个物体之间的距离。GPS定位精度约为10m左右。GPS定位系统可实现全球、全天候连续地实时导航与定位，操作简单，抗干扰性能好。相对于传统的列车位置检测设备而言，GPS定位方法设备简单、精度高、成本低、体积小且维护方便。目前该系统的主要问题是当列车在隧道等接收不到卫星信号的地区无法采用GPS定位。

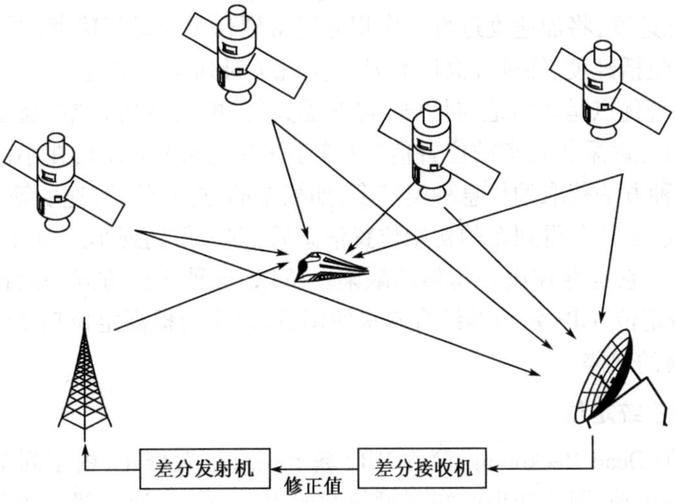

图5-20　GPS列车定位示意图

它存在以下四个缺点：

①在周围阻挡物多的地方，例如城市、树林、山区、隧道等，列车的定位精度受到影响，甚至无法定位（列车在隧道中无法接收卫星信号），因此在这些地方要加地面设备辅助定位。

②装有接收机的列车与差分台的距离不宜太远，否则会影响定位精度，所以要有差分台接续措施。

③GPS对卫星的故障十分敏感，一旦一颗卫星失效，就会出现GPS性能恶化，所以不能单一地将GPS定位信息作为列控安全防护系统的位置参数。

与GPS相比，商业卫星定位系统更适合于列车定位。目前正在发展的卫星导航与定位系统包括俄罗斯的全球导航卫星系统（GLONASS）、欧盟的伽利略卫星导航系统（GALILEO）、中国的北斗卫星导航系统（COMPASS）等。

④信息的安全性，简单说就是这个系统由美国国防部操纵，过于依赖该系统其实就是受制于人。

3. 无线扩频列车定位

随着移动通信技术的发展，扩频多址成为新的列车通信技术。它的特点是抗干扰性强、隐蔽性强、易于实现码分多址和抗多径干扰。扩频多址主要有跳频扩频和直接序列扩频2种方法。

扩频无线电定位通过在地面沿线路设置无线基站，无线基站不断发射带有其位置信息的扩频信号。列车接收到由无线基站发送的扩频信息后，求解列车与信息之间的时钟差，并根据该时钟差求出与无线基站之间的距离，同时接收3个以上无线基站的信息，就可以求出列车的即时位置。可以看出,扩频无线电定位与 GPS 定位原理几乎完全一样,只是将卫星"挪"到了地面,由无线基站实现了 GPS 卫星的功能。

4. IPS 列车定位

IPS 是惯性列车定位系统(Inertial Positioning System)的英文简写,它根据牛顿力学定律,通过测量列车的加速度,将加速度进行一次积分后得到列车的运行速度,再进行一次积分即可得到列车的位置(包括经度、纬度和高度),从而实现了对列车的定位。

IPS 定位的显著优点是环境适应性强,它不受天气、电磁场等影响,属于一种高安全性的定位方式。它随时可以采集列车的位置信息(连续采集、连续积分),在小范围内其测量精度也较高,而且用该种方法获取的信息种类较多,如列车的方向、位置、速度等。但是这种方法是一种相对定位方式,必须获得列车的初始位置信息后,方可得到列车的即时位置;同时,与其他相对定位方式一样,它也存在误差积累的缺陷。所以,这种定位方式一般都是与其他定位方式,如查询-应答器定位、GPS 定位等结合起来使用,可以作为提高定位精度的手段或用来解决某些定位方法固有的缺陷。

5. 航位推算系统定位

航位推算定位(Dead Reckoning,简称 DR)基于相对位置修正,由于列车的运动可以看作是在二维平面上的运动,因此如果已知车辆的起始点 x_0,y_0(x 为局部平面坐标系中的东向位置坐标,y 为局部平面坐标系中的北向位置坐标)和初始航行角 θ_0,通过实时测量和递增积累列车的行驶距离和航向角的变化,就可以实时推算列车的位置。航位推算系统原理如图 5-21 所示。

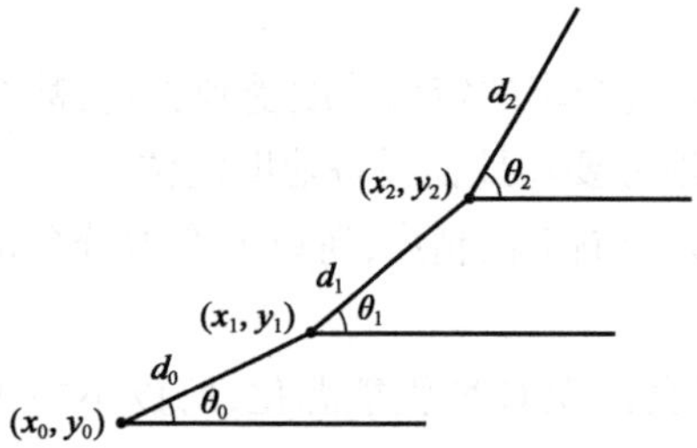

图 5-21　航位推算系统定位原理图

航位推算系统由测量航向角的传感器和测量距离的传感器构成。典型的航位推测系统包括位移传感器和航向传感器。虽然,传感器有很多种,但一般采用惯性传感器作为航向传感器和位移传感器。由于惯性传感器完全依靠机载设备完成导航任务,与外界不发生任何光电联系,不受气候条件的限制,因此在航天、航空和航海等领域得到了广泛的使用。

惯性传感器包括陀螺和加速度计。陀螺的输出信号是沿输入轴方向与角速度成正比的电压信号。加速度计的输出信号是沿输入轴方向与惯性加速度和重力加速度分量成正比的合成信号。原则上,三维坐标系中需 3 个陀螺和 3 个加速度计,确定位置和速度,但对车辆的导航定位应用,只要求水平坐标,故仅需一个测定航向的陀螺,确定其水平偏转及 2 个加速度计。

①陀螺。振动陀螺的内部都有一固定于两点的金属三棱柱,在压电陶瓷的作用下以 7kHz 的频率振荡。无转动时,2 个压电陶瓷感应到的信号平衡相等;而转动时,感应的信号不平衡。这样,由内部的模拟电路检测出信号差,并产生与角速度成正比的输出电压。

②加速度计。加速度计采用的是惠斯顿电桥原理,在加速时作用力使得电桥不平衡,从而产生与加速度成正比的电压。每个坐标轴的加速度计,产生正比于所有加速度在该轴分量之和的电压。由于陀螺测得的是角速度,需积分得出角度。加速度计的情况也类似,需 2 次积分

才得到位移。传感器产生的少量误差会导致大的误差积累,降低定位精度,因此需建立惯性传感器的误差模型,以减少位移和航向误差的影响,有效的陀螺和加速度计的误差补偿方法对系统的精度至关重要。

从成本、应用环境和现实条件等方面考虑,一般采用角速度陀螺和里程仪组成航位推算系统。里程仪输出的是脉冲信号,车轮每转一圈,里程仪便输出一个脉冲信号(也可以根据具体设备输出多个脉冲)。通过累加一定时间内里程仪的脉冲数目,可以计算出车辆在这一段时间内所驶过的距离,也可以计算出车辆行驶的速度。里程仪输出脉冲与车辆速率之间的关系为 $v = kx$,其中 k 为里程仪的刻度系数,其数值事先测定;x 为单位时间的脉冲数。对刻度系数 k 进行校正,或者使用其他的测量手段,对里程仪的测量实时进行误差补偿。

总之,航位推算系统传感设备能够测量出正在行驶的车辆的运行距离、速度和方位,在短时间内这些传感器的精度较高,但如果时间长就需采取措施,以避免累积误差。

6. 地图匹配定位

地图匹配是一种基于软件技术的定位修正方法,其基本思想是将列车定位轨迹与数字地图中的轨道网信息相联系,并由此确定列车相对于地图的位置。地图匹配技术的应用,以下面两项假定为基础:用于匹配的数字化地图包含高精度的道路位置坐标,以及被定位列车正在轨道上行驶。

实现地图匹配的方法很多,但大体上可以归结三类:点到点的匹配;点到线的匹配;线到线的匹配。

要得到精确的地图匹配结果,必须考虑三个因素:①距离要素,即当前估计位置到所匹配路段的距离应为最短。②方向要素,即相邻两匹配位置的连线具有与对应估计位置连线最接近的方向。③连通性要素,即如果前一时刻的匹配结果在某一路段,则当前时刻的匹配结果应在同一路段。

当上述条件满足时,就可以把定位数据和列车运行轨迹同数字地图中的道路位置信息相比较,通过适当的模式识别和匹配过程,确定出列车最可能的行驶路段以及列车在该路段中的最大可能位置。如果上述假设不成立,则地图匹配将产生错误的位置输出,并可能导致系统性能的严重下降。一般认为用于匹配的数字地图误差不应超过15m。采用地图匹配技术不仅可以满足导航功能的需要,还可以利用较高精度的轨道信息修正定位系统的误差,从而使得系统性能得到改善,其精度取决于地图的精度和地形的变化情况。

思考题

1. 简述轨道交通故障-安全技术的特点。
2. 简述实现容错技术的主要方法。
3. 简述点式地-车传输技术的特点。
4. 简述列车定位系统的分类。
5. 简述列车离散定位系统的特点。

◁第 6 章 信号基础设备

轨道交通信号基础设备包括信号继电器、信号机、道岔与轨道电路等设备。信号基础设备的质量和可靠性是信号系统可靠、高效的基础。在轨道交通信号系统现代化的进程中,信号基础设备本身也在不断更新和完善。本章主要介绍信号基础设备的作用、分类和工作原理。

6.1 信号继电器

信号继电器是轨道交通信号继电式控制系统的关键部件,也是电子式控制系统的主要接口部件。安全型继电器是我国信号继电器的主要定型产品。

6.1.1 直流无极电磁继电器工作原理

随着电子开关技术和计算机技术的迅速发展,在工业控制系统中的电磁继电器已被或正被电子设备所代替。然而由于电磁继电器的某些特点,特别是一些特殊的继电器仍然是控制系统中不可缺少的元件。在轨道交通信号控制系统中,具有不对称特性的安全型继电器仍占有重要地位。

1. 磁路系统与特性

图 6-1 是直流无极继电器结构示意图,它的磁路系统由铁芯、衔铁和轭铁三部分组成。铁芯上绕有两个独立的线圈,这两个线圈可以串联使用,也可以并联使用或单独使用。当接通线圈的电源后,在铁芯中产生磁通 ϕ,通过由轭铁、衔铁和工作气隙 δ 构成的闭合磁路对衔铁产生电磁吸力。磁通随着电流的增加而增大,在铁芯未饱和的情况下吸力与磁通量的平方成正比。

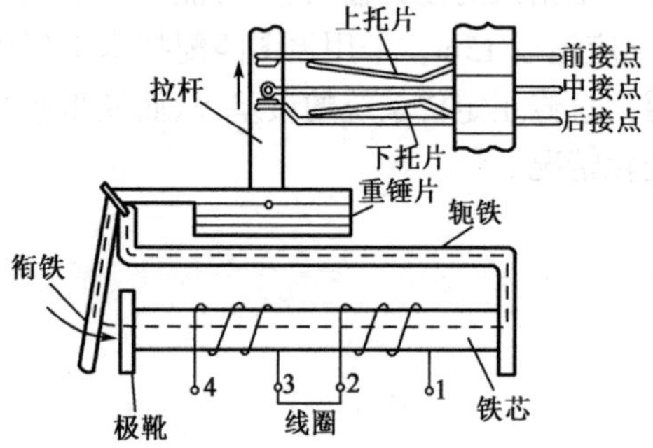

图 6-1 直流无极继电器原理示意图

当吸力增到足以克服衔铁上的机械力时,衔铁就被吸动,并经由连杆带动接点组动作到吸起状态。当切断线圈电源时,电流逐渐减小,磁通也随之减弱,当磁通减到一定值,以致由它产生的吸力小于衔铁的机械力时,衔铁就释放。接点组也随之恢复到落下状态。

2. 继电器的接点系统

继电器的工作就是控制若干接点组的闭合和断开,一个完整的接点组如图 6-1 所示,由线圈、衔铁、重锤片和拉杆组成一个电磁系统。其上部是接点系统,包括前接点、后接点和中接点,前、后接点静止不动,中接点在拉杆带动下可以移动,上、下托片用来使接点间保持一定距离。

当线圈1、4端子间接通直流电,铁芯中便产生磁通,它通过轭铁、衔铁与气隙构成回路。其电磁吸引力就会吸动衔铁向右,从而推动拉杆向上,于是中接点离开后接点(称为"后接点断开"),与前接点接触(称为"前接点闭合"),这种状况称为"继电器吸起"。继电器断电时,衔铁失磁离开铁芯(称为"释放衔铁"),拉杆和重锤片依靠重力掉下,使中接点与前接点分开(称为"前接点断开"),与后接点接触(称为"后接点闭合"),这种状况称为"继电器落下"。

发生故障时导向安全侧。规定以衔铁释放为安全侧,也就是以前接点断开、后接点闭合为安全侧。当继电器在衔铁吸合状态,万一发生了线圈断线或短路的故障,靠衔铁及重锤片的自重,就能使衔铁离开铁芯,可靠地保持在释放状态,导向安全侧。要选用熔点高的接点材料,保证通过大电流时不会发生粘连,而影响前接点断开,衔铁不致因机械故障而卡在吸起状态。

6.1.2 直流继电器的电特性

直流继电器的电特性是继电器的输入电压或电流与继电器工作状态的一组参数。使用继电器时,必须根据继电器生产厂家提供的参数,合理地使用。常用的参数有以下七个:

①吸起值。使继电器中接点与前节点接触,所需的最小电压或电流值。

②工作值。使继电器动作并满足规定的节点压力的电压或电流。

③额定值。继电器工作时的电源电压或电流值,一般为工作值与安全系数之积。

④释放值。向继电器线圈提供过负载值的电压或电流,使前接点闭合;再逐渐降低电压或电流,前接点刚断开时的电压或电流值。

⑤过负载值。继电器线圈不受损坏,电特性不受影响,最大允许接入的电压或电流值。此值一般为工作值的4倍。

⑥安全系数。额定值与工作值之比。此值越大,继电器工作越稳定。

⑦返还系数。释放值与工作值之比。返还系数范围在0.2~0.99之间。返还系数越大,继电器对于电压或电流的变化反应越灵敏。

继电器除了电特性外还有时间特性和机械特性等。

6.1.3 安全型继电器的特点

在轨道交通信号系统中,凡是涉及行车安全的继电电路,都必须采用安全型继电器。所谓安全型继电器是指它的结构必须符合故障-安全原则(发生安全侧故障的可能性大于发生危险侧故障的可能性;处于禁止运行状态的故障有利于行车安全,称为安全侧故障;处于允许运行状态的故障可能危及行车安全,称为危险侧故障)。它是一种不对称器件,在故障情况下使前接点闭合的概率远小于后接点闭合的概率。这样,就可以用前接点代表危险侧信息,用后接点代表安全侧信息。

为了达到故障-安全要求,安全型继电器在结构上有以下四个特点:

①前接点采用熔点高,不会因熔化而使前接点粘连的导电性能良好的材料。

②增加衔铁重量,采用"重力恒定"原理,在线圈断电时强制将前接点断开。

③采用剩磁极小的铁磁材料构成磁路系统。在衔铁与极靴之间设有一定厚度的非磁性止片,当衔铁吸起时,仍有一定的气隙,以防剩磁吸力将衔铁吸住。

④衔铁不致因机械故障而卡在吸起状态。

6.2 信号机及灯光显示

6.2.1 信号机概述

凡是危及行车安全的地点,均应设置信号机加以防护。信号包括听觉信号和视觉信号。听觉信号用音响表示信号,如用号角、口笛、机车鸣笛及响墩等发出信号,以强度、频率和时间长短表达信号含义。响墩安放在钢轨上,车轮轧压时响墩会发出爆炸声(图 6-2)。视觉信号用颜色、形状、位置、显示数目及灯光状况表示信号,如用信号旗(图 6-3)、信号灯(图 6-4)、信号牌、信号机(图 6-5)、信号表示器以及信号标志显示信号。

图 6-2　响墩信号

视觉信号可分为手信号、移动信号和固定信号。移动信号是根据需要临时设置的信号装置,如实施临时限速时设置的限速告示牌和限速终止标牌等。固定信号为防护一定目标,是固定设置在规定位置的信号装置,如设于地面的信号机、信号表示器和设于司机室的机车信号都属于固定信号。一般固定信号归电务部门维护,而其他信号都由使用部门维护。

机车信号(图 6-6)原来作为辅助信号使用,随着技术的进步和行车的需要,在客运专线和城市轨道交通也已取得了主体信号地位。

6.2.2 固定信号的分类

1. 按设置部位分

地面信号是设于车站或区间固定地点的信号机或表示器,用于防护站内进路以及闭塞分区和道口。

机车信号设于机车驾驶室内,复示地面信号,逐步成为主体信号使用。

2. 按信号机的构造分

色灯信号机是用灯光的颜色、数目以及亮灯状态表示信号的含义,目前广泛使用透镜式,发展方向是组合式的色灯信号机。臂板信号机目前已经被淘汰。

图6-3 信号旗

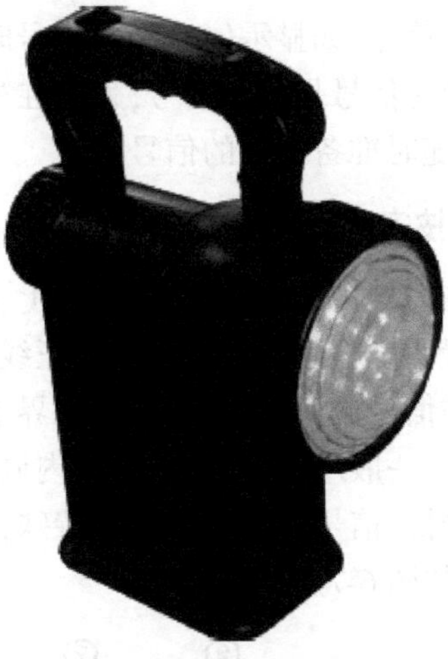

图6-4 信号灯

图6-5 信号机

图6-6 机车信号

3. 按用途分

信号机用来防护站内进路、防护区间、防护危险地点,具有严格的防护意义。

信号表示器用以表示某些与行车有关设备的位置和状态,或表示信号显示的某些附加意义的轨道交通信号机具。和信号机不同的是,它没有防护进路和区间的意义,只能给出一些附加信息,并给予提示。

4. 按地位分

主体信号机能够独立显示信号,指示列车或调车车列运行条件的信号机。

从属信号机则本身不独立存在,只能附属于某种信号机的信号机。例如:预告信号机,复示信号机。

5. 按停车信号的显示意义分

绝对信号,如显示停止运行信号时,列车、调车车列必须无条件遵守的信号显示。

非绝对信号是容许信号,列车在列车信号显示红灯、显示不明、灯光熄灭时允许列车限速通过,并随时准备停车的信号。

6. 按安装方式分

高柱信号机,安装在信号机柱上,一般用于显示距离要求较远的信号机,具有显示距离远、观察位置明确等优点,用于进站、正线出站、通过、预告以及接车进路等。

矮柱信号机,设于位于建筑限界下部外侧的信号机基础上,一般用于显示距离要求不远的信号机上,一般用于侧线出站、站内调车。

信号桥、信号托架是在地形特殊,受限界限制,不能安装信号机柱时,则以信号托架和信号桥代替,如图 6-7 所示。

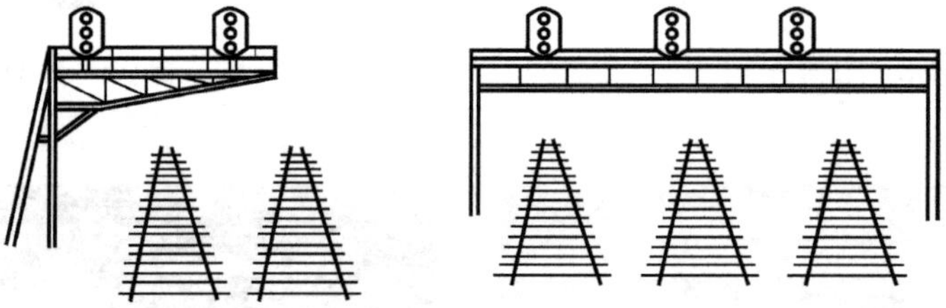

a)信号托架　　b)信号桥

图 6-7　信号托架和信号桥

6.2.3　信号机的设置与命名

1. 信号机设置位置

信号机的设置地点不同,其用途也不一样,命名也不相同。我国轨道交通线路上规定,应设置信号机的地点有以下十种:

①在车站入口,防护接车进路,指示列车能否由区间进入车站用的信号机,被称为进站信号机。

②在列车由车站向区间发车地点前方,为防护发车进路和站间区间(或所间区间、闭塞分区),指示列车能否向区间发车用的信号机,被称为出站信号机。

③列车由一个车场到另一个车场的起始点的前方,为防护转场进路用的进路信号机,指示列车能否到另一个场去的信号机,被称为转场信号机。

④在所间区间和闭塞分区的入口,为防护所间区间或闭塞分区而在区间设置的信号机,被称为通过信号机。

⑤在区间内两条轨道交通线路平面交叉地点的前方,为防护交叉地点,指示列车能否通过此交叉点的信号机,被称为防护信号机。

⑥在需要防护的道口,桥梁、隧道的前方,为防护道口、桥梁和隧道用的信号机,被称为遮断信号机。当遇有危及行车的情况发生,适用遮断信号机指示列车停车。

⑦在站内有调车作业的地点,防护调车进路用的信号机,被称为调车信号机。它用于指示调车机车能否进入调车进路。

⑧在驼峰调车场(包括简易驼峰)的峰顶上,为了指示调车机车能否向峰顶上推送,并以多大的速度推送而设置的信号机,被称为驼峰信号机。

⑨进站信号机、防护信号机、所间区间的通过信号机、遮断信号机,在没有机车信号的情况下,一般都要设置预告信号机。预告信号机设置在主体信号机的外方,距主体信号机不得少于800m 的地方(当主体信号机或预告信号机的显示距离不足 400m 时,不应少于 1000m)。它用以预先向司机指示主体信号机的显示。

⑩出站信号机和进路信号机因地形、地物的影响,达不到规定显示距离时,在没有机车信号的情况下,可设置复示信号机用以复示信号。驼峰信号应设复示信号机,其显示与主体信号一样,只起复示作用。

2. 信号机命名原则

①进站信号机,按列车运行方向。如 X(下行)、S(上行)、X_D(下行多路进站方向,D 为进站方向)。

②出站信号机,是按列车运行方向,右下角加股道号。如 X_1,S_5 等,多车场先加入车场号再加股道号。

③调车信号机,从列车到达方向顺序编号,上行咽喉用双数,下行咽喉用单数。如:D_2,D_9,多车场以百位表示车场。

④接车进路信号机,是按列车运行方向编号,如:XL,SL。当有并置或有连续布置的接车进路信号机则在其右下角加序号。

⑤发车进路信号机,是按列车运行方向编号,右下角加车场号再加股道号。

⑥预告信号机,第一字母为 Y,后缀主体信号机编号。

⑦通过信号机,以该信号机所在地点坐标公里数和百米数编号,上行为偶数下行为奇数。

6.2.4 信号显示

1. 信号显示颜色的选择

(1)基本色和辅助色的选择

视觉基本颜色为红、黄、绿。辅助色为蓝、月白、紫色(道岔表示器用)。

轨道交通的红色灯光为停车信号。黄色灯光作为注意和减速信号。绿色灯光按规定速度运行的信号。蓝色灯光作为调车禁止信号或容许信号使用。月白色灯光作为调车容许信号,或与红灯组合作为引导信号使用。紫色灯光作为道岔表示器,表示道岔直向开通的灯光。信号机上同时点亮的基本灯光,原则上不能超过两个(附加灯光除外,如进路表示器)。

(2)灯光的组合和闪光信号

①灯光的组合。随着列车运行速度的提高,信号显示的信息量也在不断地增加,因此采用组合灯光表示。

②闪光信号主要应用于驼峰信号机,指示调车机车在驼峰作业。进站信号机对于经 18 号及其以上道岔侧向位置进站,增加黄闪/黄显示。

2. 色灯信号机的机构选用

色灯信号机的机构有：单显示（遮断信号、复示信号、引导信号、容许信号机），两显示、三显示既可以单独使用也可以组合使用。

①当需要减少灯位时，应以空位停用方式处理。可以维持信号机原有的外形，防止司机误认。

②以两个基本灯光组成一种信号显示时，应在一条垂直线上（进站复示信号机除外），而且还应保持一定的距离。

③在以两个机构组成的矮型信号机上，应将最大限制信号设在靠近线路的机构上。

④双机构加引导信号是一种专门的信号机型，唯有它能区分始端速度。

⑤一般情况，站内高柱信号机的机构设于机柱右侧，区间高柱信号机构设在机柱左侧。

3. 信号机的灯光配列

（1）进站信号机

采用高柱双机构（两个显示机构），带引导信号机构。灯位排列自上而下为黄、绿、红、黄、白。

（2）出站信号机

出站信号机的配置较为复杂，分为半自动闭塞，自动闭塞，单方向、两方向、三方向和出站兼调车信号机来配列信号机。

①半自动闭塞区段为一个三显示机构，灯位自上而下为绿、红、白，若有两方向发车时，增加一绿灯。高柱信号机灯位排列自上而下为绿、红、绿、白。

②三显示自动闭塞采用两显示机构，高柱信号机灯位排列自上而下为：黄、绿、红、白。矮型信号机在靠近线路为白红；另一个为黄绿。

③四显示自动闭塞灯位排列自上而下为绿、红、黄、白。双方向出站，当次要方向为半自动闭塞，高柱信号机增加一个绿灯，上面为三显示机构，灯位排列自上而下依次是：绿、红、黄、绿、白。

（3）进路信号机

①接车进路信号机。机构、灯光与进站信号机相同，但其兼作调车信号机，应将调车信号机构设于信号机下部，但必须将蓝灯封闭。

②发车进路信号机。机构、灯光与出站信号机相同，但没有两方向发车的情况。

（4）通过信号机

①自动闭塞区段采用的三、四显示通过信号机，均采用三显示机构，仅灯光排列不同。三显示灯位排列自上而下为黄、绿、红，四显示灯位排列自上而下为绿、红、黄。设在上坡道起动困难的通过信号机，可带容许信号为蓝灯，方形背板。

②非自动闭塞区段的通过信号机采用两显示机构，灯位排列自上而下为绿、红。

（5）遮断信号机

高柱信号机、单机构，只有一个红灯，方形背板，机柱涂以黑白相间斜线。

（6）预告信号机

采用两显示机构为绿、黄灯，遮断信号机的预告信号机，采用高柱信号机。

(7)调车信号机

采用两显示机构为白、蓝灯,但设于尽头式到发线上的尽头调车信号机,采用矮型三显示机构,其灯位排列自上而下为空位、红、月白,外形同列车用的信号机。

(8)驼峰信号机

为四灯位的高柱色灯信号机,其灯位排列自上至下为黄、绿、红、月白。

(9)复示信号机

采用方形背板,进站复示为灯列式结构。三个呈等边三角形的月白灯,采用高柱色灯信号机。出站、进路复示信号机,单显示机构,绿灯。调车复示信号机为单显示机构,白灯。

4. 信号显示制度

(1)信号显示的方式

色灯信号机基本上采用灯光颜色特征和灯光数目特征组合的显示方式,个别情况下采用闪光特征,并以信号机的外形,辅助区别一些特定的含义。

(2)信号显示制度

信号显示制度指表达信号先后意义的基本体系。有速差式、进路式两大类。

速差式是每一种信号显示均能表示不同行车速度的信号显示制度。它表达的是速度意义,既可以指示列车通过本信号机的运行速度,也可以指示列车通过次架信号机的运行速度。我国现行的是简易速差式。进路式已被淘汰。

(3)信号显示的速度意义

信号显示的意义包括两方面的内容。一方面是本信号机防护进路上的道岔开通直向或侧向,另一方面是次架信号机的关闭及开放状态,速度内含其中。

列车运行速度在120km/h及以下时一般采用三显示自动闭塞,速度等级只有两级。列车运行速度在120~160km/h时采用四显示自动闭塞,信号的显示有较明确的速度含义:绿、绿黄、黄、红四种显示明确表达了始端和终端速度,其速度分为三级:160、115、0km/h。

(4)机车信号显示制度

其按显示方式分为色灯式、数字式两种;按制度分为预告式、复示式、预告复示式三种。

预告式,指示列车运行前方信号机防护区段的始端速度和终端速度,是我国现行的显示制度。

复示式,是列车所在闭塞分区的速度指示,即重复机车运行后方信号机的显示制度。我国现有的分级速度控制式超速防护设备就采用的该种显示制度。

预告复示,机车信号与分级速度控制式超速防护设备的数字显示同时使用。

(5)主体化机车信号

列车运行速度在160km/h以上时,机车信号取代地面信号,成为主体信号。

5. 信号显示的基本要求

(1)原则要求

信号显示的原则应参照《中华人民共和国铁路技术管理规程》(第十版)(以下简称《技规》)的规定。

(2)信号机的定位

信号机经常保持的显示状态被称作为信号机的定位。

信号机定位表现为：进站、进路、出站信号机为红灯；调车信号机为蓝灯；区间通过信号机为绿灯；进站前方第一架信号机为黄灯；进站前方第二架信号机为绿黄；线路所通过信号机为红灯、遮断、复示信号机为灭灯；预告信号为黄灯。

(3)信号机的关闭时机

进站、进路、出站信号机，自动闭塞区段的通过信号机，在列车第一轮对越过该信号机自动关闭。

引导信号机，在列车全部越过该信号机时，人工及时关闭。

调车信号机，在调车车列全部越过信号机后自动关闭。

(4)视作停车信号

进站、出站、进路和通过信号机的灯光熄灭、显示不明或不正确。

(5)无效信号

未使用和应拆未拆除的信号机。

6. 信号显示的意义

信号机的显示按《技规》规定。

(1)进站信号机

黄绿红黄白，四显示、三显示的区别在于绿色灯光和绿黄灯显示。

(2)出站信号机

有三显示自动闭塞区段、四显示自动闭塞区段和半自动闭塞区段三种情况，只要是集中联锁均可兼作调车信号机。

(3)进路信号机

接车与进站信号机相同，但可带有一调车信号，发车与出站相同。

(4)遮断信号机

只有一个红色灯光。红色表示不准列车通过。不着灯时不起作用。

(5)预告信号机

进站信号机和半自动闭塞区段通过信号机的预告信号机、遮断预告信号机。前者有绿、黄、两种显示，表示在主体信号机开放和关闭状态，后者只有黄灯，表示遮断信号机，显示红色。

(6)调车信号机

一般有月白色和蓝色两种灯光显示。

(7)复示信号机

主体信号机开放时才有显示。

7. 信号显示的距离

①进站、通过、遮断≥1000m。

②高柱出站、进路信号机≥800m，矮型出站、进路≥200m。

③预告、驼峰、驼峰辅助信号机≥400m。

④调车、复示信号机、容许、引导以及各种信号表示器≥200m。

6.3 道岔

机车车辆在运行过程中,常常需要由一条线路转入另一条线路,或跨越其他线路,这就需要设置线路的连接与交叉设备,即道岔。

道岔是列车从一股道转向另一股道的转辙设备,它是轨道交通线路中关键的特殊设备,也是轨道交通信号的主要控制对象之一。由于道岔数量多、使用寿命短、限制列车速度、行车安全性低,故道岔、曲线与接头并称为轨道的三大薄弱环节。

6.3.1 道岔的组成与分类

1. 道岔的分类及功用

①线路的连接设备。引导铁路机车车辆由一条线路进入另一条线路。

②线路的交叉设备。引导机车车辆由一条线路跨越另一条线路。

③连接与交叉设备。既可以引导机车车辆由一条线路进入另一条线路,也能够引导机车车辆由一条线路跨越另一条线路。

2. 单开道岔构造

单开道岔由转辙器部分、连接部分、辙叉及护轨部分3个部分组成,如图6-8所示。

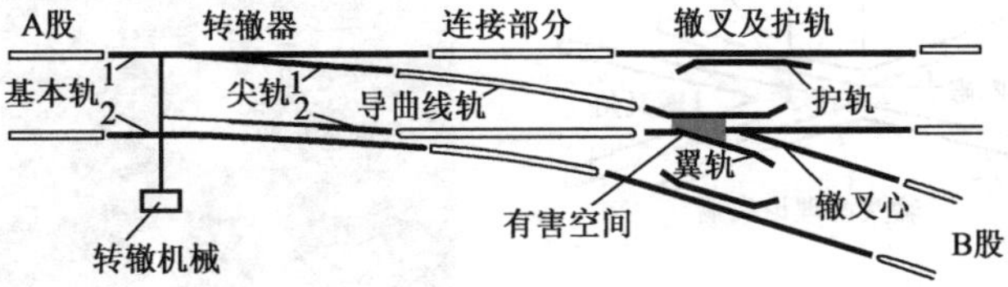

图6-8 单开道岔示意图

(1)转辙器部分

转辙器的作用是引导机车车辆的行驶方向。转辙器包括两根可以移动的尖轨,两根固定的基本轨,连接零件(包括连接杆、滑床板、垫板、轨撑、顶铁、尖轨跟端结构等)和转辙机械(图6-9)。道岔表示器显示道岔开通方向。

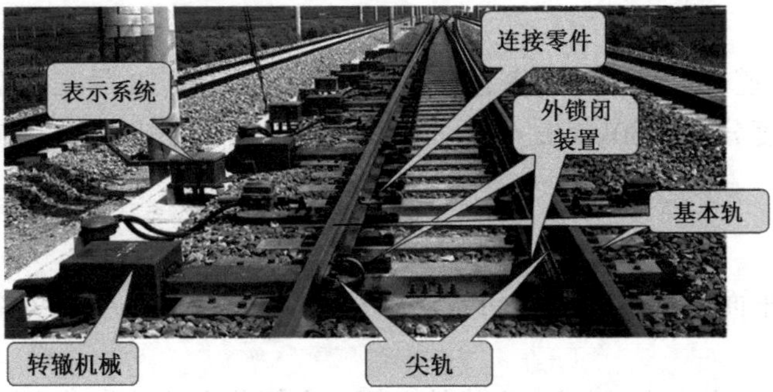

图6-9 转辙器部分实例图

动力转辙机是道岔控制系统中的执行机构,它的基本任务是转换道岔、锁闭道岔和反映道岔的位置和状态。转辙机的传动机构是将电动机的高速旋转变换成动作杆的低速直线运动,再由动作杆带动尖轨转换。传动机构的另一作用是驱动尖轨的锁闭机构。

当道岔的尖轨转换到规定的位置且与基本轨保持一定的密贴力时,转辙机应能把尖轨机械锁闭在密贴状态,以保证在列车通过道岔时,尖轨不致因受震动而离开基本轨而造成“挤岔”或“四开”。

图 6-10　连接部分

(2)连接部分

包括两根直线轨和两根曲线轨(图 6-10),此部分将转辙部分和辙叉部分连成一组完整的道岔。

(3)辙叉部分

包括辙叉心、护轨和翼轨。与两根内侧合拢轨相连的是辙叉。它由两根翼轨、一个辙岔心和两根护轨组成。护轨和翼轨固定车轮运行方向。因为机车车辆通过道岔时都要经过辙叉的“有害空间 S”,如果不固定车轮轮缘的前进方向,就有可能造成脱轨事故(图 6-11)。

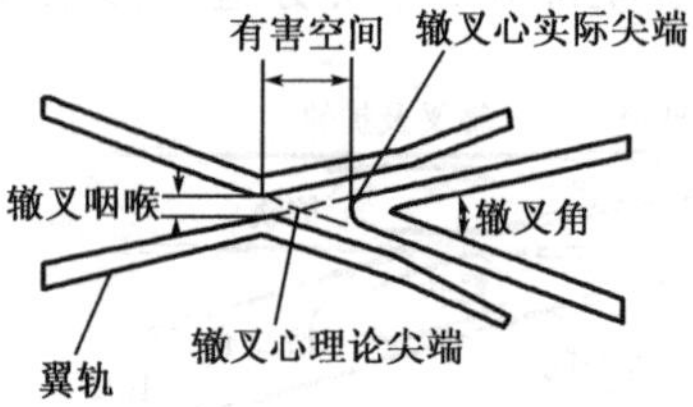

图 6-11　辙叉有害空间实例图

目前,我国客运专线已由固定辙叉转为可动心轨(图 6-12)。可动心轨最主要的特点是辙叉心轨可以移动。当要开通某一方向股道时,可动心轨的辙叉心轨就与开通方向一致的翼轨密贴,与另一翼轨分开,使得普通道岔不存在有害空间。实践证明,消灭了道岔有害空间,行车更加平稳,过岔速度限制较小,因而特别适合运量大、需要开行高速列车的线路使用。

目前,在我国轨道交通的主要线路上大多采用 9 号、12 号、18 号三个型号的道岔,它们所允许的侧向通过速度分别为 30km/h、45km/h、80km/h。用于提速的 30 号道岔,侧向通过速度可达 140km/h。

3. 道岔类型

道岔按用途及平面形状分为单开道岔、对称道岔、三开道岔、交分道岔与交叉渡线 5 种类型。

①单开道岔,主线为直线,侧线向主线的左侧或右侧分支的道岔,如图 6-13 所示。

图6-12　可动心轨

图6-13　单开道岔实例图

②对称道岔，把直线轨道分为左右对称两条轨道的道岔，左右导曲线皆为侧线，且半径相同，无直线、侧线之分，如图6-14所示。

③三开道岔，三开道岔指一个方向通向三个方向的道岔，它由一股直线钢轨、两股曲线钢轨、两对尖轨、三副辙叉组成。中间辙叉的心轨理论尖端在中线上。当地形条件限制，不可能有足够长度，排列两组单开道岔时，才采用三开道岔，且通常在编组站、货场、机务段内铺设。两普通辙叉部分没设置护轨，且存在有害空间，车辆沿主线方向运行速度低，如图6-15所示。

图6-14　双开道岔实例图

图6-15　三开道岔实例图

④交分道岔，两条轨道交叉地点，能使列车转线的设备。交分道岔既可使列车由一条轨道横越另一条轨道，又可使列车由一条轨道转向另一条轨道。它属道岔与交叉组合设备的一种，如图6-16所示。

⑤交叉渡线，相邻两线路间由两条相交渡线和一组菱形交叉组成的设备，如图6-17所示。

4. 道岔的位置和状态

如图6-8所示，单开道岔有两根可以移动的尖轨，一根密贴于基本轨，另一根尖轨离开基本轨。它可以同时改变两根尖轨的位置，使原来密贴的分离，原来分离的密贴，可见，单开道岔有两个可以改变的位置。通常把道岔经常所处的位置称为定位，临时根据需要改变的另一位置称为反位。为改变道岔的两个位置，在道岔尖轨处需要安装道岔转辙设备。

图 6-16　交分道岔实例图

图 6-17　交叉渡线实例图

尖轨与基本轨密贴的程度,对行车安全影响很大。当列车迎着尖轨运行时,如果尖轨密贴程度差,即间隙超过一定限度(大于 4mm),则车的轮缘有可能撞着或从间隙中挤进尖轨尖端,而造成颠覆或脱轨的严重行车事故。因此,尖轨和基本轨的密贴程度,有严格的标准规定。根据《技规》规定,装有转换锁闭器、电动转辙机的道岔,当在转辙杆处的尖轨与基本轨之间插入厚 4mm,宽为 20mm 的铁板时,应不能锁闭和开放信号。

当高速列车通过道岔时,虽道岔尖轨与基本轨密贴良好,但由于列车震动,仍有道岔改变状态的可能性。为了防止此种危险的发生,在道岔转换设备中,都附有锁闭装置,以便把道岔锁在密贴良好的规定状态。

5. 对向道岔和顺向道岔

道岔本身并无顺向和对向之分。它只相对于列车运行方向而言。列车迎着道岔尖轨运行时,该道岔就称为对向道岔。反之,列车顺着道岔尖轨运行时,就称为顺向道岔,如图 6-18 所示。

对向道岔和顺向道岔的不安全因素不同,导致事故的后果也不同。当列车迎着岔尖运行时,如果道岔位置扳错了,则列车就被接向另一条线路。如果这条线路已停有车辆,就会造成列车冲撞。另外,如果道岔位置虽然对,但其尖轨与基本轨不密贴(即状态不良),则车轮轮缘有可能将密贴的一根尖轨挤开,造成"四开"(如图 6-19 所示),从而引起列车颠覆事故。当列车顺着岔尖运行(即从辙叉方面开来),这时道岔位置如果不对,车轮轮缘可以从尖轨与基本轨间挤进,并推动另一根尖轨靠近基本轨,这种情况,称为挤岔。挤岔时有可能使道岔和道岔转换器遭到损伤。但应当指出,同一组道岔,根据经由它的列车运行方向不同,对向和顺向也不同。

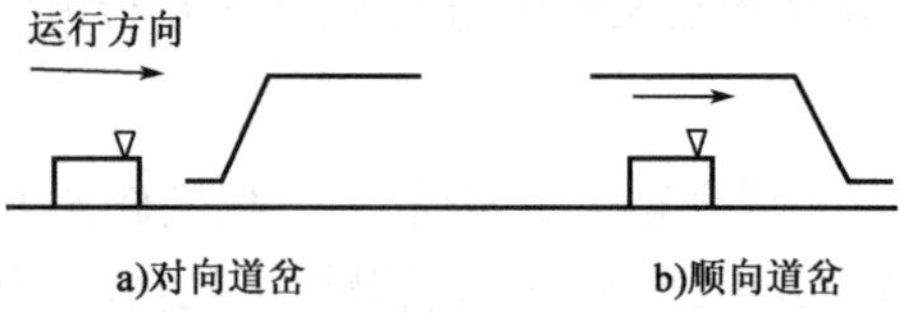

图 6-18　道岔的对向和顺向示意图

图 6-19 道岔"四开"状态实例图

为了保证行车安全,凡是列车经过的道岔,不论对向还是顺向,都要和信号机实现联锁。电动道岔转换器和锁闭器的结构,也要反映道岔不密贴和挤岔等危险情况。一旦道岔不密贴或被挤岔,就不能开放信号机。

6. 单动道岔和双动道岔

扳动一根道岔握柄(手动道岔的操纵元件)或按压一个道岔按钮(电动道岔的操纵元件),仅能使一组道岔转换,则称该道岔为单动道岔。如果能使两组道岔同时或顺序转换,则称为双动道岔。双动道岔也称联动道岔。联动道岔也有三动或四动的情况。为了简化操作手续,和联锁关系,有时也为了保证行车安全和节省信号器材等因素,凡是能双动的道岔必须使之双动。"双动"即意味着两组道岔可作为一个控制对象处理。

6.3.2 股道和道岔的编号

1. 股道编号

为了作业和维修管理上的方便,站内线路和道岔应有统一的编号。站内正线规定用罗马数字编号(Ⅰ、Ⅱ…),站线用阿拉伯数字编号(1、2、3…)。

(1)单线铁路

单线铁路车站,应当从站房一侧开始顺序编号;位于站房左、右或后方的线路,在站房前的线路编完后,再由正线方向起,向远离正线顺序编号,如图6-20所示。

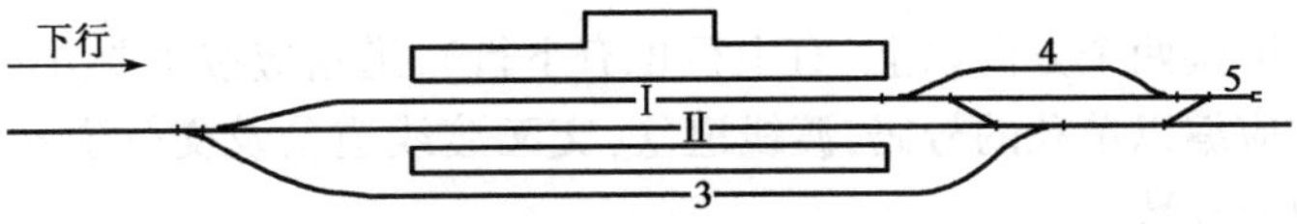

图6-20 单线铁路站内股道编号示意图

(2)复线铁路

在复线铁路车站,下行正线一侧用单数,上行正线一侧用双数,从正线向外顺序编号,如图6-21所示。

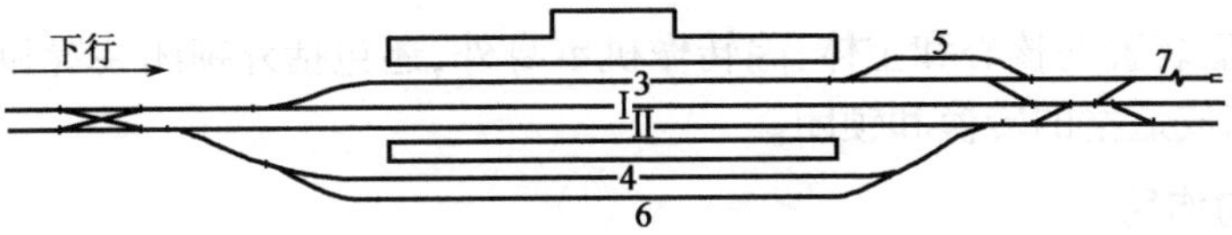

图6-21 双线铁路站内股道编号示意图

(3)尽头式车站

若站舍位于线路一侧时,从靠近站舍的线路起向远离站舍的方向顺序编号,如图6-22a)所示。

若无站舍,或站舍在线路终端一侧时,向终点方向,由左侧开始顺序编号,如图6-22b)所示。

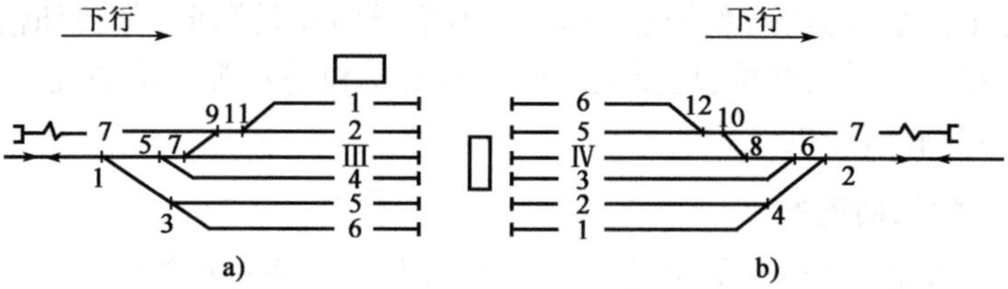

图 6-22 尽头式车站股道编号示意图

(4)划分车场的车站

车场股道的编号亦应从靠近站舍(信号楼)的股道起,向远离站舍(信号楼)方向顺序编号。股道编号用阿拉伯数字,在股道编号前冠以罗马数字表示车场,如二场三股道,应为 II3 股道。对无站舍(信号楼)的车场,应顺公里标方向从左向右编号。

2. 道岔编号

道岔编号如图 6-23 所示。

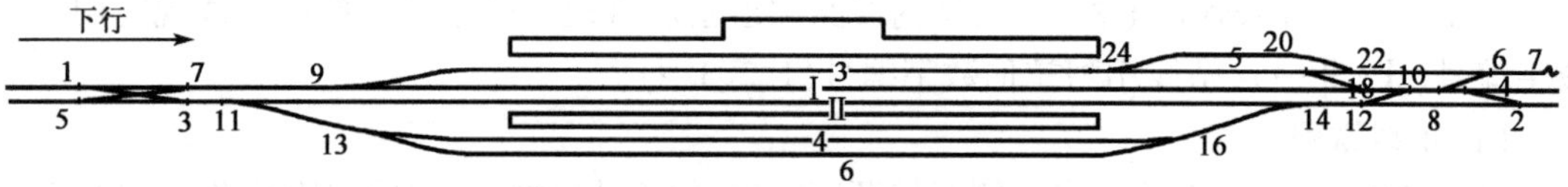

图 6-23 双线铁路站内道岔编号示意图

①用阿拉伯数字从车站两端由外而内,由主(接发列车)而次(调车)依次编号,上行列车到达端用双数,下行列车到达端用单数。

②如车站一端衔接两个方向以上(有上行也有下行),道岔应按主要方向编号。

③每一道岔均应编以单独的号码,渡线道岔,交叉渡线道岔及交分道岔等处的联动道岔,应编为连续的单数或双数。

④站内道岔,一般以信号楼中心线或车站中心线作为划分单数号与双数号的分界线。

⑤当车站有几个车场时,每一车场的道岔必须单独编号,并使用三位数字表示,百位数字表示车场号码,个位和十位数字表示道岔号码,如 107,表示一场的 7 号道岔。应当避免在同一车站内有相同的道岔号码。

6.3.3 转辙机的作用与分类

转辙机是转辙装置的核心和主体,除转辙机本身外,还包括外锁闭装置和各类杆件及安装装置,它们共同完成道岔的转换和锁闭。

1. 转辙机的作用

转辙机的作用具体有如下四种:

①转换道岔的位置,根据需要转换至定位或反位。

②道岔转至所需位置而且密贴后,实现锁闭,防止外力转换道岔。

③正确地反映道岔的实际位置,道岔的尖轨密贴于基本轨后,给出相应的表示。

④道岔被挤或因故处于“四开”位置时,及时给出报警及表示。

2. 对转辙机的基本要求

对转辙机的基本要求具体有如下四项:

①作为转换装置,应具有足够大的拉力,以带动尖轨作直线往返运动;当尖轨受阻不能运动到底时,应随时通过操纵使尖轨恢复原位。

②作为锁闭装置,当尖轨和基本轨不密贴时,不应进行锁闭;一旦锁闭,应保证不致因列车通过道岔时的振动,而错误解锁。

③作为监督装置,应能正确地反映道岔的状态。

④道岔被挤后,应给出必要的挤岔表示,在未修复前不应再使道岔转换。

3. 转辙机的分类

(1)按动作能源分类

转辙机可分为电动转辙机、电动液压转辙机和电空转辙机。

电动转辙机由电动机提供动力,采用机械传动的方式。多数转辙机都是电动转辙机,包括我国轨道交通大量使用的 ZD6 系列转辙机和 S700K 电动转辙机。

电动液压转辙机简称电液转辙机,由电动机提供动力,采用液力传动的方式。ZY(J)系列转辙机为电液转辙机。

电空转辙机由压缩空气作为动力,由电磁换向阀控制。ZK 系列转辙机为电空转辙机。

(2)按供电电源分类

转辙机可分为直流转辙机和交流转辙机。

直流转辙机采用直流电动机,工作电源是直流电。ZD6系列电动转辙机和 ZY 系列电液转辙机大多采用是直流转辙机,由直流 220V 供电。电空转辙机则由直流 24V 直流电供电。直流转辙机的缺点是,由于换向器和电刷易损坏,使其故障率较高。

交流转辙机采用三相交流电源或单相交流电源,由三相异步电动机或单相异步电动机(现大多采用三相异步电动机)作为动力。S700K 型电动转辙机和 ZYJ7 型电液转辙机均为交流转辙机。交流转辙机采用感应式交流电动机,不存在换向器和电刷,因此故障率低,而且单芯电缆控制距离远。

(3)按动作速度分类

转辙机可分为普通动作转辙机和快动转辙机。

大多数转辙机转换道岔时间在 3.8s 以上,属于普通动作转辙机。ZD7 型电动转辙机和 ZK 系列电空转辙机转换道岔时间在 0.8s 以下,属于快动转辙机。快动转辙机主要用于驼峰调车场,以满足分路道岔快速转换的要求。

(4)按道岔锁闭的方式分类

转辙机可分为内锁闭转辙机和外锁闭转辙机。

内锁闭转辙机依靠转辙机内部的锁闭装置锁闭道岔尖轨,是间接锁闭方式。ZD6 系列等大多数采用内锁闭方式。锁闭可靠程度较差,列车对转辙机的冲击大。

外锁闭转辙机虽然内部也有锁闭装置,但主要依靠转辙机外锁闭装置锁闭道岔,将密贴尖轨直接锁于基本轨,斥离尖轨锁于固定位置,是直接锁闭方式。用于提速道岔的 S700K 型电动转辙机和 ZYJ7 型电液转辙机均采用外锁闭方式。外锁闭方式锁闭可靠,列车对转辙机几乎无冲击。

(5)按是否可挤分类

转辙机可分为可挤型转辙机和不可挤型转辙机。

可挤型转辙机内设挤岔保护(挤切或挤脱)装置,道岔被挤时,动作杆解锁,保护了整机。

不可挤型转辙机内不设挤岔保护装置,道岔被挤时,挤坏动作杆与整机联结机构,应整机更换。电动转辙机和电动液压转辙机都有可挤型和不可挤型。

(6)按传动机构分类

转辙机可分为齿轮传动和液压传动两类。

齿轮传动机构,采用齿轮传动时必须采用摩擦连接器,主要原因有两个。一是尖轨已转换完毕时,电机不能立即停转,利用摩擦连接器,克服电机的转动冲击;二是当尖轨在转换过程中受阻而不能继续动作时,摩擦连接器进入摩擦状态,使电机能继续转动而不致烧毁。

液压传动机构由电动机驱动一个油压泵,将加压的液体注入储能油罐,压缩罐内空气,以储存一定能量。在转换道岔时,使电动机工作并同时将控制油路的阀门打开,使受压油液注入油缸中,借助活塞与油缸的相对运动推动油缸,再由油缸带动动作杆使尖轨转换。

此外,各种转辙机还有不同转换力和动程的区别。

6.3.4 锁闭装置

道岔的锁闭是把尖轨或可动心轨等可动部分固定在某个开通位置,当列车通过时不因外力作用而改变。

1. 内锁闭方式

内锁闭是当道岔由转辙机带动至某个特定位置后,在转辙机内部进行锁闭,由转辙机动作杆经外部杆件对道岔实现位置固定。例如 ZD6 型转辙机就是由其内部的锁闭齿轮的圆弧面和齿轮条块的削尖齿,实现锁闭(图 6-24、图 6-25)。实质上,内锁闭方式锁闭道岔是对道岔可动部分进行间接锁闭。

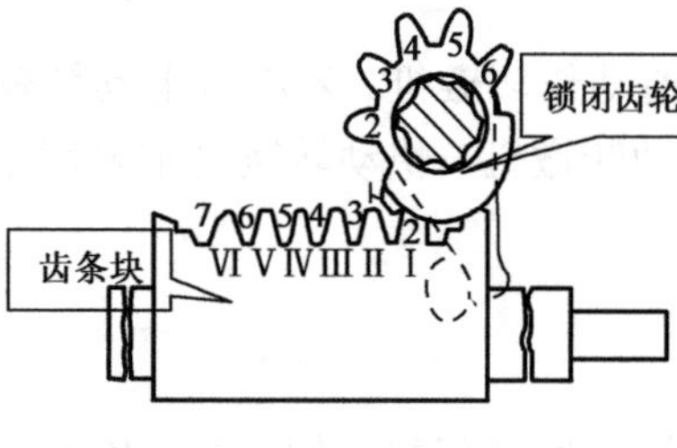

图 6-24 定位锁闭状态示意图

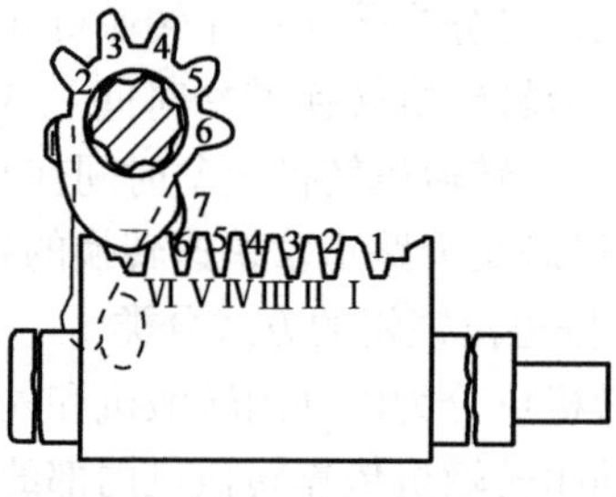

图 6-25 反位锁闭状态示意图

内锁闭的特点有以下四点:

①结构简单,便于日常维护保养,且转换比较平稳,属定力锁闭。

②道岔的两根尖轨由若干根连接杆组成框架结构,使尖轨部分的整体刚性较高,而且框式结构造成的反弹力和抗劲较大。

③由于两尖轨由杆件连接,当杆件受到外力冲击时,如发生弯曲变形,会使密贴尖轨与基本轨分离,严重威胁行车安全。

④当列车通过道岔产生冲击时,其冲击力经过杆件将直接作用于转辙机内部,使转辙机部件易于受损,造成挤切销折断、移位接触器跳开等。

因此,内锁闭式转换设备已不能适应提速的需要,在提速线路,必须采用分动外锁闭道岔转换设备。

2. 分动外锁闭方式

当道岔由转辙机带动转换至某个特定位置后,通过本身所依附的锁闭装置,直接把尖轨与基本轨或心轨与翼轨密贴夹紧并固定,称为道岔的外锁闭。即道岔的锁闭主要不是依靠转辙机内部的锁闭装置,而是依靠转辙机外部的锁闭装置实现(图6-26、图6-27)。

图6-26 外锁闭装置将与基本轨密贴的尖轨锁紧实例图

图6-27 外锁闭装置将道岔两尖轨固定实例图

由于外锁闭道岔的两根尖轨之间没有连接杆,在道岔转换过程中,两根尖轨分别动作,所以又称为分动外锁闭道岔。

分动外锁闭道岔转换设备的特点有以下七项:

①改变了传统的框架式结构,使尖轨的整体刚性大幅度下降。

②尖轨分动后,转换器动力小,而且一根尖轨的变形不影响另一根尖轨,由此造成的反弹、抗劲等转换阻力均减小许多。

③两根分动尖轨在外锁闭装置作用下,无论是在启动解锁,还是密贴锁闭过程,所需的转换力均较小,避开了两根尖轨最大反弹力的叠加时刻。

④同时承担两根尖轨弹性力的过程,在密贴解锁后到斥离尖轨锁闭前,该段时间正是电动机功率输出的最佳时刻,使电气特性和机械特性得到良好的匹配。

⑤外锁闭装置一旦进入锁闭状态,车辆过岔时,轮对对尖轨和心轨产生的侧向冲击力基本不传到转辙机,即具有隔力作用,有利于延长转辙机及各类转换部件的使用寿命。

⑥由于两尖轨间无连接杆,所以密贴尖轨很难在外力作用下与基本轨分离,可靠地保证了行车安全。

⑦由于密贴尖轨与基本轨之间由外锁闭装置固定,克服了内锁闭道岔靠杆件推力或拉力使尖轨与基本轨密贴,易造成4mm失效的较大缺陷。

分动外锁闭道岔尖轨转换采用分动方式,设多个牵引点(9号和12号提速道岔两个牵引点,18号提速道岔三个牵引点,30号和38号道岔六个牵引点),做到尖轨全程密贴,以防止尖轨反弹。还多点检查尖轨密贴情况,可动心轨也采用多点牵引(12 号和 18 号两点牵引,30 号和 38 号三点牵引)。

外锁闭道岔转换设备消除了内锁闭方式的缺陷,适应了列车提速的要求。外锁闭装置先后出现了燕尾式和钩式两种。

6.4 轨道电路

轨道电路利用钢轨线路和钢轨绝缘构成的电路,监督线路的占用情况,以及将列车运行与信号显示等相联系,即通过轨道电路向列车和相邻轨道电路传递行车信息。轨道电路是轨道交通信号的重要基础设备,它的性能直接影响行车安全和运输效率。

6.4.1 轨道电路的原理与作用

1. 轨道电路的基本原理

轨道电路是以轨道交通线路的两根钢轨作为导体,两端加以机械绝缘(或电气绝缘),接上送电和受电设备构成的电路。最简单的轨道电路如图 6-28 所示。轨道电路的送电设备设在送电端,由轨道电源和限流电阻组成。列车占用轨道电路时,轨道继电器落下。接收设备设在受电端,一般采用继电器,称为轨道继电器,由它来接收轨道电路的信号电流,反映轨道的状况。

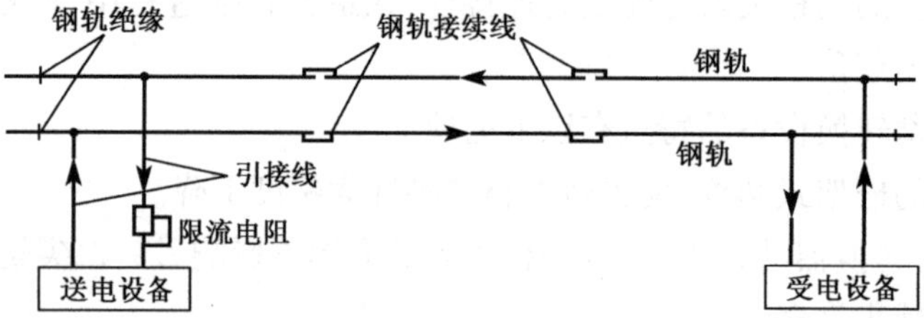

图 6-28　最简单的轨道电路示意图

送、受电设备一般放在轨道旁的变压器箱或电缆盒内,轨道继电器在信号楼内。送、受电设备由引接线直接接向钢轨或通过电缆过轨后,由引接线接向钢轨。

轨道交通的正线多采用无缝线路,需要使用由电子电路构成电气绝缘(又称为调谐区),以分隔相邻轨道电路。

当轨道电路内钢轨完整,且没有列车占用时,轨道继电器吸起,表示轨道电路空闲。轨道电路被列车占用时,它被列车轮对分路,轮对电阻远小于轨道继电器线圈电阻,流经轨道继电器的电流大大减小,轨道继电器落下,表示轨道电路被占用。

2. 轨道电路的作用

轨道电路的作用主要表现在以下两方面。

(1)监督列车的占用

利用轨道电路监督列车在正线或列车、车辆在车辆段等线路的占用状态。轨道电路反映有关线路空闲时，为开放信号、建立进路、构成闭塞提供了依据；轨道电路被占用时，用于实现控制有关信号机的自动关闭，实现信号系统的自动控制。

(2)传输行车信息

在正线上，根据列车的不同位置，有关闭塞分区的轨道电路传输不同的控制信息，实现对追踪列车的控制。带有编码信息的轨道电路是城市轨道交通信号系统地-车之间信息传输的通道之一。

例如数字编码式音频轨道电路中传输的行车信息，为ATP系统直接提供控制列车运行所需的前行列车位置、运行前方信号状态与线路条件等信息，以确定列车运行的目标速度，控制列车在当前运行速度下是否需要减速或停车。

6.4.2 轨道电路的分类

轨道电路有较多种类，也有多种分类方法。

1. 按动作电源分类

按动作电源，轨道电路分为直流轨道电路(已经淘汰)和交流轨道电路(低频300Hz以下，音频300~3000Hz，高频10~40kHz)。

习惯上交流轨道电路就是指工频50Hz电源的交流连续式轨道电路(480型轨道电路)，电源频率为25Hz和75Hz的轨道电路，也属于交流轨道电路的范畴，需要在名称上注明电源的频率。

2. 按工作方式分类

按工作方式，轨道电路可分为开路式轨道电路和闭路式轨道电路。

(1)开路式轨道电路

平时呈开路状态，如图6-29所示，它的发送设备和接收设备安装在轨道电路的同一端。轨道电路无车占用时，不构成回路，轨道继电器落下。有车占用时，轨道电路通过车辆轮对构成回路，轨道继电器吸起。由于轨道继电器经常落下，不能监督轨道电路的完整，遇有断轨或引接线，接续线折断等故障，不能立即发现。若此时有车占用，轨道继电器也不能吸起，很不安全。因此这种轨道电路极少被采用。

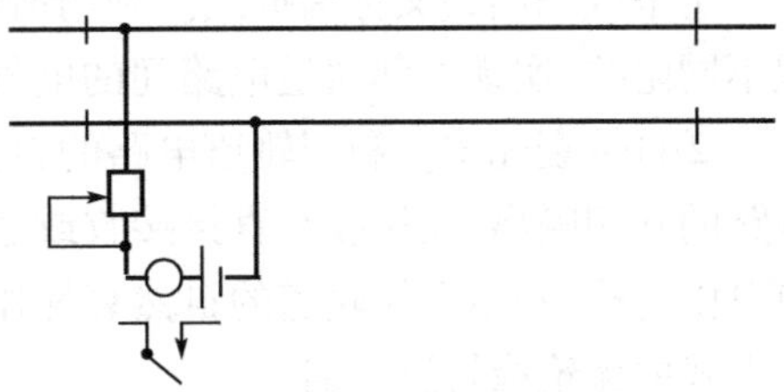

图6-29 开路式轨道电路示意图

(2)闭路式轨道电路

平时构成闭合回路，其发送设备(电源)和接收设备(轨道继电器)分别装设在轨道电路的两端。轨道电路上没有车占用时，轨道继电器吸起。有车占用时，因车辆分路，轨道继电器落下。当发生断轨、断线等故障时，轨道继电器落下，能保证安全。所以，几乎所有轨道电路都采用闭路式(图6-28)。

3. 按所传送的电流特性分类

按所传送的电流特性，轨道电路可分为连续式、脉冲式、计数电码和频率电码式以及数字编码式。

工频连续式轨道电路中传输连续交流电流，只能用于监督轨道的占用与否，不能传输对列车的控制信息。目前在城市轨道交通中应用较广泛的是50Hz相敏轨道电路。

模拟式音频轨道电路采用调幅或调频方式，可以传输较多信息，不仅能监督轨道的占用状态，还能反映列车运行前方三个或四个闭塞分区的占用情况。

数字编码式音频轨道电路采用数字调频方式，可以传输更多的信息，编码中包含了速度码、线路坡度码、闭塞分区长度码和纠错码等。

4. 按绝缘性质分类

按绝缘性质，轨道电路可分为有绝缘轨道电路和无绝缘轨道电路（包含电气隔离式、自然衰耗式和强制衰耗式）。

（1）有绝缘轨道电路

用钢轨绝缘将轨道电路与相邻的轨道电路互相隔离。有绝缘移频轨道电路的优点是传输距离长、信息量大。但其缺点比较明显，表现在：钢轨绝缘在列车运行的冲击力、剪切力作用下，容易破损，造成轨道电路故障；同时由于钢轨接缝的存在，既增加了列车过接缝时乘客的不舒适感，也不利于牵引电流的回流输送。绝缘节的安装，给无缝线路带来一定的麻烦，有时需锯轨，降低线路的轨道强度，增加线路维护的复杂性。电气化轨道交通的牵引回流不希望有绝缘节。为使牵引回流能绕过绝缘节，必须安装轭流变压器。因此无缝线路和电气化轨道交通希望采用无绝缘轨道电路。城市轨道交通中有绝缘轨道电路多用于车辆段内的线路。

（2）无绝缘轨道电路

在轨道电路分界处不设钢轨绝缘，可采用不同的方法予以隔离。按实现原理可分为电气隔离式、自然衰耗式和强制衰耗式三种。

①电气隔离式又称谐振式。利用谐振槽路，采用不同的信号频率，谐振回路对不同频率呈现不同阻抗，实现相邻轨道电路间的电气隔离。UM71轨道电路即采用此种方式。

②自然衰耗式。利用轨道电路的自然衰耗和不同的信号特征（频率、相位等），实现轨道电路的互相隔离，在接收端直接接收或通过电流传感器接收。钢轨中的电流可沿正反两个方向自由传输，基本上靠轨道的自然衰耗作用衰减信号。道口信号所用的道口控制器就采用这种方式的无绝缘轨道电路。

③强制衰耗式。在自然衰耗式的基础上，吸收电气隔离式的长处（谐振回路的强制性衰耗）而形成。采用电压发送、电流接收的方式。接收端由电流传感器接收信号。在轨道电路受电端设置陷波器，使信号传输一个轨道电路区段后，被陷波器衰耗掉大部分，使剩余的部分不足以影响相邻区段。ZPWl－18型无绝缘音频轨道电路就采用这种方式。

5. 按使用场合分类

按使用场合，轨道电路分为区间轨道电路和站内轨道电路。

区间轨道电路主要用于自动闭塞区段，不仅要监督各闭塞分区是否空闲，而且要传输有关行车信息。一般来说，区间要求轨道电路传输距离较长，要满足闭塞分区长度的要求，轨道电路的构成也比较复杂。

站内轨道电路，用于站内区段，一般只有监督站内区段是否空闲的功能，不能发送其他信息。为了使机车信号在站内能连续显示,要对站内轨道电路实现电码化,即在列车占用本区段或占用前一区段时用切换方式或叠加方式转为能发码的轨道电路。站内轨道电路除了股道外,一般传输距离不长。

6. 按轨道电路内有无道岔分类

按轨道电路内有无道岔,站内轨道电路分为无岔区段轨道电路和道岔区段轨道电路。

无岔区段轨道电路内钢轨没有分支,结构简单,用于停车线、检车线、尽头线调车信号机接近区段,以及两个差置调车信号机之间的线路。

道岔区段轨道电路结构比较复杂,包含了岔前线路、岔后直向位置线路和岔后侧向位置线路。根据道岔结构,不仅有关钢轨、杆件要增加绝缘,还要增加道岔跳线和连接线,当分支超过一定长度时,还必须设置多个受电端。

7. 按适用区段分类

按适用区段,轨道电路分为非电气化区段轨道电路和电气化区段轨道电路。

非电气化区段轨道电路,没有抗电化干扰的特殊要求,一般的轨道电路是非电气化区段轨道电路。

电气化区段轨道电路,既要抗电化干扰,又要保证牵引回流的畅通无阻。在轨道交通电气化区段,因钢轨中已流有50Hz的牵引电流,轨道电路就不能采用50Hz,而必须采用50Hz及其谐波以外的频率。对于有绝缘的轨道电路,必须安装轭流变压器,使牵引回流能顺利越过绝缘节。目前我国电气化轨道交通站内多采用25Hz相敏轨道电路,区间多采用无绝缘或有绝缘移频轨道电路。我国地铁用直流牵引,站内可以采用50Hz相敏轨道电路。

8. 按轨道电路利用钢轨作为通道的方式分类

按轨道电路利用钢轨作为通道的方式,轨道电路也可分为双轨条轨道电路和单轨条轨道电路。

多数轨道电路均利用同一线路的两根钢轨作为传输通道,一般的轨道电路均为双轨条轨道电路。单轨条轨道电路是利用线路的一条钢轨作为传输通道,另一通道由电缆构成。例如驼峰用的移频机车信号,地面发送设备即采用单轨条移频轨道电路。因其发送的区段有车占用,两根钢轨被轮对分路,无法构成轨道电路。计轴自动闭塞区段也用单轨条轨道电路发送移频信息,供机车信号接收。

6.4.3 轨道电路的应用与命名

1. 轨道电路的应用

轨道电路主要用于区间和站内。

(1)区间轨道电路

区间轨道电路通常是与自动闭塞制式相一致的轨道电路,按照自动闭塞通过信号机的设置,划分闭塞分区,每个闭塞分区都有轨道电路。在半自动闭塞区段,区间一般不设轨道电路,只有在进站信号机的外方设有接近区段的轨道电路,以通知列车的接近以及构成接近锁闭。在半自动闭塞区段,为了监督区间是否空闲,也装设长轨道电路。位于区间的道口,其接近区段必须装设轨道电路。

(2)站内轨道电路

站内轨道电路应用更为广泛。车站联锁的列车进路和调车进路都必须安装轨道电路,牵出线、机待线、出库线、专用线及其他用途的尽头线入口处和调车信号机前方,虽不在进路之内,也应装设一段长度不小于25m 的轨道电路,用来保证信号开放后机车车辆接近时完成接近锁闭,及时了解上述线路是否有车接近或占用。在驼峰调车场,除推送进路设有轨道电路外,峰下每组分路道岔,警冲标处均设有轨道电路。

(3)机车信号

各种制式的区间轨道电路和站内电码化以后的轨道电路,是机车信号的地面发送设备,也就是信息来源。在列车运行超速防护系统中,带有编码信息的轨道电路是地-车之间传输信息的通道之一。

2. 站内轨道电路的划分

轨道电路之间采用钢轨绝缘将两个轨道电路隔离成互不干扰的独立电路单元,每个轨道电路单元称为轨道电路区段。轨道电路要划分为许多区段,以保证轨道电路可靠工作,站内轨道电路划分的原则有以下 4 项。

①凡有信号机的地方,均装设钢轨绝缘,将信号机的内外方划分为不同区段。

②凡是能平行运行的进路,应用钢轨绝缘将它们隔开,形成不同的轨道电路区段。

③在一个轨道电路区段内,单动道岔最多不超过 3 组,复式交分道岔不得超过 2 组。否则,道岔组数过多,轨道电路难以调整。

④为了提高咽喉使用效率,将轨道电路区段适当划短,使道岔能及时解锁,立即排列别的进路。

与一般铁路车站不同的是,城市轨道交通车辆段车库的停车线一般划分为两段轨道电路,允许停放两列列车。

3. 轨道电路区段的命名

道岔区段和无岔区段采用不同的命名方式。

(1)道岔区段轨道电路命名

道岔区段轨道电路,根据所包含的道岔编号命名。在图 6-30 所示站场中,只包含一组道岔,用其所包含的道岔编号来命名,如 1DG,3DG。包含两组道岔,用两组道岔编号连缀来命名,如 7－9DG,13－19DG。若包含三组道岔,则以两端的道岔编号连缀来命名,如 11－27DG,包含了 11,23,27 三组道岔。

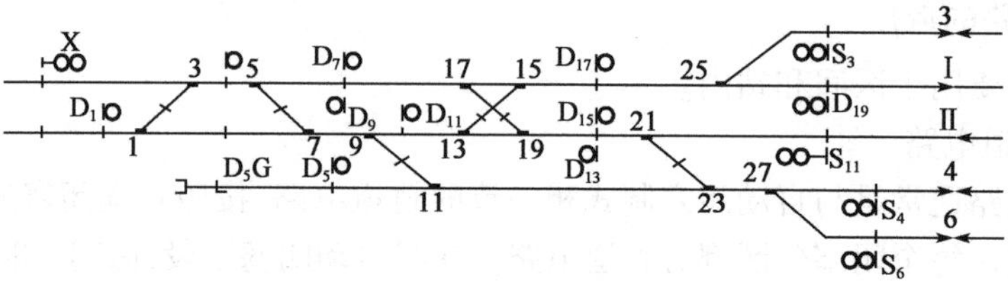

图 6-30　轨道电路命名示意图

(2)无岔区段轨道电路命名

无岔区段股道,以股道号命名,如ⅠG、ⅡG(图 6-30)。进站信号机内方的无岔区段,根据所衔接的股道编号加A或B,如ⅠAG(下行咽喉)、ⅡBG(上行咽喉)。差置调车信号机之间的无岔区段,以两端相邻的道岔编号写成分数形式加G表示,如1/3WG。牵出线、机待线、机车出入库线、专用线等调车信号机外方的接近区段,用调车信号机编号后加G来表示,如图6-30中的D5G。

6.4.4 轨道电路的状态和参数

1.轨道电路基本工作状态

轨道电路的基本工作状态有调整状态、分路状态和断轨状态三种。轨道电路在各种工作状态下,均要受到许多外界因素的影响,其中受道砟电阻、钢轨阻抗和电源电压的影响最大,这三个参数的影响,对各种工作状态造成的影响又各不相同。

(1)轨道电路的调整状态——空闲

轨道电路的调整状态,就是轨道电路完整和空闲时,接收设备(如轨道继电器)正常工作的状态。

在调整状态,轨道继电器从钢轨上接收到的电流越大,它的工作就越可靠。但这个电流值将随着道砟电阻、钢轨阻抗、发送电压的变化而变化。调整状态的最不利条件是,发送电压最低、钢轨阻抗最大、道砟电阻最小,同时轨道电路长度为极限长度。在最不利条件下,轨道电路接收设备应能可靠工作,反映轨道电路的空闲状态。

(2)轨道电路的分路状态——占用

轨道电路分路状态,就是当轨道电路区段有车占用时,接收设备(如轨道继电器)因被分路而停止工作的状态。

当列车占用轨道时,它的轮对在两钢轨之间形成电阻,按一般电路分析,可看成是短路作用,但轨道电路是低电阻电路,所以,列车占用时,只能看成两钢轨间跨接了一个分路电阻,故称分路状态。

分路状态的最不利条件是,发送电压最高、钢轨阻抗最小、道砟电阻最大、列车分路电阻也最大(车轻,轮对少、车轮与钢轨接触面不洁)。在分路状态的最不利条件下,轨道电路接收设备应能可靠地停止工作,反映轨道电路区段有车占用。

(3)轨道电路的断轨状态——故障

轨道电路的断轨状态,是指轨道电路的钢轨在某处折断时的情况,此时钢轨虽已折断,但轨道电路仍可通过大地构成回路,接收设备中还会有一定值的电流流过。为了确保安全,断轨时接收设备应不能工作。

断轨状态的最不利条件是,断轨时轨道电路的参数变化使轨道接收设备中获得最大电流。它除了与钢轨阻抗最小、发送电压最大有关外,断轨地点和道砟电阻的大小也有一定的影响,有一个使接收设备中电流最大的最不利数值——临界断轨地点和临界道砟电阻。

2.轨道电路分路的几个术语

(1)列车分路电阻

列车占用轨道电路时,轮对跨在两根钢轨上形成的电阻,被称为列车分路电阻。它由车轮和车轴本身的电阻,以及轮缘与钢轨顶部的接触电阻组成。由于轮缘与钢轨的接触面很小,因此车轮和车轴的电阻比接触电阻小得多,可忽略不计。所以,列车分路电阻实际上就是轮缘与钢轨的接触电阻。列车分路电阻的大小与轨道上分路的车轴数、车辆的载重情况、列车的运行状态、轮缘的装配质量和磨损程度及钢轨顶部的洁净程度等因素有关。它的变化范围很大,从千分之几 Ω 到 0.06Ω。

(2)分路效应

由于列车分路使轨道电路接收设备中电流减小,并处于不工作状态,称为分路效应。在分路状态最不利条件下,有列车分路时,对于连续式轨道电路,要保证轨道继电器的端电压不大于它的可靠释放值;对于脉冲式轨道电路,要保证轨道继电器的端电压不大于它的可靠不吸起值。分路效应在很大程度决定了轨道电路的质量。

(3)分路灵敏度

分路灵敏度指在轨道电路的钢轨上,用一电阻在某点对轨道电路分路,若恰好能使轨道继电器线圈中的电流减小到释放值(脉冲式轨道电路为不吸起值),则这个分路电阻值就称为该点的分路灵敏度。轨道上各点的分路灵敏度不一样。分路灵敏度用电阻值(Ω)来表示。

(4)极限分路灵敏度

轨道电路各点的分路灵敏度中的最小值,就是该轨道电路的极限分路灵敏度。

(5)标准分路灵敏度

标准分路灵敏度是衡量轨道电路分路效应优劣的标准。我国规定一般的轨道电路标准分路灵敏度为 0.06Ω。对于一轨道电路,在分路状态最不利的条件下,用 0.06Ω 的标准电阻线,在任何地点分路时轨道电路的接收设备必须停止工作,该轨道电路的分路效应才符合标准。

3. 轨道电路的基本参数

轨道电路通过钢轨传输电流,钢轨铺设在轨枕上,轨枕置于道砟中,所以,轨道电路是具有低绝缘电阻的电气回路。轨道电路的基本参数主要包括道砟电阻和钢轨阻抗。

(1)道砟电阻

如图 6-31 所示,轨道电路的漏泄电流是由一根钢轨经轨枕、道砟和道床流向另一根钢轨,其大小由钢轨线路的绝缘阻抗,即道砟电阻决定。道砟电阻是一个分布参数,通常以每千米钢轨线路所具有的漏阻值表示,称为单位道砟电阻,简称道砟电阻,用 γ_d 表示,单位是 Ω·km。

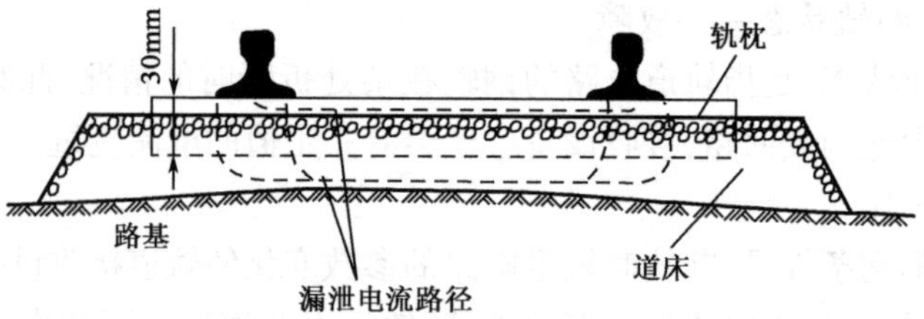

图 6-31 轨道电路漏泄电流的径路示意图

由于漏泄电流通过不同性质的导电介质,钢轨和线路上的其他金属配件都有电子导电性;道砟、轨枕和道床均会有水分,它们都具有离子导电性,可把它们看作特殊的电解质。道砟电阻的大小,一方面取决于道砟的材料、道砟层的厚度与轨枕的材质和数量;另一方面还取决于温度、湿度的变化以及道床土壤的导电率等因素。

可以用作道砟的材料很多,我国大部分地区用碎石作为道砟,它不大吸收水分,又不易导电,有利于提高道砟电阻。但当其中混有炉碴、煤屑、盐质溶液、金属粉末(列车制动时产生的)等杂质时,道砟电阻值就会下降。

我国使用的轨枕有木枕和钢筋混凝土轨枕。木枕经绝缘的防腐剂处理后,可提高道砟电阻值。当木枕有裂缝和腐朽等情况时,道砟电阻值会降低。木枕的绝缘电阻值约在几十千Ω/根,铺设 1600 ~ 2400 根/km 时,轨枕绝缘电阻在 20Ω/km 左右。

钢筋混凝土轨枕,钢轨底部有绝缘垫板,它的好坏对道砟电阻值有较大的影响。其导电率受环境影响比木枕显著,而且钢轨之间呈现的电容性增强,会使漏泄电流增大。但信号电流频率较低,电容的作用很小。钢筋混凝土轨枕的绝缘电阻值约为 70 ~ 80Ω/根,则轨枕绝缘电阻仅有 0.04 ~ 0.05Ω/km,垫上绝缘垫板后可达 50 ~ 150Ω/km。

实际道砟电阻值远低于上述数值,是因为漏泄电流是经轨枕、道砟和大地三条并联径路构成了回路。

在电子性和离子性导电元件的交界处,必然发生电化学反应,形成一种过渡层电阻,其大小与两钢轨的电位、环境温度湿度有关。温度、湿度升高时,电化学反应增强,使钢轨线路的绝缘阻抗降低。所以,夏季暴雨后 8 ~ 10min 会出现道砟电阻的最小值。冬季,气温在零下时,道砟电阻值可达最大。道砟电阻的最大值和最小值会相差十几倍,甚至上百倍。

我国轨道交通单位道砟电阻的标准值如表 6-1 所列。

轨道电路的道砟电阻标准值统计表　　表 6-1

碎 石 道 床	道砟电阻(Ω/km)	
	直流	交流
区间	1.2	1.0
站内	0.7	0.6

我国疆土辽阔,各地地质和气候差异很大,道床的状况也较复杂。如沿海地区的盐碱道床、西北戈壁的砂道床、隧道内潮湿腐蚀的道床,道砟电阻均低于标准值。站内到发线道床较脏、排水能力较差,最小道砟电阻可能低于 0.2Ω/km。

道砟电阻越小,两钢轨间的漏泄电流就越大,轨道电路消耗电能就会增多,而且道砟电阻值变化的范围越大,轨道电路的工作就越不稳定。因此,要保证轨道电路的稳定工作,必须尽量提高最小道砟电阻值。工务部门应积极采取措施,提高道床排水能力,定期清筛道砟,及时更换腐朽及破裂的轨枕,努力改善道床质量。

(2)钢轨阻抗

每公里两根钢轨(回路)的阻抗,称为单位钢轨阻抗,简称钢轨阻抗,用 Z 表示,单位是 Ω/km。它包括钢轨本身的阻抗及钢轨接头处的阻抗。钢轨接头处的阻抗则包括鱼尾板及导接线的阻抗和它们的接触电阻。鱼尾板和钢轨间的接触电阻的大小与鱼尾板、钢轨端部表面的污垢及锈蚀程度、螺栓的松紧以及气候条件有关且它的变化范围很大。安装了钢轨接续线后,该接触电阻与接续线阻抗及接续线和钢轨间的接触电阻所并联。因此,钢轨接头处的总阻抗就显著降低,且比较稳定。

当轨道电路中通以直流电流时,钢轨阻抗就是纯电阻,称为钢轨电阻。而当轨道电路中通以交流电流时，由于钢轨的导磁系数大，集肤效应明显，使有效截面减少，有效电阻增大。它的值很大程度上取决于信号电流的频率，还与钢轨断面形状、导电率有关。除了有效电阻外，还存在感抗。这样导致交流时的总阻抗就比直流时大很多。

思考题

1. 简述信号继电器的基本原理。
2. 简述色灯信号机的用途。
3. 简述色灯信号机的分类。
4. 简述道岔的组成。
5. 简述轨道电路的基本原理与作用。

第7章 区间行车控制

闭塞系统是保障轨道交通行车安全的重要信号控制系统。行车闭塞制式大致经历了电报或电话闭塞、路签或路牌闭塞、半自动闭塞、自动闭塞的发展过程。自动闭塞是将站间区间划分为若干闭塞分区,以闭塞分区作为列车追踪运行空间间隔,根据列车运行及有关闭塞分区状态,自动变换信号显示和发送列车移动授权信息,列车依据地面信号或车载信号行车的闭塞方法。本章主要介绍自动闭塞系统,包括固定闭塞、准移动闭塞和移动闭塞系统。随着闭塞系统技术的发展,轨道交通的通过能力得以不断提高。

7.1 区间行车概述

区间是指两个车站(或线路所)之间的轨道交通线路。相邻两站之间的区间称为站间区间;车站与线路所之间的区间称为所间区间。根据区间线路的数目,分为单线区间、双线区间及多线区间(如三线区间)。

车站向区间发车时,必须确认区间无车。在单线区间又必须防止两站同时向一个区间发车,为此要求按照一定的方法组织列车在区间的运行。用信号或凭证,保证列车按照空间间隔运行的技术方法称为行车闭塞法,简称闭塞。用以完成闭塞作用的设备称为闭塞设备。

最初采用的闭塞制度是时间间隔法,即前行列车和追踪列车之间必须保持一定时间间隔的行车方法。当先行列车出发后,经过一定的时间,才允许后续列车出发。由于先行列车可能在途中减速或因故停留在区间,而且列车运行速度可能和预定计划不一致,故此方法很不可靠。由于列车晚点会打乱行车时间表,因此要求用路票的办法予以辅助。电报和电话应用于铁路行车即所谓电报或电话闭塞,曾起过重要的作用。但当联系错误时,危及行车安全,因而必须采用两站间闭塞设备互相联锁的办法,即空间间隔法。

空间间隔法是控制前行列车和追踪列车之间保持一定距离的行车方法。一般以相邻两车站之间作为一个区间,或将区间的轨道交通线路划分为若干个独立的闭塞分区,一个区间或一个闭塞分区同时只能允许一列列车运行,因此能保证行车安全。与时间间隔法相比,该方法有了很大进步。

行车闭塞制式大致经历了电报或电话闭塞、路签或路牌闭塞、半自动闭塞、自动闭塞的发展过程。目前我国的轨道交通系统,双线多采用自动闭塞,单线多为半自动闭塞,路牌闭塞已不存在,路签闭塞几乎已绝迹。电话闭塞则是当上述基本闭塞设备不能使用时,根据列车调度员的命令所采用的代用闭塞方法。

电话闭塞为两车站间用电话联系,列车凭路票行车的闭塞方法。其作为闭塞设备故障时的一种备用闭塞方法。

电报闭塞为两车站间用电报联系,设有专用的闭塞电报机,列车凭路票行车的闭塞方法。

路签(牌)闭塞是以路签(牌)作为占用区间的凭证,相邻两站都设有电气路签(牌)机,非经两站同意,并办理一定手续,不能从中取出路签(牌);在取出一个路签(牌)后,不能取出第二个。这就保证了同时只有一列列车在区间内运行。

半自动闭塞以出站信号机或线路所的通过信号机显示的信号,作为列车占用区间的凭证,发车站的出站信号机或线路所的通过信号机必须经两站同意,办理闭塞手续后才能开放,列车进入区间后自动关闭;而且在列车未到达接车站以前,向该区间发车用的所有信号都不得开放,这就保证了两站间的区间内同时只有一列列车运行。

固定自动闭塞在列车运行中自动完成闭塞作用,它将一个区间划分为若干个闭塞分区,每个闭塞分区的起点装设通过信号机,通过检测列车占用轨道的情况,自动控制通过信号机的显示。这种方式不需要办理闭塞手续,又可开行追踪列车,既保证了行车安全,又提高了运输效率。

准移动自动闭塞的追踪目标点是前行列车所占用闭塞分区的始端(留有一定的安全距离),即制动的终点总是某一闭塞分区的边界。由于要与移动闭塞相区别,所以称为准移动闭塞。显然其追踪运行间隔时间要比固定闭塞小一些。

移动自动闭塞通过车载设备和轨旁设备不间断的双向通信,控制中心可以根据列车实时的速度和位置动态计算列车的最大制动距离。列车的长度加上这一最大制动距离并在列车后方加上一定的防护距离,便组成了一个与列车同步移动的虚拟分区。

移动闭塞与固定闭塞相比,列车运行间隔相对减少;与准移动闭塞相比,则具有更大运用灵活性和更小行车间隔,也因此具备了更大的运行调整能力。

7.2 固定自动闭塞

7.2.1 固定自动闭塞基本原理

1. 固定自动闭塞的基本概念

固定自动闭塞将一个区间划分为若干小段,即闭塞分区,根据列车运行和闭塞分区状态,自动变换通过信号机的显示,司机凭信号显示行车的闭塞方法。在每个闭塞分区的起点装设通过信号机,用以防护该闭塞分区,如图 7-1 所示。

每个闭塞分区内都装设轨道电路(或计轴器等列车检测设备),通过轨道电路将列车和通过信号机的显示相联系,根据列车运行及有关闭塞分区的状态,使通过信号机的显示自动变换。因为闭塞作用的完成不需要人工操纵,故称为自动闭塞。

固定自动闭塞不需要办理闭塞手续,并可开行追踪列车,既保证了行车安全,又提高了运输效率。和半自动闭塞相比,固定自动闭塞有以下四个优点:

①由于两站间的区间允许续行列车追踪运行,就大幅度地提高了行车密度,显著地提高区间通过能力。

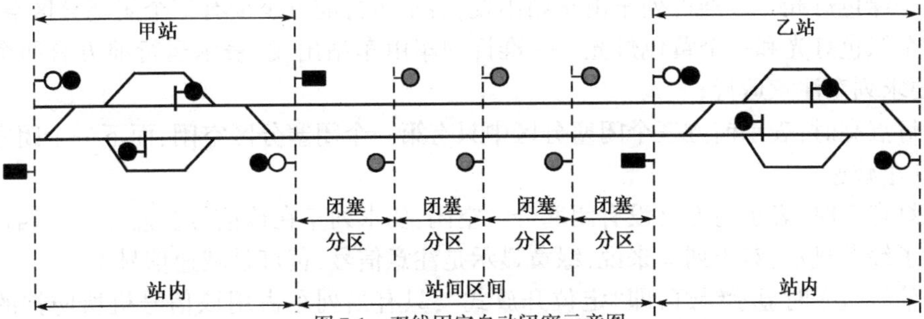

图 7-1　双线固定自动闭塞示意图

●-红灯;●-绿灯

②由于不需要办理闭塞手续,简化了办理接发列车的程序,因此既提高了通过能力,又大大减轻了车站值班人员的劳动强度。

③由于通过信号机的显示,能直接反映运行前方列车所在位置,以及线路的状态,使得列车在区间运行的安全得到保障。

④自动闭塞能为列车运行超速防护提供连续的速度信息,构成更高层次的列车运行控制系统,保证列车高速运行的安全。

2. 固定自动闭塞通过信号机的显示

固定自动闭塞通过轨道电路(或计轴器等列车检测设备)自动地检查闭塞分区的占用情况,根据轨道电路的占用和空闲状态,通过信号机自动地变换其显示,以指示列车运行。

三显示自动闭塞区段的通过信号机采用三显示机构,自上而下是黄、绿、红灯,能预告列车运行前方两个闭塞分区的状态。

四显示自动闭塞区段的通过信号机仍采用三显示机构,自上而下是绿、红、黄灯,多了一种绿黄显示,即同时点亮绿灯和黄灯,因此能预告列车运行前方三个闭塞分区的状态。

(1)三显示自动闭塞通过信号机的显示意义

三显示自动闭塞通过信号机的显示如图 7-2 所示。

图 7-2　三显示信号机显示状态示意图

●-红灯;●-黄灯;●-绿灯

①一个绿色灯光——准许列车按规定速度运行,表示运行前方至少有两个闭塞分区空闲。

②一个黄色灯光——要求列车注意运行或减速,表示运行前方只有一个闭塞分区空闲,而下一个闭塞分区有车。

③一个红色灯光——表示前方没有闭塞分区空闲,列车应在该信号机前停车。

(2)四显示自动闭塞通过信号机的显示意义

四显示自动闭塞通过信号机的显示如图 7-3 所示。

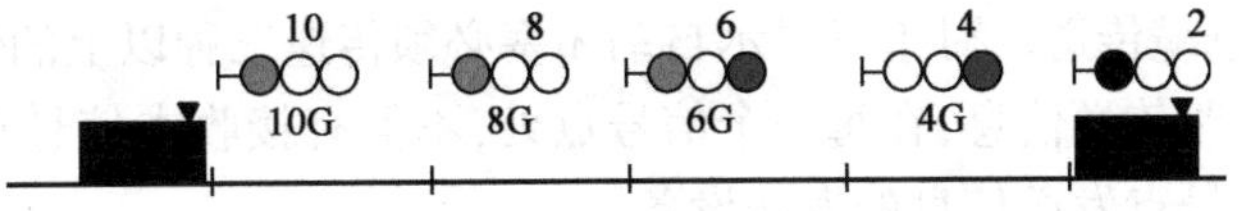

图 7-3　四显示信号机显示状态示意图

●-红灯;●-黄灯;●-绿灯

①一个绿色灯光——准许列车由车站出发,表示运行前方至少有三个闭塞分区空闲。

②一个绿色灯光和一个黄色灯光——准许列车由车站出发,表示运行前方有两个闭塞分区空闲,要求列车注意运行。

③黄灯点亮时,表示前方三个闭塞分区中只有第一个闭塞分区空闲,而下一个闭塞分区有车,要求列车减速。

④红灯点亮时,表示前方已没有闭塞分区空闲,要求列车在该信号机前停车。四显示自动闭塞增加了绿黄显示,对于列车来说,绿黄显示是注意信号,黄灯是减速信号。

通过信号机平时显示绿灯,即“定位开放式”,只有当列车占用该信号机所防护的闭塞分区或线路发生断轨等故障时,才显示红灯——停车信号。

3. 固定自动闭塞通过信号机的基本原理

图7-4、图7-5所示为三显示自动闭塞原理图。每个通过信号机处为一个信号点,信号点的名称以通过信号机命名。例如,通过信号机“1”处就称为“1”信号点。

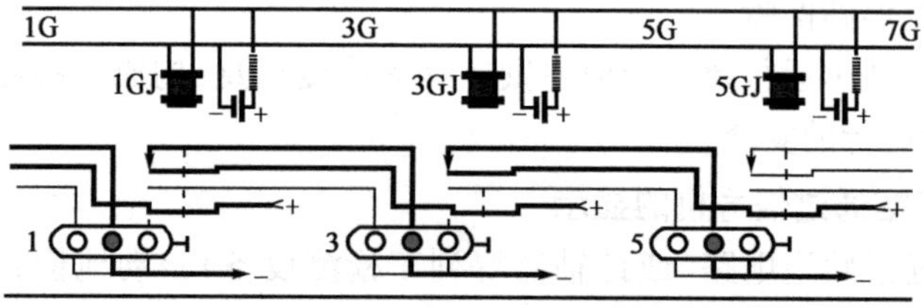

图7-4　闭塞分区无车占用状况示意图

●-绿灯

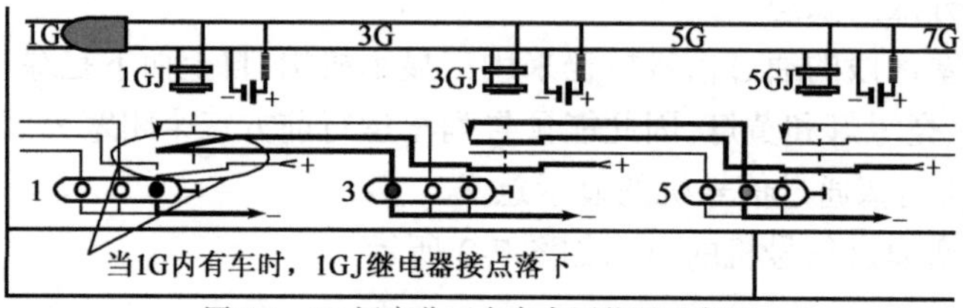

图7-5　1G闭塞分区有车占用状况示意图

●-红灯;●-黄灯;●-绿灯

图7-4为闭塞分区无车占用状况。当区间无车占用时,通过信号机1、3、5都显示绿灯。

图7-5为1G闭塞分区有车占用状况。当列车进入1G闭塞分区时,1G的轨道电路被列车车轮分路,轨道继电器1GJ落下,通过信号机1显示红灯,通过信号机三显示黄灯,通过信号机5显示为绿灯。

通过对三显示自动闭塞基本原理的叙述,可得出以下三点结论:

①通过信号机的显示,随着列车运行的位置而自动改变。当显示黄灯时,列车运行前方只有一个闭塞分区空闲;当显示绿灯时,列车运行前方至少有两个闭塞分区空闲。

②通过信号机的禁止信号(红灯显示),利用轨道电路传送;而其他的显示信息可以利用轨道电路,也可利用电缆传送。对于三显示自动闭塞必须传递三种以上的信息。

③若利用轨道电路传送信息,在每一个信号点处,不但有接收本信号点信息的接收设备,同时还须有向前方信号点发送信息的发送设备。

虽然自动闭塞有不少制式,但是它们有着共同的特点,即大多是以轨道电路为基础构成,采用轨道电路传输信息。

7.2.2　固定自动闭塞的技术要求与分类

1. 固定自动闭塞的技术要求

固定自动闭塞设备应符合现行的铁道行业标准——《铁路自动闭塞技术条件》(TB/T 1567)、《铁路技术管理规程》、《铁路信号设计规范》(TB10007)的规定，主要有以下十八项要求。

①固定自动闭塞制式分为三显示和多显示(含四显示)两种。一般采用三显示自动闭塞，在新建或改建轨道交通上，列车速度超过 120km/h 的区段应采用四显示自动闭塞。

②电气化区段的双线或多线自动闭塞，运输需要时可按双方向运行设计，其他区段的自动闭塞宜按双向运行设计。

当双线按双向运行设计时，反向可不设通过信号机，根据机车信号指示运行，亦可设为自动闭塞或自动站间闭塞运行。

③客货列车混行的双线固定自动闭塞区段，列车追踪运行间隔应符合下列五项规定：

a. 双线三显示自动闭塞区段宜采用 7min 或 8min，有条件的区间可采用 6min；

b. 采用四显示自动闭塞时，其列车追踪间隔宜采用 6min 或 7min；

c. 单线三显示自动闭塞宜采用 8min；

d. 闭塞分区的划分根据实际情况，可按规定的列车追踪间隔时间增加或减少。当根据需要增加时，不得超过规定追踪时间的 10%。反向运行的列车追踪间隔时间可大于正向运行的列车追踪间隔时间；

e. 城市轨道交通列车追踪运行间隔相对较小，可达 2min 左右。

④三显示自动闭塞宜在规定的列车追踪间隔时间内划分三个闭塞分区排列通过信号机。

在区间内遇有困难的上坡道或从车站发车，划分三个闭塞分区有困难时，可按两个闭塞分区划分(按两个闭塞分区设置通过信号机，不得增加规定的列车追踪间隔时间，包括司机确认信号变换显示的时间)。从车站发车还应考虑确认出站信号机显示、车站值班员指示发车信号、车长指示发车信号及列车启动所需的时间。

三显示自动闭塞分区的最小长度，应满足列车的制动距离(该制动距离包括机车信号，自动停车装置动作过程中列车所行走的距离，其动作时间不应大于 14s)，其长度不应小于 1200m，但采用不大于 8min 运行间隔时间时，不得小于 1000m。进站信号机前方第一个闭塞分区长度，一般不大于 1500m。

四显示自动闭塞在确定的运行间隔时间内，按四个闭塞分区排列通过信号机。四显示自动闭塞每个闭塞分区的长度，应满足速差制动所需的列车制动距离。列车运行速度超过 120km/h 时，紧急制动距离由两个及其以上闭塞分区长度保证。

双线双方向运行的自动闭塞反方向运行时，宜沿用正方向运行时划分的闭塞分区，当闭塞分区的长度不能满足列车制动距离时，可将相邻两闭塞分区合并。

⑤通过信号机的设置，除应满足列车牵引计算的有关规定外，还应符合下列两项原则：

a. 通过信号机应设在闭塞分区或所间区间的分界处，不应设在停车后可能脱钩的处所，并尽可能不设在启动困难的地点；

b. 在确定的运行时隔内,按三个或四个闭塞分区排列通过信号机时,应使列车经常在绿灯下运行。

⑥自动闭塞的通过信号机采用经常亮灯方式,并能连续反映所防护闭塞分区的空闲和占用情况。

在单线自动闭塞区段,当一个方向的通过信号机开放后,另一方向的通过信号机须在灭灯状态,与其衔接的车站向区间发车的出站信号机开放后,对方站不能向该区间开放出站信号机。

⑦当进站或通过信号机红灯灭灯时,其前一架通过信号机应自动显示红灯。

⑧在自动闭塞区段,当闭塞分区被占用或有关轨道电路设备失效时,防护该闭塞分区的通过信号机应自动关闭。

在双向运行区段,有关设备失效时,经两站有关人员确认后,可通过规定手续改变运行方向。

⑨自动闭塞应有与本轨道电路信息相适应的连续式机车信号。

四显示自动闭塞必须有超速防护设备。

⑩在自动闭塞区段内,当货物列车在设于坡道的通过信号机前停车后启动困难时,在该信号机上应装容许信号。但在进站信号机前方第一架通过信号机上不得装设容许信号。

⑪自动闭塞电路及设备应满足轨道交通信号故障——安全原则。

⑫自动闭塞必须采用闭路式轨道电路。轨道电路应能实现一次调整。在空闲状态下,当道砟电阻为最小标准值,钢轨阻抗为最大标准值,交流电源电压为最低标准值时,轨道电路设备应稳定可靠工作。当电源电压和道砟电阻为最大标准值时,用标准分路电阻(0.06Ω)在轨道电路任意点进行分路,接收设备应确保不工作。

轨道电路的设计长度应不大于极限传输长度的80%。

轨道电路钢轨绝缘破损时,通过信号机不应错误地出现升级显示。

轨道电路在工频交流、断续电流等干扰的作用下,应有可靠的防护性能。

在电气化区段发生轭流变压器断线时,两根轨条中无牵引电流及最不利道砟电阻的条件下,接收设备应确保不工作,若不能满足此要求,亦应满足轭流变压器断线条件下轨道电路的分路要求。

⑬当自动闭塞设备故障或外电干扰时,不使敌对信号机开放。

⑭自动闭塞信号显示应变时间不应大于4s。

⑮三显示自动闭塞信息量不应少于4个信息,四显示自动闭塞不应少于5个信息。

⑯自动闭塞的故障监测和报警设备应满足以下三项要求:

a. 监测和报警设备发生故障时,应不影响自动闭塞正常工作;

b. 监测设备应能连续监督有关设备的工作状态,无论主机或副机发生故障均应报警,在双机并联使用时,其中一机故障应不中断系统的正常工作,当采用主、副机导换方式时,若主机发生故障,应能自动接入副机工作;

c. 监测设备应能准确地判断故障地点和故障性质。

⑰自动闭塞设备宜集中装设。

⑱自动闭塞应有防雷措施,并符合铁路信号有关防雷的规定。

2. 自动闭塞分类

自动闭塞一般是根据运营和技术的特征进行分类。

(1)按行车组织方法划分

按行车组织方法可分为单向自动闭塞和双向自动闭塞

在单线区段,只有一条线路,既要运行上行列车,又要运行下行列车。为了调整双方向列车的运行,在线路的两侧都要装设通过信号机,这种自动闭塞称为单线双向自动闭塞,如图7-6所示。

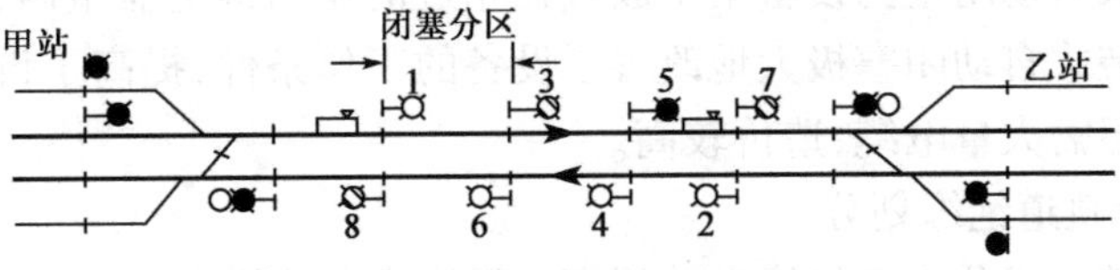

图7-6　单线双向自动闭塞示意图

●-红灯;⊗黄灯;○-绿灯

在双线区段,以前一般采用列车单方向运行方式,即一条线路只允许上行列车运行,而另一条线路只允许下行列车运行。为此,对于每一条线路仅在一侧装设通过信号机,这样的自动闭塞称为双线单向自动闭塞,如图7-7所示。

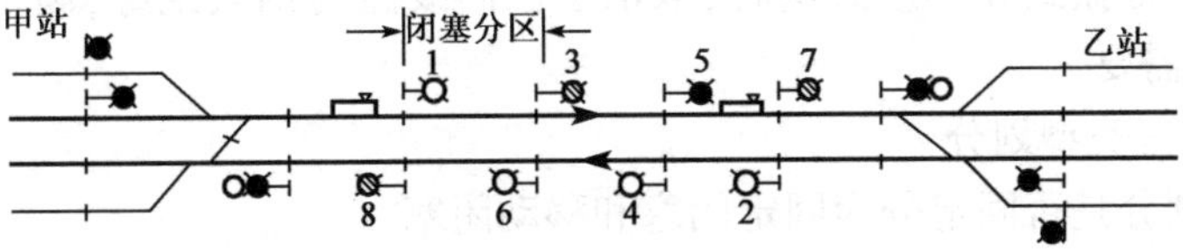

图7-7　双线单向自动闭塞示意图

●-红灯;⊗黄灯;○-绿灯

为了充分发挥轨道交通线路的运输能力,在双线区段的每一条线路上都能双方向运行列车,这样的自动闭塞称为双线双向自动闭塞,如图7-8所示。正方向设置通过信号机,反方向运行的列车,按机车信号的显示作为行车命令,即此时以机车信号作为主体信号。

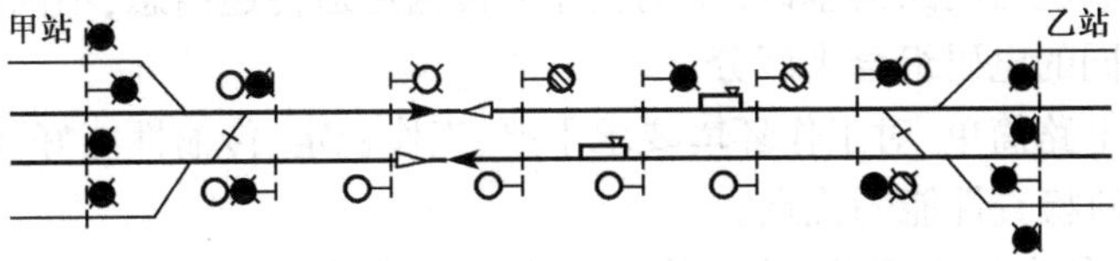

图7-8　双线双向自动闭塞示意图

●-红灯;⊗黄灯;○-绿灯

双线单向自动闭塞,只防护列车的尾部,而单线或双线双向自动闭塞,必须对列车的尾部和头部两个方向进行防护。为了防止两方向的列车正面冲突,平时规定一个方向的通过信号机亮灯,另一个方向的通过信号机灭灯(或另一个方向的机车信号没有信息),只有在需要改变运行方向,而且在区间空闲的条件下,由车站值班员办理一定的手续后才能允许反方向的列车运行。

(2)按通过信号机的显示方式划分

按通过信号机的显示制式可分为三显示自动闭塞和四显示自动闭塞

三显示自动闭塞和四显示自动闭塞显示意义等如前所述。

三显示自动闭塞的通过信号机具有三种显示,能预告列车运行前方两个闭塞分区的状态。

四显示的自动闭塞，能预告列车运行前方三个闭塞分区的状态，信号显示具有明确的速差含义，是真正意义的速差式自动闭塞，列车按规定的速度运行，能确保提速后的列车行车安全。

(3)按设备放置方式划分

按设备放置方式可分为分散安装式自动闭塞和集中安装式自动闭塞

分散安装式自动闭塞的设备都放置在每个信号点处。分散安装方式虽然造价较低，但设备安装在轨道交通沿线，受环境温度影响大，所以，设备工作稳定性较差，故障率较高，也不利于维护。集中安装式自动闭塞的设备集中放置在相近的车站继电器室内，用电缆与通过信号机相联系。集中安装式自动闭塞极大地改善了设备的工作条件，提高了设备的稳定性和可靠性，十分便于维修，但需大量电缆，造价较高。

(4)按是否设置轨道绝缘划分

按是否设置轨道绝缘分为有绝缘自动闭塞和无绝缘自动闭塞

传统的自动闭塞在闭塞分区分界处均设有钢轨绝缘，以分割各闭塞分区。但钢轨绝缘的设置不利于线路向长钢轨、无缝化发展，钢轨绝缘损坏率高，影响了设备的稳定工作，且增加了维修工作量和费用。尤其是电气化区段，牵引电流为了通过钢轨绝缘，必须安装轭流变压器，缺点更显著。于是，无绝缘自动闭塞应运而生。无绝缘自动闭塞以无绝缘轨道电路为基础。无绝缘轨道电路分谐振式和感应式两种，取消了区间线路的钢轨绝缘，满足了轨道交通无缝化，电气化发展的需要。

(5)按闭塞分区类型划分

按闭塞分区划分是否固定分为固定闭塞和移动闭塞

传统自动闭塞的闭塞分区在设计时经牵引计算后，固定不变。随着现代通信技术的发展，出现了没有固定闭塞分区的移动闭塞。

(6)按传递信息的特征划分

按传递信息的特征可分为交流计数电码自动闭塞、极频自动闭塞和移频自动闭塞等

①交流计数电码自动闭塞

以交流计数电码轨道电路为基础，以钢轨作为传输通道传递信息，不同信息的特征靠电码脉冲和间隔构成不同的电码组合来区分。

这种方式具有电路简单、对工作环境要求不严、工作稳定、传输性能好、轨道电路长度可达2600m以及具有断轨检查性能的优点。

同时，它也具有信息构成简单、抗干扰性能不强和绝缘双破损时可能出现升级显示的缺点，特别是当区间发送设备有一处故障时，会同时造成两相邻信号机点红灯的故障，影响效率，接点磨损严重，维修周期短，信息量少，不能满足所需要的信息要求，应变时间长，最长达20s，不能适应轨道交通发展的需要，而且存在着冒进信号的危险。

②极性频率脉冲自动闭塞(简称极频自动闭塞)

极频自动闭塞以极性频率脉冲轨道电路为基础，以钢轨作为通道传递信息，不同信息的特征靠两种不同极性和每个周期内不同数目的脉冲区分。

这种方式具有极频自动闭塞设备简单、原理简明、容易掌握、轨道电路传输性能较好、长度可达2600m以及断轨检查性能较好的优点。

同时，它也具有信息简单，抗外界的交直流断续干扰性能差，对于邻线干扰和不规则的脉

冲干扰没有防护措施,对于一般离散的脉冲干扰以及脉冲尾的干扰很难防护;不适用于电气化区段,因其对接触网火花、晶闸管调速机车的牵引和再生制动、斩波器机车牵引所引起的谐波干扰难以防护的缺点。

③移频自动闭塞

移频自动闭塞是以移频轨道电路为基础的自动闭塞。它选用频率参数作为控制信息,采用频率调制的方法,把低频信号(F_C)加载到较高频率(载频 f_0)上,以形成振幅不变、频率随低频信号的幅度作周期性变化的调频信号。将低频信号传输给轨道电路接收器,经过解码后控制通过信号机,不同控制信号使通过信号机给出不同的显示,以达到自动指挥列车运行的目的。

另外,还有采用计轴电路检测列车占用和出清闭塞分区的计轴闭塞等。

7.2.3 移频自动闭塞

1. 概述

20 世纪 90 年代初,我国引进法国高速铁路的 UM71 移频自动闭塞设备,并在此基础上结合我国国情研制了更加适应我国铁路的区间移频自动闭塞设备,该设备即为目前轨道交通部门推广使用的 ZPW－2000 无绝缘轨道电路移频自动闭塞设备。ZPW－2000 无绝缘轨道电路移频自动闭塞的低频、载频沿用了 UM71 技术。载频分别为四种:1700Hz、2000Hz、2300Hz、2600Hz。其中上行线使用 2000Hz 和 2600Hz 交替排列,下行线用 1700Hz 和 2300Hz 交替排列。轨道电路的频偏 Δf 为 11Hz。低频调制信号 F_C(低频信息)从 10.3Hz 至 29Hz 按 1.1Hz 递增共 18 种。即这 18 种低频信息分别为:10.3Hz、11.4Hz、12.5Hz、13.6Hz、14.7Hz、15.8Hz、16.9Hz、18Hz,19.1Hz、20.2Hz、21.1Hz、22.4Hz、23.5Hz、24.6Hz、25.7Hz、26.8Hz、27.9Hz、29Hz。在低频调制信号作用下,一个周期内,信号频率发生 f_1、f_2 来回变化。其中 $f_1=f_0-\Delta f$,$f_2=f_0+\Delta f$。

2. 信息的显示

移频信息采用 18 种显示,其信息的名称和含义如表 7-1 所示。

18 种显示信息的名称和含义列表 表 7-1

序号	名称	代号	频率(Hz)	含义
1	绿 1	L1	8	显示绿灯,列车直向通过,入口速度 140/90(预留)
2	绿 2	L2	8.5	同上,入口速度 120/80
3	黄 1	U1	15	显示黄灯,列车直向经过,入口速度 100/70
4	红黄	HU	26	显示红灯,列车停车,入口速度 0
5	红蓝	HA	23.5	通过信号机显示红灯容许信号,入口速度 20
6	绿黄 1	LU1	9	进站、接车或发车进路信号机显示绿黄灯,列车直向经过,入口速度 120/80
7	双黄 1	UU1	20	进站、接车进路或通过信号机显示双黄灯,列车经过 18#道岔弯股进站,入口速度 80
8	双黄 2	UU2	21.5	进站、接车进路或通过信号机显示双黄灯,列车经过 12#道岔弯股进站,入口速度 45
9	双黄 3	UU3	22.5	进站、接车进路或通过信号机显示双黄灯,列车经过 9#道岔弯股进站,入口速度 30

续上表

序号	名称	代号	频率(Hz)	含义
10	红白	HB	24.5	进站、接车进路信号机显示红灯及引导信号,入口速度20
11	绿3	L3	9.5	出发、接车进路信号机显示绿灯,入口速度45
12	绿4	L4	11	出发、接车进路信号机显示绿灯,列车经过9#道岔弯股出发,入口速度30
13	绿黄2	LU2	12.5	进站、接车进路信号机显示双黄灯,列车经过12#道岔弯股接车,入口速度45
14	绿黄3	LU3	13.5	进站、接车进路信号机显示双黄灯,列车经过9#道岔弯股接车,入口速度30
15	黄2	U2	16.5	出发、发车进路信号机显示黄灯,列车经过12#道岔弯股发车,入口速度45
16	黄3	U3	17.5	出发、发车进路信号机显示黄灯,列车经过9#道岔弯股发车,入口速度30
17	双绿	LL	18.5	出站信号机显示双绿,列车驶入支线
18	关机	G	7	超防和自停装置停用,机车信号显示白灯,可用于站内调车

3. 基本工作原理

在移频自动闭塞区段,按照运行列车占用闭塞分区的状态,迎着列车的运行方向,移频信息自动地向各闭塞分区传递信息。如图7-9所示,若下行线有两列列车A、B运行,A列车运行在1G分区,B列车运行在5G分区。由于1G有车占用,防护该闭塞分区的通过信号机7显示红灯,这时7信号点的发送设备自动向闭塞分区2G发送以26.8Hz调制的中心载频为2300Hz的移频信号。当5信号点的接收设备接收到该移频信号后,使通过信号机5显示黄灯。此时5信号点的发送设备自动地向闭塞分区3G发送以16.9Hz调制的中心载频为1700Hz的移频信号。当3信号点的接收设备接收到该移频信号后,使通过信号机3显示绿黄灯。同理,3信号点的发送设备又自动地向闭塞分区4G发送以13.6Hz调制的中心载频为2300Hz的移频信号,当1信号点的接收设备接收到此移频信号后,使通过信号机1显示绿灯。1信号点的发送设备会自动向5G发送11.4Hz调制1700Hz的移频信号。由于续行列车B已进入5G分区,该区段的接收设备接收不到11.4Hz调制1700Hz的移频信号,防护后续区段的信号机点红灯。道理同1G区段。此时B车司机可按绿灯显示定速运行。如果列车A由于某种原因停在1G

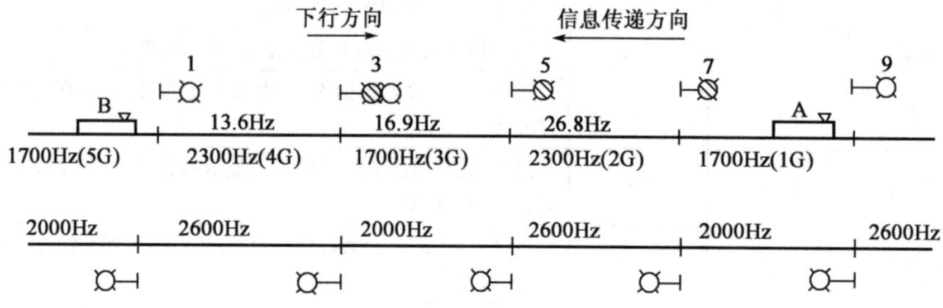

图7-9 移频自动闭塞的工作原理示意图

分区,续行列车 B 进入 3G 分区时,司机见到 5 信号机显示黄灯,则应注意减速运行。当续行列车 B 进入 2G 分区时,由于信号机 7 显示红灯,司机使用常用制动措施,使列车 B 能停在显示红灯的信号机的前方。这样,就可根据列车占用闭塞分区的状态,自动改变地面信号机的显示,准确地指挥列车的运行,实现自动闭塞。

4. ZPW2000A 型自动闭塞系统构成

(1)系统构成

系统构成如图 7-10。ZPW-2000A 的组成包括室内设备和室外设备两部分。室内部分包括发送器、接收器、电缆模拟网络等。室外部分包括调谐单元、空心线圈、匹配变压器、SPT 型铁路信号数字电缆和补偿电容等。

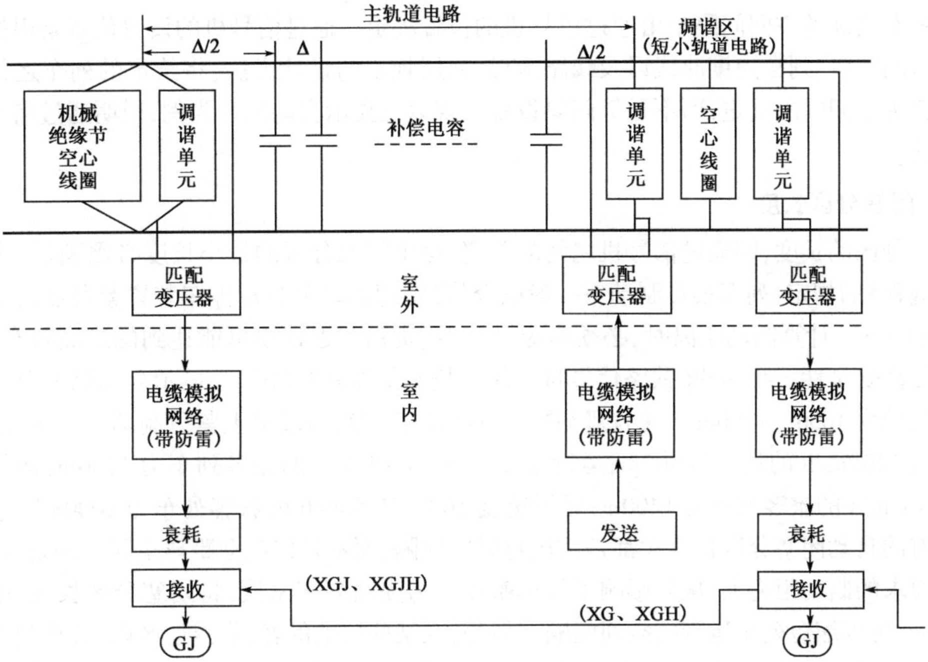

图 7-10　ZPW2000A 型自动闭塞系统构成图

(2)技术特点

ZPW-2000A 型无绝缘移频自动闭塞系统(简称 ZPW-2000A),采用了无绝缘移频轨道电路;为避开电气化区段牵引电流谐波对轨道电路信号的干扰,选用了 8 种较高的载频,其下行载频频率为:1700 -1(1701.4Hz),1700 -2(1698.7Hz),2300 -1(2301.4Hz)和 2300 -2(2298.7Hz),4 种载频交替使用;上行载频频率为:2000 -1(2001.4Hz),2000 -2(1998.7Hz),2600 -1(2601.4Hz)和 2600 -2(2598.7Hz),也是 4 种载频交替使用。频偏为 11Hz,如果载频频率为 2000 -1,它的频率就在 1990.4 和 2012.4Hz 之间来回偏移。

低频控制信号选用了从 10.3Hz 到 29Hz、每隔 1.1Hz 一个,即取 10.3Hz、11.4Hz、12.5Hz……一直到 29Hz,一共 18 个,分别代表了不同的信息。如果低频为 29Hz,就意味着载频每秒来回偏移 29 次。

ZPW -2000A 无绝缘移频轨道电路的电气绝缘节是一段 29m 的短小轨道电路。它是由空心线圈、29m 钢轨和调谐单元构成的谐振区。在谐振区内,对本区段的移频信号呈现高阻抗(几 Ω),有利于本区段信号的传输和接收;对相邻区段的移频信号呈现低阻抗(只有百分之几 Ω),能可靠地短路相邻区段的信号,防止越区传输,从而实现了相邻区段移频信号的电气绝缘。同时,还解决了全程断轨检查问题。

ZPW-2000A 型无绝缘移频自动闭塞有较高的安全度,可靠的分路保证。它具有断轨检查功能,能抗电气化大电流干扰,传输特性好,适用于无缝线路、双方向四显示以及发展列车自动控制的要求。

7.2.4 固定自动闭塞通过信号机的布置方法

固定自动闭塞是利用通过信号机的不同显示,指挥列车追踪运行的一种行车闭塞方式,两列续行列车之间的空间间隔是由通过信号机的位置决定。通过信号机的设置位置是根据规定的运行时间间隔、列车速度曲线以及线路地形,采用规定的设计方法,将给定的列车运行时间间隔换算为空间间隔确定,而不是等间隔设置。现以三显示自动闭塞为例,说明通过信号机的设置方法。

1. 闭塞分区长度

闭塞分区的长度,即通过信号机之间的距离,每个闭塞分区的最小长度必须满足《列车牵引计算规程》的规定,列车换算制动率一般取全值(常用制动和自动停车装置紧急制动的制动距离)的 80%。计算制动距离时,必须考虑区间客、货列车近远期可能达到的最高行车速度,以利于提高安全性。我国的《铁路信号自动闭塞技术条件》中规定“三显示自动闭塞分区的最小长度范围为 1000~1200m”。《技规》规定“列车在任何线路坡道上紧急制动距离为,运行速度不超过 120km/h 的列车为 800m;运行速度 120~140km/h 的旅客列车为 1100m;运行速度 140~160km/h 的旅客列车为 1400m;运行速度 160~200km/h 的旅客列车为 2000m”。目前,我国已有的自动闭塞分区长度大都是按运行时间间隔,而不是按制动距离空间间隔划分,一般均比所要求的制动距离大,从而影响了行车密度。为提高列车密度,将闭塞分区长度,按制动距离划分,可以缩短列车运行的空间间隔。但是,在某些繁忙的客、货混运区段,各种列车由于牵引类型、运行速度以及载重的不同,对制动距离要求相差很大。对于低速列车,制动距离短,则闭塞分区长度可以短些。对于速度高的旅客列车或重载货物列车,制动距离长,则闭塞分区长度要长些。随着列车速度和密度的不断提高,一方面要实现最小运行间隔,闭塞分区要短,以达到必要的行车密度。另外,闭塞分区长度又不能太短,以满足速度高的列车和重载列车制动距离要求,保证安全。

2. 三显示制式闭塞分区长度与列车运行间隔时间的关系

闭塞分区的最大长度(进站信号机前方除外),根据轨道电路安全及可靠动作的要求,最好不要超过轨道电路的极限长度,以免增加分割点的设备。进站信号机前方第一个闭塞分区的长度一般不小于 1200m,不大于 1500m。进站咽喉区的通过能力要符合区间的通过能力,尽量减少同向到达列车的间隔时间,也就是必须缩减越行时的停留时间。如果同向到达间隔时间大于列车在区间的同向运行间隔时间时,就不可避免地要使列车停在进站信号机外方。考虑到闭塞分区的长度必须符合制动距离的要求,制动距离在下坡道上可能大于 1500m,考虑到两架通过信号机的对称布置、显示距离和其他条件，在个别有充分根据的情况下，进站信号机前方的闭塞分区长度允许大于 1500m。

计算追踪间隔时间，一般选择在线路坡道大、列车运行速度低的困难区段。除在困难区段计算追踪间隔时间外，还应分别计算接发列车的车站同方向发车及同方向到达的间隔时间。然后将这三种间隔时间相互比较，取其中最大的数值，作为划分闭塞分区排列通过信号机位置的依据。

3. 区间通过信号机的布置原则

区间通过色灯信号机布置有以下 10 项原则。

①区间通过色灯信号机在以货运为主的线路上，应按货物列车运行速度曲线及时间点布置，但闭塞分区长度应满足较高速度旅客列车制动距离要求；在以客运为主的线路上，应按旅客列车运行速度曲线及时间点布置。

②一般情况下，应在两追踪列车之间以三个闭塞分区间隔布置通过信号机。在上坡道上，列车运行速度低，当按三个闭塞分区布置，追踪间隔时间增大时，可按两个闭塞分区布置；技术作业站及单线区间的中间站，发车时应按两个闭塞分区布置。

③区间通过信号机，应在车站进站、出站信号机位置确定后布置。

④为了节省投资及维修方便，上、下行方向的通过信号机，在不影响行车效率和司机瞭望的情况下，尽可能并列布置。

⑤在利用动能闯坡和列车停车后可能脱钩的处所，不宜设置通过信号机。在启动困难的坡道上，也应尽量避免设置通过信号机，如必需设置时，应装设容许信号。但进站信号机前方第一架通过信号机不得装设容许信号，装设容许信号的通过信号机应涂三条黑斜线，以便与其他通过信号机相区别。

⑥在大型桥梁上和隧道内，尽量避免装设通过信号机。凡需在这些建筑物出口处设置时，也应该距该建筑物保留一个列车长度的距离，如受通过能力和制动距离条件限制，不能按此要求装设信号机时，可与有关方面共同协商解决。

⑦通过信号机在正常情况下，应设置在便于司机瞭望的直线上，在最不利的条件下，信号机显示距离应不小于 200m。

⑧乘降所前后的通过信号机设置地点，应会同轨道交通有关单位共同研究确定，但不得影响通过能力。

⑨在无缝线路上设计自动闭塞时，对长钢缝接缝，即缓冲区，应详细调查了解，并应由轨道交通工务部门提供长轨的设计图纸，在不影响行车安全和效率的条件下，信号机尽可能设在长钢轨缓冲区的中心位置。如信号机布置的位置与缓冲区坐标相差很大时，应与工务部门协商锯轨或变更长轨的缓冲区位置。

在有计划装设自动闭塞的区段，设计无缝线路时，应预留自动闭塞通过信号机处的轨道电路绝缘轨缝，避免锯轨造成损失。

⑩信号机位置确定后，应进行编号，一般以信号机坐标公里数和百米数组成，下行编奇数，上行编偶数。例如：在 100km ~ 300km 处设置通过信号机，下行方向的编号为 1003，上行方向的编号为 1002。

7.3 移动闭塞

列车运行自动控制系统(简称列控系统)保证列车按照空间间隔运行的技术方法,靠控制列车运行速度的方式实现。运行列车间必须保持的空间间隔,首先是满足制动距离的需要,当然还要考虑适当的安全余量和确认信号时间内的运行距离。所以,根据列控系统采取的不同控制模式,会产生不同的闭塞制式。列车间的追踪间隔时间越小,运输能力就越大。

7.3.1 准移动闭塞

准移动闭塞一般是以数字信号技术为基础,利用钢轨或环线等作为地-车信息的传送载体。由于信号传输、处理过程的数字化,使系统具有信息量大,抗干扰能力强的特点。轨道电路可以向列车传递足够用于列车连续曲线速度控制的信息(包括目标速度、目标距离、线路状态、线路允许速度、轨道电路标号及长度等),车载设备可以实现对列车的连续曲线速度控制。

该系统减少了阶梯式控制的安全保护距离对列车运行间隔的影响,提高了列车控制的精度和行车效率,使得司机在驾驶中比较轻松,不需要进行频繁的制动、牵引,可以达到较好的节能效果,提高乘客的乘坐舒适度。

准移动闭塞方式的列控系统采取目标距离控制模式(又称连续式一次速度控制)。目标距离控制模式根据目标距离、目标速度及列车本身的性能确定列车制动曲线,不设定每个闭塞分区速度等级,采用一次制动方式如图 7-11 所示。

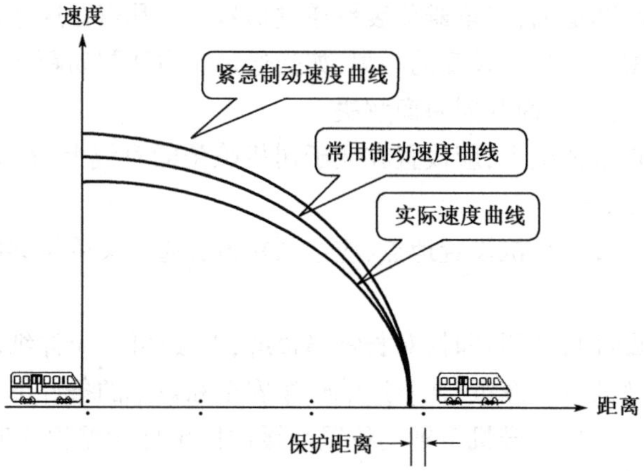

图 7-11 准移动闭塞的一级制动模式速度—距离曲线图

准移动闭塞的追踪目标点是前行列车所占用闭塞分区的始端,当然会留有一定的安全距离,而后行列车从最高速开始制动的计算点是根据目标距离、目标速度及列车本身的性能计算决定。目标点相对固定,在同一闭塞分区内不依前行列车的走行而变化,而制动的起始点随线路参数和列车本身性能不同而变化。

7.3.2　移动闭塞原理

移动闭塞利用无线通信技术，通过车载设备、传输媒介与车站或控制中心实现信息交换，能够实现高速度、大容量的地-车双向通信。由于没有预先设置的闭塞分区，不以固定闭塞分区为列车追踪的最小单元。此方式后续列车所知道的目标距离是距前车尾部的实际距离。因此，根据目标速度和目标距离随时调整的列车可行车距离为“连续式”，不像准移动闭塞系统的“跳跃式”。

系统较准移动闭塞系统具有较大的运用灵活性和较小的行车间隔。该系统硬件设备数量相对较少，通过能力也更高于准移动闭塞系统，并且有更好的列车运行的调整能力及系统对于运行紊乱的适应性。

移动闭塞是一种新型的闭塞制式，是实现 CBTC 的关键技术之一，CBTC 是移动闭塞制式的应用系统。移动闭塞是基于区间闭塞原理发展起来的一种新型闭塞技术。它与固定闭塞相比，具有诸多技术优点，最显著的特点是取消了以信号机分隔的固定闭塞区间。列车间的最小运行间隔距离由列车在线路上的实际运行位置和运行状态确定，所以闭塞区间随着列车的行驶，不断地向前移动和调整，故称为移动闭塞。

通过车载设备和轨旁设备不间断的双向通信，控制中心可以根据列车实时的速度和位置动态计算列车的最大制动距离。列车的长度加上这一最大制动距离并在列车后方加上一定的防护距离，便组成了一个与列车同步移动的虚拟分区，如图 7-12 所示。由于保证了列车前后的安全距离，两个相邻的移动闭塞分区就能以很小的间隔同时前进，这使列车能以较高的速度和较小的间隔运行，从而提高运营效率。

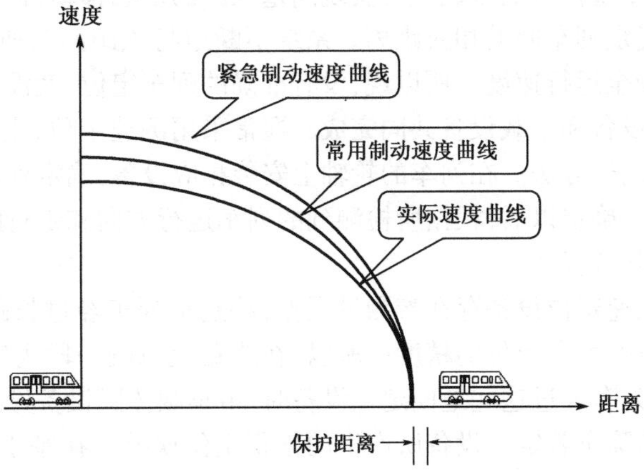

图 7-12　移动闭塞的一级制动模式速度—距离曲线图

线路上的前行列车经 ATP 车载设备将本车的实际位置，通过通信系统传送给轨旁控制器，并将此信息处理生成后续列车的运行权限，传送给后续列车的 ATP 车载设备。后续列车与前行列车总是保持一个“安全距离”。该安全距离是介于后车的目标停车点和确认的前车尾部之间的一个固定距离。在选择该距离时，已充分考虑了在一系列最坏情况下，列车仍能够被安全地分隔开来，如图 7-13 所示。

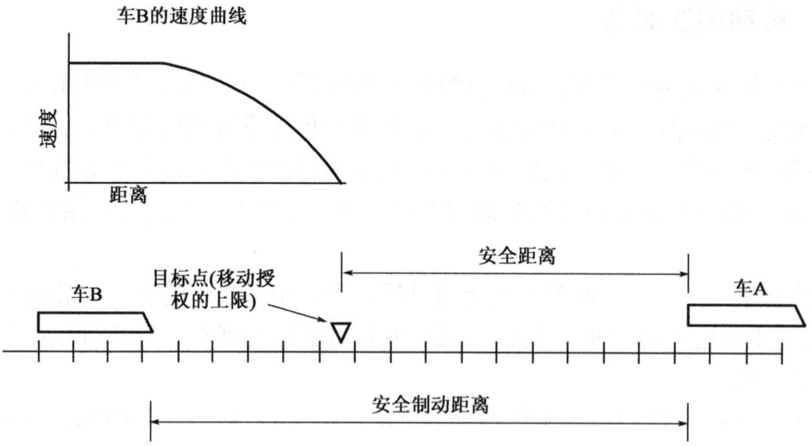

图 7-13　移动闭塞工作原理示意图

移动闭塞的线路取消了物理层次上的分区划分,将线路分成了若干个通过数据库预先定义的线路单元,每个单元长度为几米到十几米,移动闭塞分区即由一定数量的单元组成,单元的数目可随着列车的速度和位置而变化,分区的长度也动态变化。

移动闭塞系统中列车和轨旁设备必须保持连续的双向通信。列车不间断地向轨旁控制器传输其标识、位置、方向和速度,轨旁控制器根据来自列车的信息,计算、确定列车的安全行车间隔,并将相关信息(如先行列车位置、移动授权等)传递给列车,控制列车运行。

7.3.3　移动闭塞的列车定位

列车定位是移动闭塞技术的基础。要实现闭塞区间的动态移动,首先必须实时、准确地掌握列车的位置信息,确定列车间的相对距离。系统不断地将该距离与所要求的运行间隔距离相比较,确定列车的安全运行速度。所以说,没有准确的列车定位,就没有移动闭塞。

列车定位由地面设备和车载设备共同完成。通常采用测速定位,主要包括轮速(里程表)法和多普勒雷达法等测量方法。在列车的轮轴上安装相应设备,确定列车的走行方向和距离。一旦列车运行的起始点确定以后,根据所检测到的列车运行方向和走行距离,就可以精确地确定列车在线路上的实际位置。

但是,由于车载测速定位设备存在着测量误差,特别是列车经过长距离运行后,这个误差会不断地积累,直接影响列车定位的精度。所以,在线路上每隔一段固定距离,就需要安装一个地面定位设备。当列车经过这些地面定位设备时,由车载传感设备检测到该定位点,获知列车的确切位置,从而消除车载定位设备所产生的累积定位误差。在基于环线通信的移动闭塞系统中,感应环线每 25m 交叉一次。当列车通过环线交叉点时,可以检测到交叉点前后环线的信号相位发生了变化,从而判定列车经过该交叉点。由于感应环线交叉点间的跨度固定,所以列车每经过一个环线交叉点,就可以修正一次车轮转速计的测量误差,达到准确定位列车的目的。

7.3.4　移动闭塞的列车间隔

合理的列车间隔是移动闭塞系统安全运行的重要保证。移动闭塞的列车间隔比固定闭塞的列车间隔小，因为它取消了以信号机分隔的固定闭塞区间，列车间的最小运行间隔距离由列车在线路上的实际运行位置和运行状态确定。如图 7-14 所示，列车间隔包括安全制动距离和安全距离，下面分别讨论。

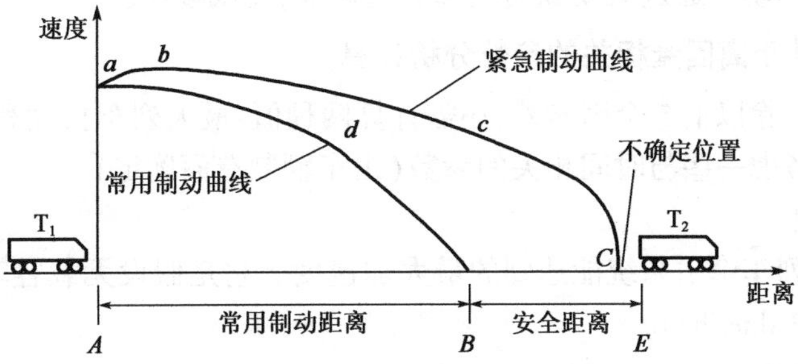

图 7-14　列车间隔的组成示意图

1. 影响安全制动距离的因素

列车运行安全制动距离设置，按照城市轨道交通系统闭塞设计和其他相关条件，安全运行间隔和轨旁超速控制程序，通过建立 ATC 系统列车运行安全制动距离（SBD）模型，轨旁 ATC 系统编程，实施车载曲线控制算法，生成适合的车载信号的数据。

SBD 模型的建立需要以下 5 个基本因素：车载设备反应时间、全加速时间、切断电源/惰行时间、制动建立和全减速，如图 7-15 所示。影响列车运行安全制动距离的 5 个因素是信号与列车进行接口联络时的主要依据，下面将介绍每个因素的定义和要求。

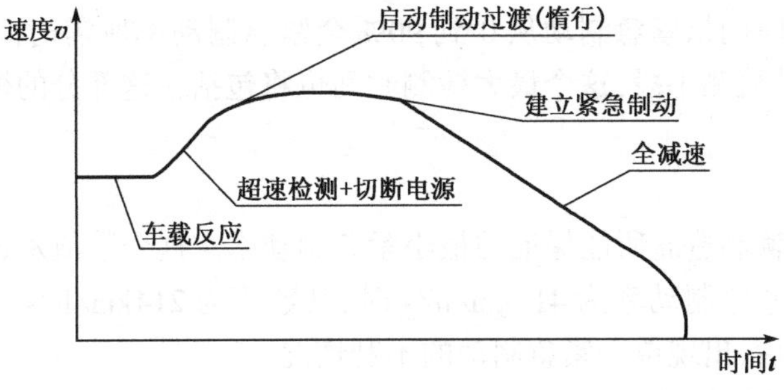

图 7-15　安全制动距离关系图

（1）车载设备反应时间

列车在超速状态下，由于车载信号设备进行译码和确认产生了延迟。最不利的情形是轨道电路再重新建立车载信号。此时还需考虑特殊情况下，如紧急停车、ATP 故障、在 ATP 能采取限制动作之前，车载信号译码间隔中丢失的车载信号。

（2）全加速时间

列车全速前进由 ATP 超速检测时间和车载切断电源保证时间组成。

（3）切断电源/惰行时间

列车完全依靠坡度和曲线的影响，进行加速和减速。如果切断电源保证时间，没有包括这一影响，它可能被切断电源时间覆盖，而且制动至少还没有到最小量。

(4)紧急制动建立

列车转换到全减速,假设产生一半的紧急制动率,由坡度和曲线调节。

(5)全减速

列车由确定的制动率通过坡度和曲线参数的调节,完成减速。

2. 与安全制动距离因素相关的参数分析计算

建立SBD模型,除以上5个因素外,还需计算两种值:最大列车长度和最小列车长度。在计算SBD时,还要考虑一些与时间相关的参数(由车辆制造商确定)。

(1)超强加速度

超强加速度指列车牵引系统能达到的最大加速度。它是假设无载客车辆时的加速度,一般的范围是410～418km/h/s。

(2)全常用减速率

全常用减速率指列车所能生成的最大全常用制动率。

(3)冲击率

冲击率指牵引系统或制动系统造成的最不利的冲击率。其值一般为219～410km/h/s。

(4)转换时间

转换时间指牵引/制动系统从惰行到制动转换时间的最不利情形,一般为12～110s。

(5)切断电源时间

切断电源时间指当紧急制动列车线断开时,从全加速到零加速转换的最不利情况,一般为12～110s。

(6)紧急制动建立的时间

紧急制动建立的时间指紧急制动从0到90%全紧急制动率所需时间的最不利情形。如果使用车轮打滑/空转检测手段,这个最大检测时间也将包括在这部分的模型中。一般的值为15～115s。

(7)紧急制动率

紧急制动率指车辆制造商所能保证的最小紧急制动率。这个数值永远小于全正常紧急制动率。一般在全正常紧急制动率为418km/h/s时,其数值为214km/h/s。这个数值必须考虑当紧急制动命令发出后,出现单一紧急制动的不利情况。

(8)车载信号速度命令逻辑

①每个闭塞分区应建立车载信号速度命令逻辑,以保证符合安全要求和时间间隔标准。

②所有速度命令都需要SBD,包括正线存车线内的速度命令。

③速度逻辑应允许列车接近一个显示停车和停留的联锁信号机。

④速度逻辑不允许列车的尾部超出限速区段的线路限速。

⑤当每个闭塞分区被占用时,应在其出口端发送一个速度命令,它应是一个从出口端起计算SBD的最大限速。但对该闭塞分区实施临时限速和对该闭塞分区实施紧急停车的情形除外。道岔和曲线线路超速必须强制实施,直到列车后端出清限速区域;一旦列车出清限速区域后,能立即加速。

(9)自动运行模式和自动调度逻辑

①对线路一端的终端站,提供三种自动终端运行模式并通过设计以减小延迟。应采用两条车站轨道,先进先出,仅使用北面车站轨道和只使用南面车站轨道(假设车站为南、北两道)。

②闭塞分区边界应位于接近联锁信号机和轨道终端缓冲器的地点,以保证 4 ~6 节的列车在越过信号机和冲撞车挡之前都能安全停车。

③根据中国地铁的标准,折返轨的长度为 24m,以此为依据设计 ATP 系统,使列车能安全和快速地进行折返。

3. 移动闭塞安全距离的计算

安全距离是基于列车安全制动模型计算得到的一个附加距离。它保证追踪列车在最不利条件下,能够安全地停止在前行列车的后方,不发生冲撞。所以,安全距离是移动闭塞系统中的关键,是整个系统设计的理论基础和安全依据。

在图 7-14 中,假定追踪列车 T_1,在 A 点以线路允许的最高速度运行,此时前方列车 T_2 处于 E 点。正常情况下,追踪列车开始进行常用制动,沿制动曲线 d,停止在 B 点。但是如果此时追踪列车 T_1 发生故障,没有开始制动,反而以最大加速度加速,直至车载控制器检测到列车速度超出了容许范围,如曲线段 a。此后,车载控制器启动列车紧急制动系统,在紧急制动力生效前,列车又沿曲线 b 运行了一段距离,然后制动力生效,列车沿曲线 c 紧急制动停止在 C 点。考虑到列车的定位误差、速度测量误差等不确定因素,列车停止的实际位置也有可能是 E 点。因此,将 BE 这段距离称作安全距离。

可以看出,安全距离是附加在列车常用制动距离上的一段安全富余量。列车行驶过程中,追踪列车和前行车始终保持一个常用制动距离再加上一个安全距离的移动闭塞间隔,确保在最不利条件下,追踪列车和前行列车不发生碰撞。安全距离与线路状况、列车性能等因素有关。在系统设计阶段,通常规定了系统能使用的最小安全距离,同时在满足运营时间间隔的前提下,采用比理论计算值大的安全距离,提高系统运行的安全性。

7.3.5　移动闭塞的技术特点与优势

1. CBTC 移动闭塞的技术特点

CBTC 移动闭塞 ATC 系统通过地车之间双向、连续、高效的信息通信,使车载信号设备的信息能够和地面轨旁信号设备信息进行交换,从而有效地确定列车位置,并计算出前后列车间的相对距离。列车间隔按后续列车在当前速度下所需的制动距离,加上设定的安全距离计算和控制,最终确保前后列车的安全追踪间隔。

移动闭塞系统不需要预先设置固定的闭塞分区,而是根据实际运行速度、制动曲线以及列车的相对位置等信息,实时动态地计算出相邻列车之间的安全间隔距离(常用制动距离和安全距离)。因此,移动闭塞与固定闭塞相比,列车运行间隔能够大大减少;与准移动闭塞相比,则具有更大的运用灵活性和更小的行车间隔,具备了更大运行调整能力,并能最大限度地提高区间通过能力。由于系统信息传递不依靠轨道电路,线路不用被固定划分成闭塞分区,列车的间隔为动态,并随着前一列车的移动而移动,制动的起始点和终点为动态,列车间隔确保不追尾。

移动闭塞 ATC 系统一般采用交叉感应电缆环线，或者漏缆、裂缝波导管以及无线的方式实现地车双向数据传输，检测列车位置，使地面信号设备可以实时地得到每一列车的连续位置信息和其他有关信息，据此计算出每一列车的运行权限、动态更新，并发送给列车。列车根据接收到的运行权限和自身运行状态，计算出列车运行的速度曲线，车载设备保证列车在该速度曲线下运行，ATO 子系统在 ATP 保护下，控制列车的牵引、巡航及惰行、制动。追踪列车之间，实时保持着一个安全的追踪距离。列车安全间隔距离信息，根据最大允许车速、当前停车点位置、线路等信息计算。信息被循环更新，以保证列车不间断地收到即时信息。

2. CBTC 移动闭塞的优势

移动闭塞较固定闭塞系统具有表 7-2 概括的具体差异。

固定闭塞和移动闭塞的具体差异对比表 表 7-2

项　目	固定闭塞	移动闭塞
1. 控制概念	中心经过联锁再对列车	中心直接对列车
2. 设计运行间隔	较大	较小
3. 实际运行间隔 与后续列车速度	较大 有关	较小 无关
4. 轨旁设备	轨道电路 + 变压器	环线 + 变压器
5. 列车检测	轨道电路	环线 + 通信
6. 车站定点停车	外加环线或标志器	无须外加设备
7. 地车通信： 地面对列车 列车对地面	有 仅在站内股道	有 全线都有
8. 信息量	受限	较大
9. 运行方式	一般	灵活
10. 方向运行	困难，性能受限	可以
11. 一次投资	相当	相当
12. 维护成本	一般	较低
13. 节能	一般	较好
14. 扩容及延伸投资	一般	较低
15. 技术更新	不易	较易
16. 灵活性	较差	可与既有系统接口或叠加
17. 国产化	一般	较易

移动闭塞比传统的固定闭塞具有如下六项优势:

①固定闭塞的轨道电路工作稳定性易受环境影响,如道砟阻抗变化、牵引回流干扰等。移动闭塞不受此影响。

②固定闭塞的轨道电路传输信息量小,要想增加信息量,只能通过提高信息传输的频率。但是传输频率过高,钢轨的集肤效应会导致信号的衰耗增大,从而导致传输距离缩短。而且,利用轨道电路难以实现车对地面的信息传输。基于通信的移动闭塞在信息传输上采用现代通信技术,实现列车与轨旁设备实时双向通信且信息量大。

③固定闭塞的闭塞分区长度按最长列车、满负载、最高速度、最不利制动率等不利条件设计,分区较长,且一个分区只能被一列车占用,不利于缩短列车运行间隔。移动闭塞根据列车实际速度和相对距离等调整闭塞分区长度,尽可能缩小列车运行间隔,从而提高了行车密度,使得轨道交通运营公司有条件实现"小编组、高密度"的新型行车组织模式。

④从投资的角度看,初期投资移动闭塞核心技术采用软件实现,使得其在硬件设备数量方面,大大低于传统的固定闭塞系统,选用移动闭塞能在建设初期以最大的性价比得到当今最先进的技术,综合造价低。维护资金上,由于移动闭塞可以做到在室外除了感应环线电缆外没有任何硬件设备,日常维护费用及工作量都显著地减少。此外,由于系统多由软件构成,易于扩容,还能为以后的扩容、改造及设备升级节省大量资金。

⑤移动闭塞的节能,主要通过缩短列车间隔的性能实现。移动闭塞使轨道交通系统的实际通过能力大大提高(通常可比固定闭塞高出40%),无论在高峰期还是在非高峰期,系统可通过对列车速度曲线的调整和控制,达到最大限度减少不必要的制动、平衡全线加速(或减速、停站时间等),实现节能。通常在运行高峰期,系统可通过利用增加的列车间隔余量,避免不必要的制动节能;非高峰期则通过降低站间列车平均速度节能(在这种情况下,可根据需要,减少停站时间以保证列车全线运行时间)。

⑥系统的可靠性高于其他制式的闭塞方式。尤其是CBTC闭塞系统的可靠性和安全性的要求更高,可以实现从车站或控制中心对列车的直接监控,从而极大地提高系统的可靠性和优化运营管理。

思考题

1. 简述区间行车的概念。
2. 简述自动闭塞的基本原理。
3. 什么是三显示自动闭塞和四显示自动闭塞?
4. 在什么运行情况下应用四显示自动闭塞?
5. 简述移动自动闭塞与准移动闭塞的区别。
6. 简述移动自动闭塞的基本原理。

◁第 8 章　车站信号控制系统与机车信号

轨道交通是以轨道、机车车辆和通信信号技术等为基础设备，以沿线车站为生产基地，完成旅客和货物运输任务的庞大系统。本章主要介绍车站信号控制系统、车站计算机联锁系统和机车信号。车站联锁系统的主要功能是以技术手段保证车站行车安全。机车信号装在机车司机室内，能显示与地面信号机同样的信号，保证了行车安全，提高了运行效率，也改善了司机的工作条件。

8.1　车站信号控制系统

在车站范围内，列车和调车车列(以下简称车列)由某一指定地点运行至另一指定地点所经过的路段称作进路。此时，保证行车安全就是保证列车或调车车列在其进路上运行的安全。因此，要保证行车安全，列车或车列在驶入进路之前，必须确认进路是在空闲状态，必须确认进路上的所有道岔的位置正确，而且被锁定在正确的位置，防止由于震动或扳动道岔而使运行中的列车或车列脱轨，同时必须确认其他列车或车列不会从正面、侧面和尾部闯入进路而造成撞车事故。只有上述三个条件都满足时，列车或车列才会收到允许信号，从而驶入进路。或者说只有在条件满足时，防护该进路的信号机才有开放的可能。

当一条进路的始端和终端确定后，也确定了检查进路空闲的范围及需要检查的道岔状态。一个车站，根据站场结构和作业情况，可以划分成许多进路。信号、道岔和进路之间，需要建立一定的制约关系(或条件)，才能保证行车安全。

8.1.1　进路与信号机

1. 车站股道与道岔

车站是有站线的分界点。由于车站的技术作业不完全相同，所以车站有中间站、会让站、越行站、区段站和编组站之分。车站按其业务性质又可分为客运站、货运站和客货混合站。

车站是办理客货转运作业的基地。一般由许多线路组成，它除了有与区间直接连通的正线外，还配有站线及特别用途线。站线包括：供接发旅客列车或货物列车用的到发线；供解体或编组货物列车用的调车线和牵出线；办理装卸作业的货物线；办理其他各种作业的线路，如机车走行线、存车线和检修线等。特别用途线是指为保证行车安全而设置的安全线和避难线。在这些路线之间用道岔连接，使机车车辆能从一条线路转向另一条线路。车站股道两端是道岔汇聚的区域，被称为咽喉区，是车站技术作业最繁忙的地方。

此外,还有一些不属于车站管辖范围但与车站连接的线路,如通向工矿企业或仓库的线路,即专用线和机务段、车辆段等管辖的线路,即段管线。

两条股道汇合在一起时,两汇合股道中心相距 4m 的地方应设置安全标志,即警冲标,如图 8-1、图 8-2 所示。4m 值根据机车车辆限界 3.4m 再加上一些富裕间隙确定。列车进站在股道上停车时,其尾部(一般指车钩)必须越过警冲标,由另一咽喉开来的停站列车,其头部不得越过警冲标,否则会妨碍其他机车车辆由另一股道进出,造成两列车侧面冲突的危险。图 8-1 中 S 为线间距离。

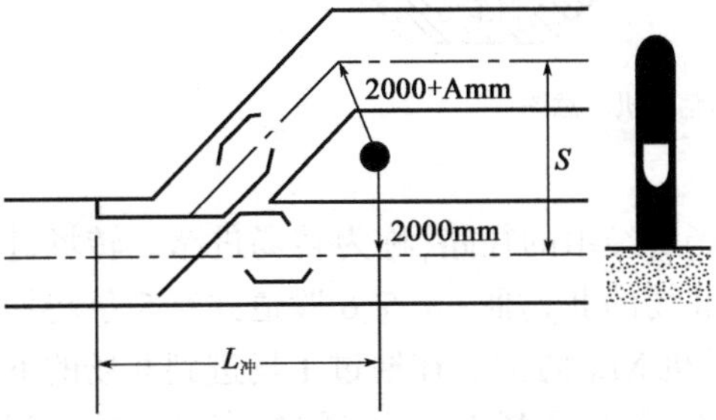

图 8-1　警冲标示意图

图 8-2　警冲标实例图

城市轨道交通的大多数车站只有上、下旅客的功能,站场线路布置比较简单。因此仅有两条到发线和区间线路直接连通,一般不进行调车作业,也不设置道岔,这类车站被称为无岔车站。

在城市轨道交通的每一条线路,需要设置一些可以进行折返作业的有岔车站,以便机车车辆折返运行。另外,需要设置存放车辆的车站,用于存放营运车辆和检修车辆等。

2. 列车进路与列车信号机

车站的技术作业可分为列车作业和调车作业两类。列车作业主要是指列车的接车、发车、转场和通过作业;调车作业是指车辆的解体和编组、摘挂车辆、机车车辆转线及机车出入库等。

按作业性质,进路的种类大体上可分为列车进路和调车进路两类。列车进路又可划为接车进路、发车进路、转场进路和通过进路。凡是列车进站所经由的路径称为接车进路;列车由车站发往区间所经由的路径称为发车进路;列车由车站的一车场开往另一车场所经由的路径称为转场进路;列车由车站正线通过由正线接车进路和正线同方向发车进路组成的进路称为通过进路。各种不同性质的进路,应由不同用途的信号机进行防护。

(1)进站信号机

为了防护车站,指示列车能否由区间进入车站,在车站的入口处设置的信号机称为进站信号机。它的具体位置设在车站最外方道岔尖轨尖端(顺向为警冲标)不小于 50 m 的地点,如因调车作业和制动距离的需要,可适当外移,但一般不宜超过 400 m。

进站信号机实际上用来防护接车进路。如图 8-3 中的下行进站信号机 X 防护三条接车进路:其中 I_A 是下行正线接车进路;7、8 股道是站线(也叫侧线)接车进路。这些接车进路的始点由进站信号机 X 开始,终点至股道另一端的能起阻拦作用的列车信号机止。如无列车信号机时,则至股道末端的警冲标。因为这三条接车进路的始端在同一地点,所以可共同用一架进站信号机防护。

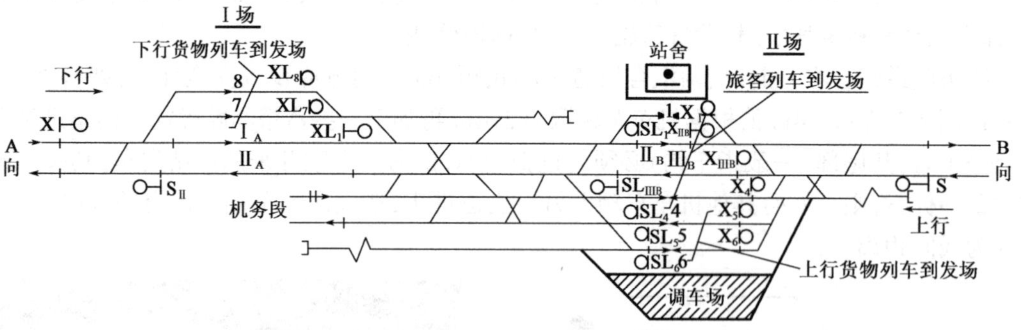

图 8-3　列车进路与列车信号机示意图

(2)进路信号机

在图 8-3 中,列车由Ⅰ场至Ⅱ场或由Ⅱ场至Ⅰ场所经由的径路,称为转场进路。转场进路要设置进路信号机防护。例如由Ⅰ场的Ⅰ$_A$ 股道至Ⅱ场的Ⅱ$_B$、Ⅲ$_B$、4、5、6 股道共有 5 条转场进路,在这 5 条转场进路的共同始端,设一架进路信号机 XL_1 防护。在通过Ⅰ场进到Ⅱ场的下行列车,如下行旅客列车和下行有改编作业的货物列车,都由Ⅰ场Ⅰ$_A$ 股道通过,直接被接入到Ⅱ场的 1 道、4 道(旅客列车)或 5 道、6 道(货物列车)。这说明以 XL_1 为始端的转场进路都是接车转场进路,因此,称 XL_1 为接车进路信号机。

下行无改编作业的货物列车要接入Ⅰ场的 7 道和 8 道,更换机车后,由Ⅰ场转到Ⅱ场,经由Ⅱ场Ⅱ$_B$ 股道发车。由此可见,由Ⅰ场的 7 道、8 道到Ⅱ场去的转场进路各有一条。因为这两条转场进路的始端不在同一地点,所以,要分别设置两架进路信号机 XL_7 和 XL_8 防护。因为这两条是发车转场进路,所以称 XL_7 和 XL_8 为发车进路信号机。

接车进路信号机和进站信号机一样,都必须设有引导信号,而发车进路信号机和出站信号机一样,都不需要设引导信号。

(3)出站信号机

在图 8-3 中,下行列车都从Ⅱ场向 B 向发车。因此,只有在Ⅱ场才设有下行出站信号机。根据Ⅱ场各股道的用途,指定能发车的股道有 1、Ⅱ$_B$、4、5 和 6 共五股道。列车出站时所经过的径路,称为发车进路。发车进路要设置出站信号机防护。因为这五条发车进路的始端不在同一地点。所以要在每一条发车股道列车停车地点前方适当地点,设出站信号机防护,如 X_1、$X_{Ⅱ}$、X_4、X_5 和 X_6。发车进路的终端(双线区段)为站界标。出站信号机除防护发车进路外,还要防护闭塞分区或所间区间或站间区间。

办理下行通过列车时,要开放 X、XL_1、$X_{ⅡB}$ 三架信号机,使之由Ⅰ$_A$ 和Ⅱ$_B$ 正线通过。上行列车的进站信号机是 S,发车进路信号机有 $SL_{ⅢB}$、SL_4、SL_5 和 SL_6,出站信号机是 $S_{Ⅱ}$。

在信号机的编号中,"X"表示下行,"S"表示上行。没有数字注脚的是进站信号机。有数字注脚的表示属于哪一股道的出站信号机,注有"L"的为进路信号机。凡是在正线上设置的列车信号机,都用高柱信号机。凡在站线设置的列车信号机,准许使用矮型信号机。

3. 调车进路与调车信号机

图 8-4a)中,假设有一车组(去向相同的几节货车连挂在一起,称为车组),从股道ⅢG 转

送到股道 2G。为了完成这一调车作业，机车车辆应首先从ⅢG 向咽喉区调出，直到机车车辆全部越过 19 号道岔后才可停车，这一行程是这一调车作业的第一行程，此进路称为牵出进路。为了防护这一条调车进路，在进路的始端，即在 19 号道岔警冲标内方应设一架调车信号机。因为ⅢG 是到发线，设有出站信号机，所以该调车信号的灯光装在出站信号机上，称为出站兼调车信号机，如果ⅢG 不是发车线，则应设调车信号机。出站兼调车信号机按出站信号机编号，上行编为 $S_{Ⅲ}$。待通向 2G 的进路排通后，机车车辆即可向 2G 驶去。这个行程是这一调车作业的第二行程，此进路称为折返进路。第一行程和第二行程的分歧道岔是 19 号，称为折返道岔。为了防护折返进路，在 19 号道岔尖轨前面应设一架调车信号机，如图 8-4a）中的 D_{17}，调车信号机的编号与道岔的编号一样，由站外向站内依次编号，下行咽喉区编为奇数，上行咽喉区编为偶数。

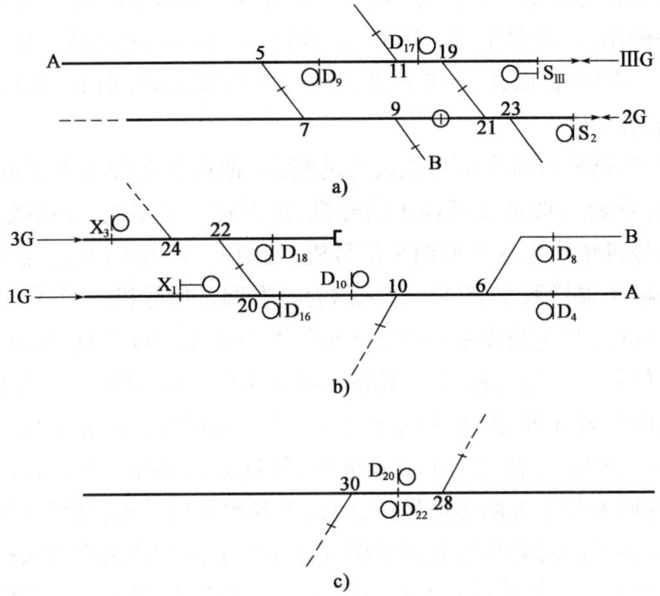

图 8-4　调车进路与调车信号机设置图

因此只要设置信号机 $S_{Ⅲ}$ 和 D_{17}，就能指挥上述的牵出进路和折返进路的调车作业，并能保证调车进路的安全。同理，为了指挥由 2G 向ⅢG 转送车辆的作业，并保证其安全，在 23 号道岔警冲标内方适当地点也需要设置出站兼调车信号机 S_2。由此看来，从保证安全的角度出发，股道 2G 和ⅢG 之间的转线调车作业只需要三架调车信号机 S_2、$S_{Ⅲ}$ 和 D_{17} 防护就可以实现。但还需要从提高车站线路设备运用效率的角度考虑。根据咽喉线路布置情况，道岔 19 和道岔 5 相距较远，其间能容纳一个短的车组。当车组牵出在 D_{17} 调车信号机外方停留期间，如果道岔 5 不被占用，则应允许通过道岔 5 办理其他列车或调车进路。如图 8-4a）所示，经由 5/7 道岔反位的 A-B 进路。为了保证这条 A-B 进路的安全，在道岔 5 警冲标内方设一架调车信号机 D_9，用它阻拦由股道牵出的车组，使之不越过信号机 D_9，即 D_9 具有阻拦作用，使股道牵出调车进路与 A-B 进路隔离，使之能够同时进行平行作业。

综上所述，根据调车作业需要，可以归纳为 3 种不同用途的调车信号机。

(1)调车起始信号机

这类信号机设于一个完整的调车作业的起点,如 S_2、$S_{Ⅲ}$。故由股道、专用线、牵出线、机待线、调车场以及机务段等处向咽喉区调车时,都需要在调车进路的始端设置调车起始信号机。

(2)调车折返信号机

又称回程信号机,这类信号机用来指挥机车车辆折返,如 D_{17}应设在折返道岔的尖轨尖端与基本轨接缝的地方,以便缩短调车行程、提高作业效率。应当注意的是,不仅仅股道与股道间的调车转线作业含有折返行程,其他如调车场与到发线之间,机务段与专用线之间许多调车作业都可能包含折返过程。因此,布置折返信号机时应从多方面去考虑。

(3)调车阻拦信号机

将称目标信号机,设置这类信号机的目的是为了增加平行作业,以提高车站通过能力,如 D_9。

将调车信号机划分为以上三种,只是为了在布置调车信号机时有所遵循,但并不是说一架信号机只能起到一种作用,如图 8-4b)中,D_{16}是股道 1G 和 3G 之间转线作业用的折返调车信号机,D_{10}是阻拦调车信号机;而在 A 和 B 之间进行转线作业时,则 D_{10}是折返调车信号机,而 D_{16}就成为阻拦调车信号机。

为了方便叙述,根据各种调车信号机设置的特点,把设置在股道头部的调车信号机,如图 8-4b)中的 X_1 和 X_3 统称为股道头部调车信号机;把设置在牵出线、专用线、机待线、机车出入库线等处的调车信号机统称为尽头型调车信号机,如图 8-4b)中的 D_{18}。而把在咽喉区中间设置的折返调车信号机和阻拦调车信号机又统称为咽喉调车信号机。当两架背向的咽喉调车信号机之间有一无岔区段(规定长度不得少于 50m)时,如图 8-4b)中 D_{10}和 D_{16},则称这两架调车信号机为差置调车信号机。与其相对应,称图 8-4c)中的咽喉调车信号机 D_{20}和 D_{22}为并置调车信号机。它们之所以要并置,因为它们之间由于线路的限制,划分不出一段不小于 50m 长的无岔区段。图 8-4a)中的两背向调车信号机 D_{17}和 D_9之间不是一个无岔区段,而是包含道岔的道岔区段,所以它们不是差置调车信号机,而是单置调车信号机,其特点是:不但没有与其并置的背向信号机,且在其前后的轨道电路区段都是包括道岔的轨道电路区段。

区分上述各种调车信号机的设置特点不仅仅是为了叙述方便,由于它们设置的特点不同,控制它们的联锁条件也不完全一样。

4. 进路的划分

进路划分的目的主要是两方面,一方面要了解上述各种不同性质的进路的概念和各种不同用途的防护信号机;另一方面要了解进路具体划分方法,即确定各种进路的始端和终端。因为,一旦一条进路的始端和终端确定,就明确了进路的范围,也就确定了信号机所防护的范围。从联锁角度来说,也就明确了检查进路空闲的范围及检查道岔的位置和状态等内容。

(1)列车进路的始端和终端

列车进路的始端处应是防护该进路的列车信号机,而其终端处以同方向的列车信号机为界,在进路的终端处无信号机时,以车挡、站界标或警冲标(不设出站信号机的车站)为界。如图 8-5 所示。

①上行Ⅱ股道接车进路的始端是上行进站信号机 S,终端是上行Ⅱ股道上的上行出站信号机 $S_{Ⅱ}$,接车进路的范围是从 S 至 $S_{Ⅱ}$,其中包括Ⅱ股道。

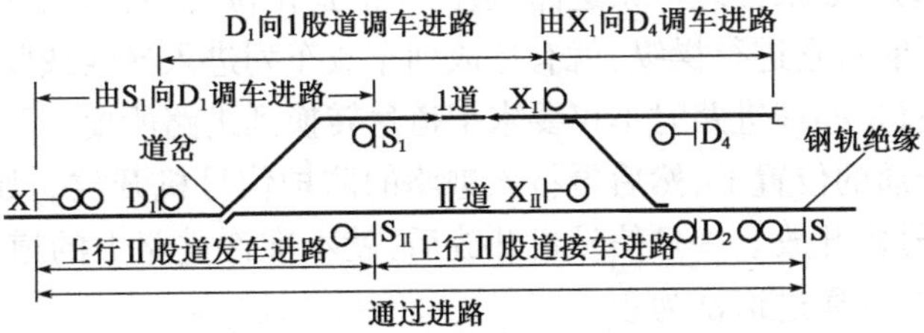

图 8-5　进路的划分示意图

X-下行进站信号机；D_1-1 号调车信号机；S_1-上行 1 道出站信号机；$S_Ⅱ$-上行 Ⅱ 道出站信号机；X_1-下行 1 道出站信号机；S-上行进站信号机；$X_Ⅱ$-下行 Ⅱ 道出站信号机；D_4-4 号调车信号机；D_2-2 号调车信号机

②上行Ⅱ股道发车进路的始端是上行出站信号机 $S_Ⅱ$，终端是 X，上行Ⅱ股道的发车进路的范围是从 $S_Ⅱ$ 至 X，其中不包括Ⅱ股道。

③上行Ⅱ股道通过进路的始端是上行进站信号机 S，终端是 X，通过进路的范围是从 S 至 X，其中包括Ⅱ股道。

(2) 调车进路的始端和终端

调车进路的始端一般是防护该调车进路的调车信号机和出站兼调车信号机，而终端大致有以下几种情况。

①由到发线向咽喉区调车的终端。

在图 8-5 中，由 1 股道向 D_1 调车，进路的始端是 1 股道上行出站兼调车信号机 S_1，进路的终端是下行进站信号机 X，其中包括无岔区段。

②由咽喉区的调车信号机向股道调车的终端。

在图 8-5 中，当由 D_1 往 1 股道调车时，进路的始端是 D_1，终端为 1 股道的下行出站兼调车信号机 X_1，进路的范围为 D_1 至 X_1，包括 1 股道。其中虽然包括了 1 股道，但根据调车作业的特点，在股道停留车辆情况下，允许向股道办理调车进路，即可以不检查股道空闲状况。

③往无岔区段调车进路的终端。

在图 8-5 中，X 和 D_1 之间线路为一段无岔区段。当由 S_1 向 D_1 调车时，该调车进行始端是出站兼调车信号机 S_1，X 是该进路的终端。无岔区段允许暂存车辆，所以往无道岔区段调车可以不检查无岔区段空闲状况。

④由咽喉区调车信号机往牵出线调车进路的终端。

在图 8-5 中，由 X_1 往牵出线调车时，该进路始端是 X_1，进路的终端是牵出线的车挡。根据调车作业特点，往牵出线调车可以不检查牵出线空闲。

根据调车作业需要，有时需要同时开放几架同方向调车信号机才能达到调车目的。把需要同方向几架调车信号机同时开放的调车进路称作长调车进路（又称复合进路），它是由两条或两条以上调车进路组成。

8.1.2　道岔、进路和信号机之间的联锁

1. 联锁的定义

无论是列车进路还是调车进路，总是由某一指定地点运行到另一指定地点，沿途要经过一组或多组道岔。因此，由道岔的位置决定一条进路，在进路的入口处设有信号机进行防护。道

岔是线路上可动作部分，如果办理一条进路，进路中的道岔位置不正确，或者位置虽然正确，但在进路使用过程中还能对它进行操纵，就有造成列车或车列进入异线或脱轨的危险。

所谓建立进路，就是办理进路时不仅要求把道岔转换到进路所要求开通的位置上，而且必须将道岔锁在进路开通的位置上，然后再将该进路的防护信号机开放。如果进路上的道岔位置不正确，则不准信号机开放。一旦信号机开放后，就不准许进路上的道岔再变动位置，直至信号机关闭，列车或车列通过道岔为止。

一条进路可以走上行车也可以走下行车，在这条进路上分别由上行和下行两架信号机防护。显然，同时建立上行进路和下行进路是敌对进路关系。所以，在开放上行信号机之前，下行信号机必须在关闭状态；一旦上行信号机开放后，就禁止下行信号机再开放，一直到上行车进入进路，上行信号机关闭，检查机车车辆确实通过，并出清了进路，才解除对下行信号机控制。从而防止从正面、尾部闯入进路而造成撞车事故。

为了保障列车或调车车列在其进路上运行的安全，在进路、道岔和信号机之间存在某些互相制约的关系，而且必须按照一定的程序才能动作和建立。通常把这种互相制约关系和程序称为联锁。

在《铁路信号名词术语》中，联锁的定义是："通过技术方法，使信号、道岔和进路必须按照一定程序并满足一定条件，才能动作或建立起来的相互关系。"从联锁的定义中可以看出，联锁就是指车站联锁，车站联锁的目的是保证车站范围内行车和调车作业的安全，所以必须满足故障-安全的要求。

"信号、道岔和进路"是联锁对象，"必须按照一定程序并满足一定条件"是联锁规则，"动作或建立起来的相互关系"是联锁结果。联锁规则应该包括用户需求和技术条件，联锁结果就是产生的控制命令。

联锁必然存在于两个对象之间。例如：道岔和信号机之间的联锁，上行信号机与下行信号机之间的联锁等。联锁存在于两个对象之间，而且又相互制约，因此，两个对象之间是一种互锁的关系。

联锁包括：道岔与进路、道岔与信号机、进路与进路、进路与信号机及信号机与信号机的联锁。

2. 道岔、进路和信号机之间的基本联锁的内容

(1)道岔、进路间的联锁

道岔有定位和反位两个位置，进路有锁闭和解锁两个状态。道岔位置正确，进路才能锁闭，进路解锁后，道岔才能改变工作位置。这就是存在于道岔和进路之间的基本联锁关系，这种关系如图 8-6 所示，进路表见表 8-1。

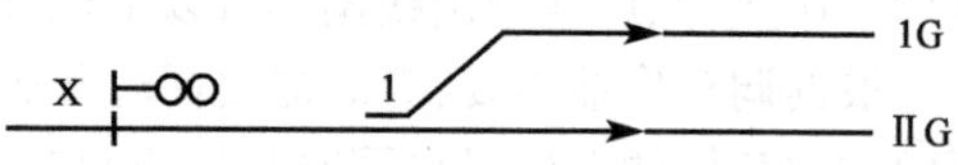

图 8-6　道岔与进路间的联锁关系图

道岔与进路间的联锁关系表　表 8-1

进路号	进路名称	道岔
1	1 道下行接车进路	(1)
2	Ⅱ道下行接车进路	1

在图 8-6 中,进路 1 是 1 道下行接车进路,进路 2 是Ⅱ道下行接车进路。进路 1 要求道岔 1 在反位;进路 2 要求道岔 1 在定位。表 8-1 中道岔带括号为反位,不带括号为定位。表 8-1 中表示的关系为,进路 1 与道岔 1 之间有反位联锁关系,即道岔 1 不在反位,进路 1 就不能锁闭;反之,当进路 1 锁闭后,把道岔 1 锁在反位位置上,不准道岔 1 再变位。进路 2 与道岔 1 之间有定位联锁关系,即道岔 1 不在定位,进路 2 就不能锁闭;反之当进路 2 锁闭后,把道岔 1 锁在定位位置上,不准道岔 1 再变位。

上述定位锁闭关系称为定位锁闭,反位锁闭关系称为反位锁闭。简而言之,定位锁闭即 A 不在定位,B 不能反位;B 反位后,把 A 锁在定位;反位锁闭即 A 不在反位,B 不能反位,B 反位后,把 A 锁在反位。

有时,进路范围以外的道岔也与该进路有联锁关系,这样的道岔称为防护道岔,如图 8-7 所示。“防护道岔”是指与接发列车进路衔接,并能将邻线隔开的道岔,即能将本线进路与邻线接发车进路隔开的道岔,称为防护道岔。如果 X 进站信号机前方制动距离有较大的下坡道(6‰以上),列车进站后可能停不住车,为防止与上行Ⅱ股道接车进路上的列车发生侧撞事故,在下行 1 道接车进路的延续进路中有一安全线。道岔 4/6 虽不在 1 道下行接车进路上,但如果允许在道岔 4/6 反位的情况下,建立上行 3 道的接车进路,当该进路列车进站,行驶在 2 号道岔间,有可能与下行 1 道的列车相撞。因此,道岔 4/6 虽属上行 3 道接车进路以外的道岔,也要求道岔 4/6 与上行 3 道的接车进路建立联锁关系,即道岔 4/6 不在定位,禁止进路 3 锁闭(即禁止防护进路 3 的信号机开放),一旦进路 3 锁闭,禁止道岔 4/6 变位,即把道岔 4/6 锁在定位位置。在道岔 4/6 锁在定位后,使进路 1 与进路 3 隔离,消除了上述的危险性。防护道岔与进路的联锁关系用中括号表示,[4/6]表示道岔与进路 3 为定位锁闭关系。若是反锁闭,则用([4/6])表示。进路表如表 8-2 所示。

防护道岔与进路的联锁关系表　　表 8-2

进　路　号	进 路 名 称	道　　岔
1	1 道上行接车进路	2,(4/6)
2	Ⅱ道上行接车进路	2,4/6
3	3 道上行接车进路	(2),[4/6]

(2)道岔与信号机间的联锁

因为进路由信号机防护,故道岔与进路间的联锁也可以用道岔与信号机之间的联锁描述。

如图 8-8 所示,信号机 X 防护着两条进路,一条是 1 道下行接车进路,要求 1 号道岔在反位;另一条是Ⅱ道下行接车进路,要求 1 号道岔在定位。因此信号机 X 与道岔 1 之间的联锁关系,既有定位锁闭关系,又有反位锁闭关系,称为定反位锁闭,记为“1,(1)”。进路表如表 8-3 所示。

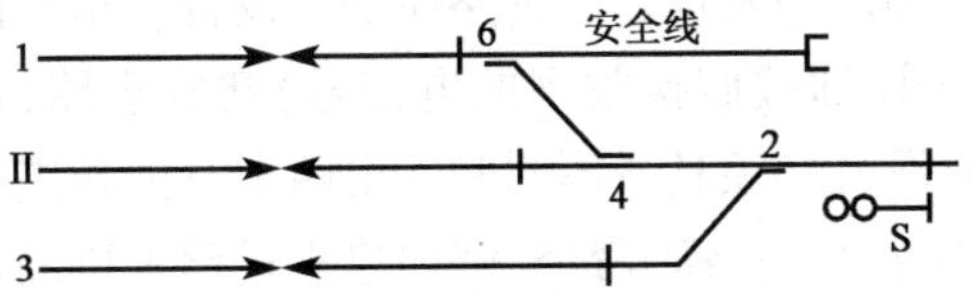

图 8-7　防护道岔示意图

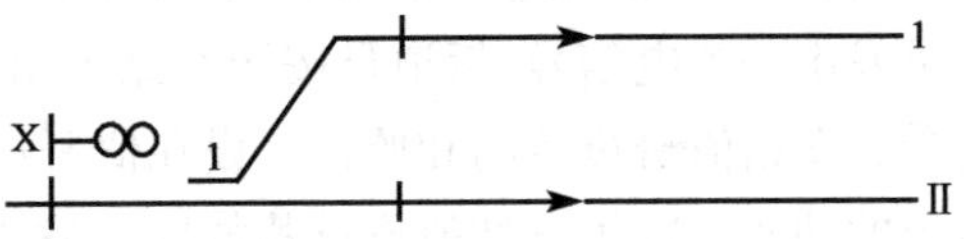

图 8-8　道岔与信号机的联锁

道岔与信号机间的联锁关系表　　表 8-3

信号机	信号机名称	道岔
X	下行进站信号机	1,(1)

定反位锁闭意味着道岔 1 在定位时,允许信号机 X 开放;在反位时也允许信号机开放。道岔在不正常状态(道岔不密贴或被挤等),不允许信号机开放。

锁闭信号机有两种不同的办法,一是锁操纵信号机的握柄(机械操纵器件),即道岔位置不对,把信号握柄锁住,使之不能扳动;二是锁控制信号机灯光用的信号继电器,如道岔位置不对时,禁止信号继电器励磁。采用前一种方法,用图 8-8、表 8-3 的格式来描述为宜,因为具体的锁闭措施要在信号握柄和道岔握柄间实现。若采用后一种锁闭方法,则用图 8-7、表 8-2 的格式描述为宜,因为这种格式每条进路对道岔位置的要求,表示得比较清楚。

(3)进路与进路间的联锁

车站上有许多条列车和调车进路,进路与进路之间存在着平行,抵触和敌对三种不同性质的进路关系。

如果两条进路没有任何共用路段,彼此互不妨碍,同时办理同时建立不会危及行车安全的进路,被称作平行进路。

若两条进路具有共用路段,又都经由某一道岔,但该道岔的位置要求不相同(一条进路建立后,另一条进路由于道岔位置要求不符合,则不能建立),这类进路存在相互妨碍,但用道岔位置能够区分的进路,被称作抵触进路。由于这类进路不可能同时建立,也就避免了侧向撞车的可能。

如果两条进路既有共用路段又对共用道岔位置的要求相同,在这种情况下,不可能借助道岔位置防止它们同时建立,这类进路被称作敌对进路。敌对进路必须采取技术措施防止它们同时建立,从而保证不发生正面和尾部撞车事故。因此,对于任何一条进路,必须确切地判明它有哪些敌对进路,以保证行车安全。

①抵触进路。

抵触进路如图 8-9 所示。下行接车进路有三条,即进路 1、进路 2、进路 3。这三条进路由于要求道岔位置各不相同,且在同一时间只能建立起一条进路。任何一条进路锁闭以后,在其未解锁之前,由于相关道岔被锁住,不可能建立其他两条进路,这样互相抵触的进路称为抵触进路。由于抵触进路不能同时建立,因此抵触进路之间不需要采取锁闭措施。

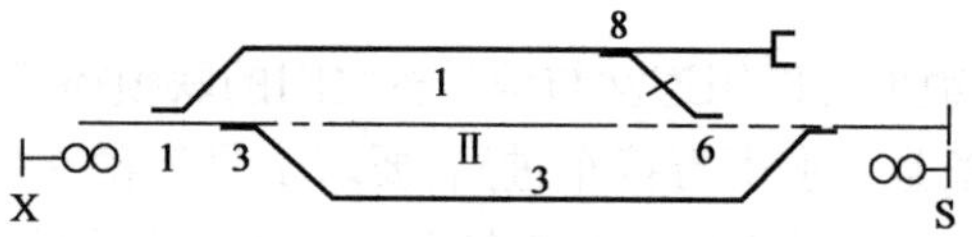

图 8-9　进路与进路间的联锁示意图

但是,也有一种例外的情况。若信号机与道岔均由扳道员在两个咽喉区分别操纵,车站值班员仅仅用电话指挥,无法对扳道员进行有效控制和监督。因此,在这种情况下,值班员室需安装一种用来发送建立进路命令的设备。车站值班员发出一个电信号,扳道员按照车站值班员的意图(即按照接收到的电信号)建立进路,从而受到车站值班员控制和监督。设在值班员室内的设备必须具备不同时发出两个有抵触进路命令的功能。因为车站值班员若能同时发出两个有抵触进路的命令,例如建立进路 1 和进路 3,则最后决定权还取决于扳道员,这就失去了设置此设备的目的。因此,在车站值班员室内发送建立进路命令的设备,要求在抵触进路之间采取一定的锁闭措施,实施抵触进路之间的联锁。这时联锁表内,必须把抵触进路也列出,如表 8-4 所示。

进路与进路的联锁关系表　　表 8-4

进路号	进路名称	敌对进路	抵触进路
1	1 道下行接车进路	6	2,3
2	Ⅱ道下行接车进路	4,5,6	1,3
3	3 道下行接车进路	4,5,6	1,2
4	3 道上行接车进路	2,3	5,6
5	Ⅱ道上行接车进路	2,3	4,6
6	1 道上行接车进路	1,2,3	4,5

②敌对进路

用道岔位置不能间接控制的两条进路,这两条进路又存在着抵触或敌对关系,称为敌对进路。如图 8-9 所示,进路 5 和进路 2 是敌对进路,进路 5 和进路 3 也是敌对进路。

进路 5 是Ⅱ道上行接车进路,进路 2 是Ⅱ道下行接车进路,它们是同一股道不同方向的接车进路,不能用道岔位置间接控制,允许同时接车将会发生事故,这两条进路为敌对进路。

进路 5 和进路 3 虽不属于同一股道的接车进路,但由于 1 股道的上行端设有安全线,可知下行列车进站后,因为下坡道的坡度大,有可能到达股道后停不住车。若下行 3 股道的列车停不住车,势必与进入Ⅱ道的上行列车相撞。因此,进路 5 和进路 3 是敌对进路。两个敌对进路分别属于两个不同的咽喉区。

(4)进路与信号机间的联锁

进路与进路之间的联锁关系,如图 8-10 所示,可用进路与信号机之间的联锁关系描述。因为进路较多时,这样描述较明显,不需要从进路号码中查找进路名称。

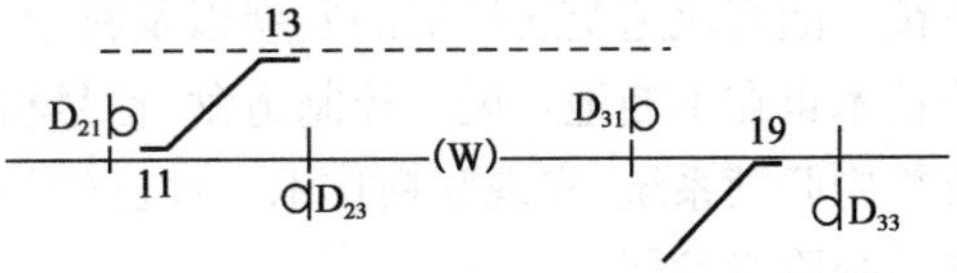

图 8-10　进路与信号机间联锁示意图

如图 8-10 和表 8-5 所示,进路 1 是从 D_{21} 信号机至无岔区段 W 的调车进路,D_{23} 信号机所防护的进路与进路 1 是敌对进路,D_{23} 为进路 1 的敌对信号,在联锁中记为“D_{23}”。

进路与信号机的联锁关系表　　表 8-5

进路号	进路名称	敌对信号
1	D_{21} 至 W	D_{23}, $<19>D_{33}$
2	D_{33} 至 W	D_{31}, $<11/13>D_{21}$

D_{33} 信号机防护着两条进路,一条经由道岔 19 反位;另一条经由道岔 19 定位至无岔区段 W。由于无岔区段一般较短,故禁止同时由两个方向向该无岔区段内调车。即 D_{21} 至 W 的调车进路与 D_{33} 至 W 调车进路是敌对进路。但这两条敌对进路,只是在道岔 19 定位时,才能构成,反之则不能构成。这种有条件的敌对进路记为“$<19>D_{33}$”,如记为“$<(19)>D_{33}$”,则说明是反位条件。

同理,进路 2 与信号机 D_{21} 也存在着条件敌对关系,故在进路 2 的敌对信号栏内,记有"<11/13> D_{21}"。凡是两对象间存在着一个或几个条件才构成锁闭关系,就是条件锁闭,条件一般是道岔位置。

(5)信号机与信号机间的联锁

既然进路与进路之间的联锁可以用进路与信号机之间的联锁关系描述,当然也可以用信号机与信号机间的联锁关系描述。图 8-10 中四架信号机之间的联锁关系见表 8-6。

信号机与信号机的联锁关系表　　表 8-6

信号机编号	信号机名称	敌对信号	
		条件	锁闭
D_{21}	调车信号机		D_{23}
		19	D_{33}
D_{23}	调车信号机		D_{21}
D_{31}	调车信号机		D_{33}
D_{33}	调车信号机		D_{31}
		11/13	D_{21}

表 8-6 中,D_{21} 与 D_{33} 之间的关系是条件联锁,条件是道岔 11/13 定位和道岔 19 定位。

8.1.3 车站联锁系统与基本技术

车站信号控制系统是实现联锁的系统,所以也称作车站联锁系统。车站信号控制系统的功能主要表现在两个方面:一是控制道岔、进路和信号机;二是实现道岔、进路和信号机之间的联锁。随着轨道交通运输的发展以及科学技术的进步,控制道岔和信号的技术以及实现联锁的技术也在不断地发展。控制道岔、信号机以及实现联锁的集中化,已由非集中联锁系统发展成集中联锁系统;实现联锁技术方面已经经历了机械化和电气化两个阶段,并正向着计算机联锁系统阶段发展。

随着计算机技术的发展,以及容错理论和技术的发展,用计算机作为系统的联锁机构取代继电电路,故称这类联锁系统为计算机联锁系统。计算机联锁系统的使用,标志我国车站联锁技术发展进入了一个新阶段。

1. 车站信号控制系统组成

车站信号控制系统组成如图 8-11 所示。系统的设备组成主要由室外和室内设备组成,室外包括色灯信号机、动力转辙机、轨道电路等。室内有联锁机构、控制台、电源以及设备之间的连接电缆等。色灯信号机是开闭信号机显示用的执行机构;电动转辙机是转换道岔用的执行机构;轨道电路是监督进路和信号机接近区段内有无车的执行设备。对信号机、道岔和进路进行控制和监督,实际上就是对色灯信号机、电动转辙机和轨道电路进行控制和监督。联锁机构是联锁系统的核心部分,在电气集中联锁系统中,联锁机构是实现联锁功能的继电器及其电路。在计算机联锁系统中,联锁机构是微型计算机或微处理器及接口电路等。

在图 8-11 中,联锁机构与外部设备之间的连线主要反映了它们之间的信息联系与流向。联锁机构输入信息包括来自控制台的操作信息、来自信号机控制环节的信号状态信息、来自动力转辙机的道岔状态信息以及轨道电路的状态信息。联锁机构对这些信息进行逻辑运算加工处理,形成输出信息,包括道岔控制信息、信号控制信息以及表示信息。用道岔控制信息使道岔转换;用信号控制信息使信号机改变显示;用表示信息向行车人员及信号设备维护人员,反映车站作业状况及信号设备的状况。

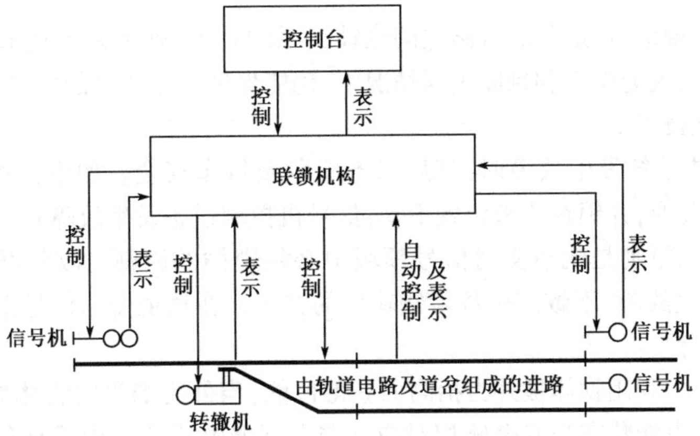

图8-11 车站信号控制系统组成框图

2. 联锁系统的基本技术

控制道岔和信号以及实现联锁的技术主要运用以下5个方面的技术。

(1)信号机控制技术

车站上设置的信号机有列车信号机和调车信号机两种,分别用于防护列车进路和调车进路。信号机的显示是列车是否可以驶入进路的凭证,信号机的开放与关闭直接关系到行车安全。所以,只有当确认信号开放的技术条件满足时,才允许信号机开放,否则信号机必须处在关闭状态。信号开放后,还必须对信号开放有关技术条件不间断地进行检查。一旦信号设备发生故障或开放信号技术条件发生变化时,信号必须立即关闭。

色灯信号机是开闭信号显示用的执行机构,是联锁系统进行控制和监督的对象。信号机是联锁系统的基础设备之一。

(2)道岔控制技术

道岔是进路上的可动部分,如果对它控制不当,就有可能造成列车或车列脱轨,或驶入停有车辆的邻路而发生撞车事故。因此,道岔控制非常重要。在现代的联锁系统中,对于道岔的控制技术,主要包括动力转辙机和道岔控制电路两部分,亦是联锁系统的基础设备之一。

动力转辙机是用于转换道岔的装置,其基本任务是转换道岔、锁闭道岔以及反映道岔的状态。道岔控制电路是控制动力转辙机动作的电路。为了保证行车安全,动力转辙机和道岔控制电路必须满足规定的技术条件。

(3)进路空闲检测技术

检查进路空闲是控制道岔转换和开放信号一项重要的联锁条件。轨道电路技术是检查股道、道岔区段、无岔区段以及信号机的接近区段上有无车辆存在的主要手段,轨道交通信号自动控制离不开轨道电路技术。进路空闲检测技术还包括计轴器检测技术等。

(4)联锁技术

为了保证行车安全,要制订周密详细的保证行车安全规程和措施,由行车有关人员严格执行。作为一个有人介入的系统,难免会出现人为的操作和判断失误。因此,仅仅依靠有关人员的遵章守纪,难以保证行车安全的可靠性。所以,要减少和防止操作失误的同时采用技术手段,保证行车安全。

联锁技术是实现信号、道岔和进路之间联锁关系的技术,就是采用技术手段,防止系统中任一环节故障,以及人为操作和判断失误情况下,仍能保证行车安全的技术。

(5)故障-安全技术

故障-安全是指系统发生故障时,其后果不应危及行车安全。如道岔控制系统发生故障时,道岔不应错误转换,并锁在原来位置不动;信号机控制设备发生故障时应导致信号机关闭。总之,故障导向安全原则是轨道交通信号领域中必须遵循的原则。故障-安全技术就是当器件、部件和系统发生故障,不致产生危险侧输出的技术。在轨道交通信号系统中常用的故障-安全技术有以下 3 种。

①重力法技术。利用物体被外力抬高而获得位能,当外力消失时物体靠自身的重力而落下,失去了位能,将失能状态与安全侧相对应。安全型继电器的结构就是利用"重力恒定"原理,增加了衔铁的重量,在线圈断电时强制将前接点断开,保证在故障情况下,使前接点闭合的概率远小于后接点闭合的概率。安全型继电器是一种不对称器件。

②闭路法技术。利用闭合电路断开时输出,对应安全侧,以电路闭合时输出对应危险侧。闭合电路必须采用安全型继电器,才能达到故障-安全的目的。

③锁闭法技术。锁闭法是在出现误操作或检查的各种联锁条件中,任何一个条件因故障而不满足时,将信号锁在不能开放状态或道岔锁在不能转换状态。

3. 信息的开关特性

车站信号控制系统的对象绝大多数具有两种状态。如信号的开放和关闭、道岔的定位和反位、进路的锁闭和解锁以及区段的出清和占用等。因此,无论对于对象或者对于对象之间的关系,可以用具有两个状态的器件(也称二值器件)如继电器励磁、接点闭合,失磁、接点断开反映,也可以抽象为二值逻辑量运算。

联锁机构输入信息一般来自控制台运输值班人员的操作信息,以及反映信号机、转辙机和轨道电路等状态的信息。这些输入信息都具有开关性。控制道岔动力转辙机和信号机的信息也具有开关性。所以,可以用各种用途的继电器的状态描述,例如:用按钮继电器的励磁吸起与失磁落下和记录信号按钮按下与复原相对应;用信号继电器的励磁吸起与失磁落下和信号开放与关闭相对应或者和敌对信号开放与关闭相对应;用锁闭继电器励磁吸起和失磁落下和道岔处于解锁与锁闭相对应;用道岔区段轨道继电器励磁吸起与失磁落下和反映道岔区段空闲与有车占用相对应;用道岔定位(反位)表示继电器的励磁吸起与失磁落下和道岔在定位(反位)状态与不在定位(反位)状态相对应等。

4. 信息的安全性要求

系统的输入和输出信息还应具有安全性。安全性是以防止人身伤亡和财产损失为目的,因此输入和输出信息的安全性,根据与行车安全的关系程度可分成两类。一类是与行车安全不直接相关的信息，称为非安全性信息（简称非涉安信息）；另一类是与行车安全有关的信息，称为安全性信息（简称涉安信息）。

联锁机构与控制台之间交换的操作信息和表示信息属于非安全信息。操作信息是反映操作人员操作的信息，例如建立进路、单独操作道岔、取消进路等，操作人员的操作难免发生误操作或误碰的可能性，从而产生错误的操作信息。在有人介入的系统要减少和防止操作失误。另外，即使在错误操作的情况下，也不致出现危及行车安全的后果，即不会发生信号机错误开放，道岔错误动作，进路错误解锁等。这靠联锁机构的联锁功能保证。

联锁机构向控制台（或屏幕显示器）输出的各种表示信息，是向操作人员和维护人员反映车站作业状况及信号设备的状况，表示信息如果发生错误，只会引起操作和维护人员的误解和困惑，影响作业效率，但不致危及行车安全。操作信息和表示信息被称为非安全性信息。

联锁机构与监控对象之间交换的信息，包括反映信号机、转辙机以及轨道电路状态的信息，即状态信息；以及控制信号机和转辙机动作的信息，即控制命令。状态信息是参与联锁的信息，是决定信号机能否开放的重要联锁条件，它们必须具有安全性。如果状态信息发生错误，则要破坏联锁的正确性，可能产生错误的控制命令，从而危及行车安全。如果控制命令发生错误，使信号和道岔出现错误动作，危及行车安全。状态信息和控制信息被称为安全性信息。安全性信息包括以下7个方面。

①反映轨道电路状态的信息。

②反映道岔状态的信息。

③反映道岔锁闭的信息。

④反映转换道岔的控制信息。

⑤反映开放信号的控制信息。

⑥反映信号开放与否的状态信息。

⑦反映敌对进路是否建立的状态信息和其他照查信息。

因此，为了保证上述信息的安全性，要求产生各种状态信息的逻辑电路以及控制命令输出电路，必须是故障-安全电路。同时要有明确的安全侧对应关系。

5. 安全侧、危险侧

在确定信息的安全性以后，还必须确定每个信息的安全侧。若只确定信息的安全性，而不确定信息的安全侧没有意义，因为不明确信息的安全侧，也就没有办法判断某一信息是否具有安全性。

任何安全信息的两个状态对于行车的作用不同，其中一个状态允许列车运行，为危险侧；另一个状态则禁止列车运行，为安全侧。对控制信号机的信息来说，一种状态是关闭信号，禁止列车运行；另一种状态是开放信号，允许列车运行，显然关闭信号的状态比开放信号的状态更具有安全性，应以前者作为安全侧。对控制道岔的信息来说，一种状态准许道岔转换，另一种状态禁止道岔转换，后者应作为安全侧。再如轨道电路，用它反映进路上有车还是空闲，轨道电路有车占用状态禁止信号机开放，禁止列车驶入，而轨道电路空闲允许信号开放、允许列车运行，所以应把轨道电路的有车占用状态作为安全侧。总之，把安全信息其中一个状态与禁止列车运行的安全侧相对应，这种对应方法又称为安全对应法。

安全信息由逻辑元件构成的电路或系统输出，其两个输出值的安全性不同。因此，要把其中一个值与禁止列车运行相对应,称为安全侧的输出值;另一个值与允许列车运行相对应,称为危险侧的输出值。根据故障-安全原则,硬件设备发生故障时,要求处于禁止运行状态的可能性要远远大于允许运行状态的可能性。如果硬件发生故障,其输出值处于禁止运行状态,有利行车安全,所以,称这种故障为安全侧故障。如果硬件故障,而出现允许列车运行状态的输出,则可能发生危及行车安全的后果,称这种故障为危险侧故障。显然,当设备内部发生任何故障时,其电路或系统能给出预定的安全侧的输出值,就会使设备动作不会产生危险后果。

如上所述,在设计一个故障-安全系统时,必须首先分析判断系统的输入、输出信息的安全性要求,对于那些有安全性要求的信息,应当明确规定它的安全侧;其次对故障-安全电路或系统,在发生故障时,能给出一个预定输出值,即安全侧的输出值;三是系统中所使用的每一个逻辑元器件,应具有在故障时,给出预定输出值的要求,如安全继电器是一种不对称器件,在故障时都能给出预定的输出值“0”,而用“0”控制设备于安全侧。

8.1.4 进路控制过程

一条进路从办理到列车或车列通过进路的全过程,称为进路控制过程。这个过程是信号、道岔和进路之间的联锁过程。分析进路的控制过程可以看到:一是整个进路控制过程都体现了一个安全控制的要求,二是反映了联锁的逻辑关系。无论是列车进路还是调车进路,它们的控制过程基本一样。

进路控制过程可分成进路建立和进路解锁两个过程。进路建立过程是指从车站操作人员办理进路,到进路锁闭防护该进路的信号机开放。进路解锁过程,是指当列车或车列确实通过进路中的道岔区段后,应使该区段内的道岔解锁及相关的敌对进路解锁,或者由操作人员人工解除已建立的进路。

1. 进路的建立过程

建立进路的过程又可以进一步分解成进路选择、进路锁闭和开放信号三个阶段。

(1)进路选择

在办理进路时,进路选择的基本任务包括:一是记录车站值班人员的操作,记录进路的范围、进路的性质(是列车进路还是调车进路)、进路方向以及进路的特征(基本进路、变更进路、复合进路和通过进路等);二是选择进路有关的道岔,根据已确定的进路范围,从许多进路中自动选出一条要办理的进路,选择进路中有关道岔的位置;三是道岔转换,当选出的道岔与实际位置不符合时,要将道岔转换到进路要求的位置。但是,在转换之前必须检查并确认道岔区段空闲,道岔在解锁状态等。

(2)进路锁闭

在进路选取后,首先作一致性检查,检查进路中各个道岔位置是否已符合所选进路要求,为锁闭道岔做准备;在确认进路处在空闲状态(包括接车股道)、道岔位置正确及敌对进路(包括本咽喉敌对进路和接车股道迎面敌对进路)未建立的条件下,将道岔和敌对进路锁闭,使道岔不能转换,使敌对进路不能再建立,这种锁闭称为进路锁闭。进路锁闭为开放信号创造条件。

(3)开放信号

在进路锁闭后,通过检查开放信号有关联锁条件,使防护进路的信号机开放,指示列车或车列驶入进路。在信号保持开放期间，需要不间断地检查进路空闲、道岔的状态等开放信号的联锁条件，如果出现有非法车辆进入进路，或者道岔位置发生变化等危及行车安全的因素，信号应立即关闭。当列车一旦驶入进路时，信号要立即自动关闭。对于调车信号机来说，考虑调车作业一般由调车机车推送运行，所以规定当车列全部进入调车进路后信号才关闭。

综上所述，进路的建立过程，反映了进路控制过程每个阶段之间的动作次序，反映了对采集的各种信息进行加工处理及传递的层次，都是以联锁为依据的逻辑关系。进路必须按照这一程序并满足一定条件才能建立，只有遵循这种关系和程序才能保证行车安全。

2. 进路的解锁过程

进路控制过程的第二阶段是进路解锁过程。进路解锁是指对已建立的进路要进行解除锁闭。当列车或车列确实通过了道岔区段后，应解除对道岔和敌对进路的锁闭。

进路的锁闭和解锁是一个问题的两个方面，二者比较起来，进路解锁尤为重要。因为进路因故不锁闭，信号不开放，系统处在安全状态。而进路解锁过程一般是在信号开放之后进行。被锁闭的进路一旦错误解锁，意味着进路上的道岔可以转换，敌对进路可建立。如果信号开放后，在列车或车列已接近进路的情况下，出现进路错误解锁，非常危险。另外，当列车或车列正在进路中运行时，发生了错误解锁事故，同样非常危险，都将危及行车安全。因此，对于进路解锁的重点是防止错误解锁。

进路解锁和列车或车列是否接近进路有着密切关系。为了反映列车或车列是否接近进路，每架信号机的前方，原则上都应设一段轨道电路，作为进路的接近区段。列车进路的接近区段长度，不小于制动距离 800m；调车进路的接近区段长度，不小于最短为一节钢轨的长度 25m。

进路解锁过程将根据列车或车列是否驶入进路为分界，由于解锁的条件和时机的不同，它有 5 种解锁方式，即取消进路、人工解锁进路、正常解锁进路、调车中途折返解锁进路以及故障解锁。

(1)列车或车列未驶入进路的解锁方式

①取消进路。在进路锁闭后，信号由于某种原因没有开放，或者信号已经开放而列车或车列尚未驶入接近区段时，操作人员采用办理取消手续解锁进路。这种解锁方式被称为取消进路。

②人工解锁进路。当信号开放后，列车或车列已驶入接近区段，根据需要允许操作人员办理人工解锁手续解锁进路。但必须从信号关闭时算起，延迟一定时间后进路才能解锁。延迟时间是司机看到禁止信号后，采取制动措施能够使车停下来，所需要的时间。只有停车后，再使进路解锁，才会安全。这种人工延时解锁方式被称为人工解锁进路。人工延时解锁的延迟时间，对于接车进路和正线发车进路，规定延时 3min；对于侧线发车进路和调车进路规定延时 30s。

(2)列车或车列驶入进路的解锁方式

①正常解锁。正常解锁是指列车或车列通过进路中的道岔区段后，进路即自动解锁。正常解锁分为一次解锁和逐段解锁两种形式。一次解锁是指列车或车列出清了进路中全部道岔区段后，各个道岔区段同时解锁的形式。逐段解锁是指列车或车列每驶过一段道岔区段，该道岔区段逐段自动解锁的形式。逐段解锁形式有利于提高线路的利用率。

检查列车或车列是否已经通过该道岔区段，检查道岔区段是否空闲，可以利用轨道电路技术完成。轨道电路的动作，可能由机车车辆的运动造成，也可能由于轨道电路故障原因引起。为了防护由于轨道电路故障而引起错误解锁，不能简单地用一段轨道电路动作，就妄断机车车辆通过了该区段；而必须采用多段轨道电路的顺序动作，反映机车车辆的实际运行。所以，在采用逐段解锁方式时，一般要采取记录相邻三段轨道电路顺序动作，作为一区段解锁的条件（即三点检查法）。

②调车中途折返解锁。这是调车进路的一种自动解锁方式。当进行转线调车作业时，完成整个调车作业过程，包含有牵出作业和折返作业。为牵出作业而建立的进路被称为牵出进路，为折返作业建立的进路被称为折返进路。当调车车列驶入牵出进路后，在牵出的中途，根据折返进路的信号开放，车列有可能返回。由于车列没有完全通过牵出进路上的道岔区段而中途折返，以致牵出进路上的部分道岔区段不能按正常解锁方式解锁。为此，需要用一种特殊的解锁方式，使牵出进路上未能正常解锁的区段予以自动解锁。这种特殊的自动解锁方式被称为调车中途折返解锁。

（3）故障解锁。

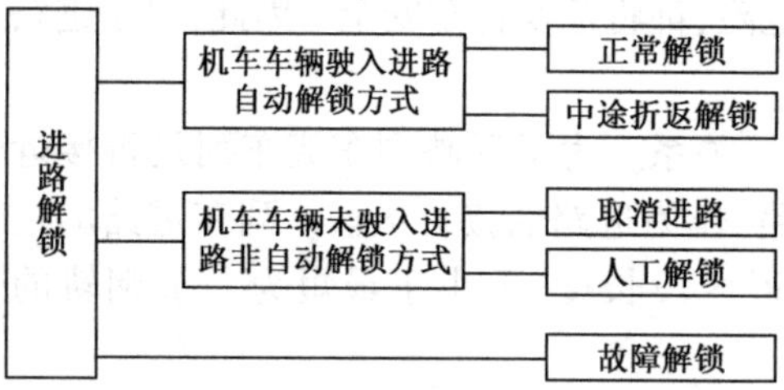

图 8-12　进路解锁分类图

随着列车或车列通过进路，各道岔区段应按正常解锁方式自动解锁，但当轨道电路故障，破坏了三点检查自动解锁的条件，使进路因故障不能自动解锁，需由操作人员介入，采用特殊手段使进路解锁。故障解锁是以道岔区段为单位实施故障解锁。

对上述几种解锁形式和特征的总结如图 8-12所示。

3. 引导接车

前面介绍的进路，能建立、开放信号，前提条件是进路中信号设备工作正常（不出现故障）。进路中信号设备故障情况下要求接车，此时无法正常建立接车进路，以引导方式接车。

凡进站、接车进路信号机不能使用，或在双线区段有反方向开来的列车，无进站信号机时，应采用引导办法接车。

正常情况下开放进站、接车进路信号接车，设备会检查一系列联锁条件。只有满足规定的联锁条件，信号才能够开放。而当进站、接车进路信号机不能使用，或在双线区段有反方向开来列车，无进站信号机时，不可能开放信号接车。为避免列车长时间停在站外，影响运行秩序，必须绕过或部分绕过这些联锁条件，将列车接入站内，这就是引导接车。为保证接车安全，这些绕过的联锁条件必须靠人工去控制，即所谓“人工联锁”。

引导接车可分为信号机引导和手信号引导。信号机引导又可分为引导进路锁闭方式引导和总锁闭方式引导。

（1）引导进路锁闭方式

引导进路锁闭方式接车在下列情况下采用：进站信号机或接车进路信号机不能开放，但红灯正常；接车进路无岔区段轨道电路故障；接车进路道岔区段轨道电路故障，但准备进路时道岔无须人工转换;到发线轨道电路故障,无其他空闲到发线变更,或来不及变更。

引导进路锁闭方式的接车步骤为:

①确认进路空闲。开放引导信号接车时,联锁设备不检查进路空闲,必须进行人工检查确认。轨道电路正常时,可通过控制台检查确认;轨道电路故障时,故障区段必须派人到现场就地检查确认。

②排列进路。开放引导信号时,只使用一个引导按钮,设备本身不选进路。如事先不排列进路,很可能造成向有车线路开放引导信号。因此,开放引导信号前,应先行单独操纵道岔,排好进路;如道岔区段轨道电路故障时,还须将故障区段的道岔单独锁闭,以防故障修复后,该区段道岔错误解锁。如使用调车进路方式排列进路,排好后须将调车进路取消。因为开放正常引导信号设备检查敌对进路,不取消调车进路,正常引导信号将无法开放。

③开放引导信号。车站值班员必须确认道岔开通位置正确后,方可开放引导信号。开放引导信号前必须登记破封。使用完毕,须及时通知电务人员对破封按钮加封。若是进站信号机内方第一个轨道电路区段故障,由于引导信号开放后不能保留,电气集中联锁设备必须一直按住引导按钮,计算机联锁设备必须每隔一定时间点击引导按钮,直到列车越过引导信号后方可停止。

(2)引导总锁闭方式

引导总锁闭方式接车在下列情况下采用:电动道岔失去定反位表示(电气集中联锁车站进路表示光带正常时除外);道岔区段轨道电路故障,准备进路时道岔须经人工转换;单方向运行的正线或到发线反向接车;向联锁范围以外的线路上接车时(如非到发线接车)。

使用引导总锁闭方法开放引导信号接车,联锁设备既不能检查接车进路空闲,也不能检查敌对进路,而且实行全咽喉锁闭。引导总锁闭方式的接车步骤为:

①确认进路空闲。确认的方法与引导进路锁闭方式相同。

②准备进路。排列接车进路前应注意排除敌对进路和考虑接车端其他作业的平行进路。对控制台上能操纵的道岔,可在控制台上操纵。对控制台上不能操纵的道岔,在现场手摇操作。对失去联锁的道岔必须按规定施行人工加锁。

③开放引导信号。车站值班员确认接车进路排列正确无误,道岔按规定加锁后,登记破封,按下引导总锁闭按钮。此时全咽喉道岔锁闭,再按下引导信号按钮,引导信号开放。若进站信号机内方第一轨道区段轨道电路故障,仍需按前述要求进行操作。

(3)引导手信号接车

引导手信号接车在下列情况下采用:无双向闭塞设备的双线区段接入反方向开来的列车时;进站信号机或接车进路信号机的主体信号红灯灭灯(包括停电);引导信号的月白色灯光不能亮灯时。

适用信号机引导接车的各种情况,若不采用开放引导信号接车,可采用引导手信号接车。

引导手信号的接车步骤为:

①确认进路空闲。轨道电路正常时,可通过控制台检查确认;轨道电路故障或停电时,必须派人到现场就地检查确认。

②准备进路。非故障道岔可排列调车进路准备,也可采用单独操纵单独锁闭的方法准备。

故障道岔应单独锁闭,失去联锁的道岔必须按规定施行人工加锁。

③通知引导人员引导。车站值班员确认接车进路准备妥当,并接到邻站开车通知后,应立即通知引导人员引导接车。引导人员必须得到值班员的命令,才能显示引导手信号。引导员接车应站在引导地点标处(未设者,引导人员应在进站信号机、进路信号机或站界标外方),于列车接近时显示,列车头部越过显示地点后收回。引导信号的显示方式,昼间为展开的黄色信号旗高举头上左右摇动,夜间为黄色灯光高举头上左右摇动。

(4)其他要求

①车站值班员应严格执行车机联控的有关规定,引导接车时车站值班员应主动呼叫司机。

②司机确认引导信号或引导手信号显示正确后,鸣笛一长声通知运转车长,以免运转车长误认冒进信号,使用紧急制动阀停车。

③列车在进站信号机外不停车,在确认引导信号后即可直接进站。由于引导接车时进路失去联锁,为保证列车的运行安全,列车应以不超过 20km/h 的速度进站或通过接车进路,并做好随时停车的准备。

8.2 车站计算机联锁系统

8.2.1 计算机联锁概述

1. 联锁系统发展趋势

继电集中联锁虽有性能稳定、抗干扰性强、可靠性高等特点,但存在着功能不够完善、功耗大、成本高、室内设备占地面积大等缺点。随着计算机技术的迅速发展,尤其是对于可靠性技术和安全性技术的深入研究,出现了计算机联锁,正渐趋成熟并推广使用。

计算机联锁与继电集中联锁设备相比,在安全性、可靠性、经济性及设计、施工、维修、使用等方面,具有明显的优势,更适应轨道交通信号设备数字化、网络化、综合化、职能化的要求,是车站联锁设备的发展方向。目前,计算机联锁已经成为一些线路的主要联锁设备,今后在新线建设和既有线改造中,限制发展继电集中联锁,必须采用计算机联锁。

2. 计算机联锁概况

计算机联锁系统是由微型计算机系统和部分电子、继电器组成,采用可靠性的容错和避错技术,研制一套专用的硬件与软件系统实现信号、进路与道岔间的联锁关系,因此它实质上是一个满足故障-安全信号原则的联锁逻辑运算系统,通过该系统,实现车站信号联锁要求的实时控制系统。计算机在系统中的作用,是将操作命令与现场各种输入的表示信息读入,再根据计算机内部状态等条件进行逻辑运算,判断后输出控制信息至执行机构,实现多变量数字输入和多变量数字输出的变换。

计算机联锁不仅具有继电联锁控制的功能,而且利用计算机的快速信息处理能力、储存能力和联网能力,可方便实现继电联锁设备难以实现的现代化轨道交通要求的多项功能。同时其系统的设计、施工、使用更为方便,维修工作强度和成本大大降低。

计算机联锁系统由硬件设备和软件设备构成。

硬件设备包括联锁计算机(完成联锁功能和显示功能)、安全检验计算机(用以检验联锁计算机的运行情况,发现故障可导向安全)、彩色监视器、微型集中操纵台、安全继电输入输出接口柜、计算机联锁专用电源屏以及现场信号机、转辙机、轨道电路等室外设备。

软件设备是实现进路、信号机和道岔相互制约的核心部分,由两部分组成:一是参与联锁运算的车站数据库;二是进行联锁逻辑运算,完成联锁功能的应用程序。车站数据库包括车站赋值表、车站联锁表、按钮进路表、车站显示数据等。应用程序由多个程序模块组成,即系统管理程序模块、时钟中断管理程序模块、表示信息采集及信息处理程序模块、操作命令输入及分析程序模块、选路及转岔程序模块、信号开放程序模块、解锁程序模块和站场彩色监视器显示程序模块等。

计算机联锁的操作方法与继电联锁相似,由于它实现了从有接点到无接点的变革,操作人员办理进路时,只需先按进路始端钮,再按进路终端钮即可完成。此时计算机就执行操作输入程序和联锁处理程序。根据输入的按钮代码,从进路矩阵中找出相应的进路,然后检查是否符合选路条件,只有完全满足选路条件后程序才能转入选路部分。之后,先检查对应道岔是否在规定位置,再将需要变换位置的道岔转换位置,接着锁闭进路,并建立对应的运行表区。

在执行信号开放程序中,根据运行表区内容,连续不断地检查各项联锁条件,条件满足后信号机才能开放。当列车进入信号机后方,信号机即自动关闭,随着列车的运行,进路可顺序逐段解锁。

3. 计算机联锁的主要特征

计算机联锁是以微型计算机为核心的联锁控制系统,与继电联锁相比,其主要特征有以下九类:

①利用微型计算机,对车站值班员的操作命令和现场监控设备的表示信息,进行逻辑运算,而后自动完成对信号机、道岔及进路的联锁和控制,全部联锁关系由微型计算机及其程序完成。

②微型计算机发出的控制命令和现场发回的表示信息,均能由传输通道串行传输,可节省大量的干线电缆,并使得采用光缆通信传输信息成为可能。

③用计算机屏幕代替表示盘,缩小了体积,丰富了显示内容。系统有多种控制显示方式供选择,如分离式控制台和屏幕显示,CRT 或大屏幕投影显示等等,也可选用先进的数字化仪控制 CRT 显示。联锁系统可以不失时机地采集到输入变量的变化情况,及时刷新站场各类表示信息,及时输出道岔和信号的控制命令,而且对涉及安全(危险侧)的控制命令必须以具有故障-安全特征的形式输出。

④更高的可靠性与故障-安全性。信号联锁系统是一种实时控制系统,它必须高可靠。采用主机、备机(热备)双套系统,由主机控制现场信号,备机只工作在联机同步状态,不实现控制,主、备机可相互替换,大大提高系统的可靠性、安全性。

⑤采用组件式的标准化、模块化硬件和软件设计。软、硬件均采用模块化结构,容易实现定型设计,便于制造和装配,减少了施工安装费用。在站场变更时,不需作太大的修改。

⑥微机联锁系统功能更加完善。继电联锁设备受站场形成网络层次和结构、继电器数量，以及网络线的多少等限制，在功能及功能扩展方面受到限制。对上述限制，微机联锁系统通过少量硬件和软件开发即可解决。

继电联锁系统只能提供基本联锁功能与操作界面，计算机联锁系统除此之外，还应具有重演、远程通信及其他管理功能。系统功能便于扩充，便于与调度集中、调度监督和信息处理系统相联，可增加旅客向导，调度作业单传输和处理功能。检错、诊断储存记录、语音报警等功能可以按要求储存数据，并可打印存盘。大大减轻信号值班员劳动强度，提高车站运营的工作效率和质量。

⑦微机联锁系统易于实现系统自身化管理，利用自诊断，自检测功能及远距离联网，实现远距离诊断。

⑧微机联锁系统的信息量大为丰富，利用当前的各种网络手段，可与其他行车调度指挥系统、列车控制系统联网，提供及交换各种信息，以便协调工作，为轨道交通信号系统向智能化和网络化发展提供了条件。

⑨经济性。随着大规模集成电路的发展，微机联锁系统的投资越来越低，与继电联锁相比将更占优势。国外长期使用的结果显示：使用微机联锁的总费用比继电联锁约低 20%，电缆费用减少 30%，安装和运营费用减少 50%，维修费用大致与继电集中相当。计算机联锁系统在达到继电联锁功能的同时还更加完善，通过采取提高微机联锁设备容量和分散控制方式，又大量减少室内设备投资和电缆耗资。

8.2.2 计算机联锁设备组成

1. 基本结构

各种型号计算机联锁系统设计思路不同，所采用的硬件不完全相同，但各系统的基本功能大致相同，因此它们硬件组成的基本形式差异不大，图 8-13 所示为计算机联锁的系统结构图。

计算机联锁系统主要由以下几部分组成。

（1）人机会话计算机

它的主要功能是操作人员通过操作，向联锁机构输入操作命令、接受联锁机构输出的反映设备工作状态和行车作业情况的表示信息，人机会话的操作显示设备，设置于运转室。

（2）联锁计算机

它是联锁系统的核心，必须具有故障-安全性能。联锁控制计算机除了接受来自操作表示计算机的操作信息外，还接受采集到的信号机、转辙机和轨道电路状态信息，并根据联锁条件，对输入的操作命令和状态信息，以及联锁机构的当前内部信息进行处理，产生相应的输出信息，控制信号机显示和道岔转换。联锁计算机设备在信号楼的计算机房（图 8-14）。

（3）控制器

一方面通过采集信号机、转辙机和轨道电路状态的信息，提供给联锁计算机；另一方面，接受来自联锁计算机的控制命令，驱动道岔转换，控制信号显示。其中信号、道岔控制电路必须符合故障-安全原则，因此仍然采用继电电路作为现场设备与计算机设备的接口。

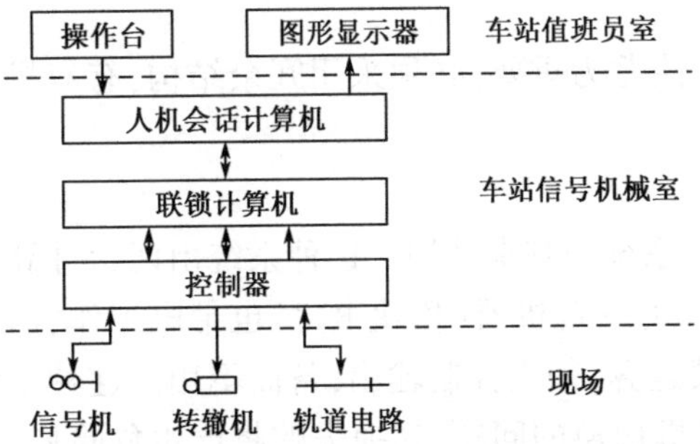

图 8-13　计算机联锁系统结构图

图 8-14　操作台计算机显示实例图

(4)电务维修机

它是专门为电务维修人员设置的计算机,主要任务包括站场状态跟踪与回放、操作命令记录与故障记录、输入/输出故障定位等。

计算机联锁系统与 CTCS 的列控中心、TDCS 车站机以及 CTC 车站自律机等设备均有接口。

2. 进路控制

计算机联锁的控制程序,严格地规定了联锁的执行步骤和条件,保证了系统工作的有条不紊。计算机联锁所要执行的联锁程序,原则上同继电联锁一样,通过计算机软件执行(图 8-15)。

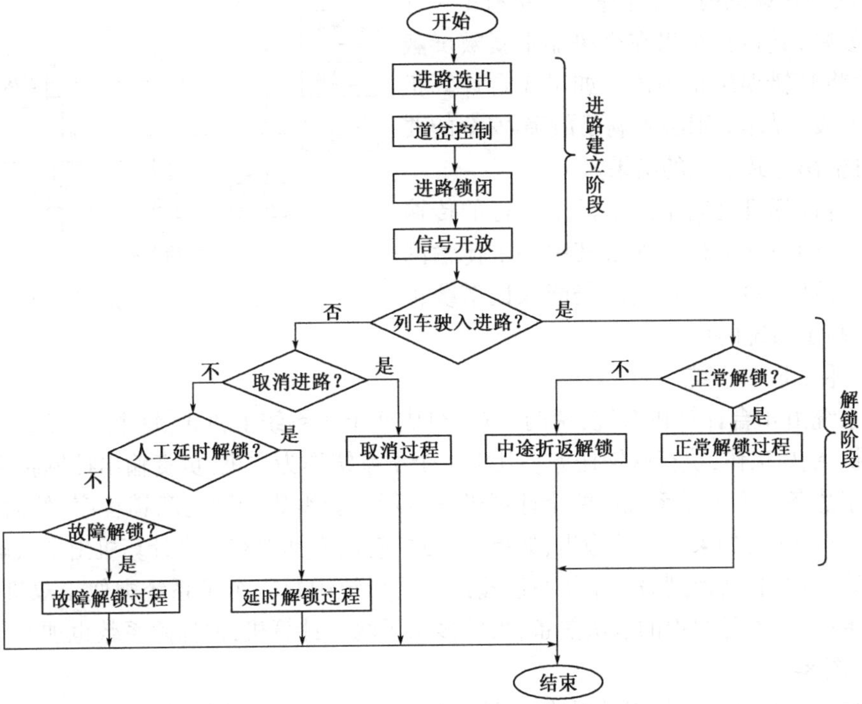

图 8-15　计算机联锁进路程序控制框图

3. 冗余结构

联锁机是计算机联锁的核心,其可靠性和安全性尤为重要,必须采用冗余结构,有双机热备、三取二及二乘二取二等不同结构。

(1)双机热备系统

双机热备系统如图8-16所示,这种方式是冗余系统的基本结构。这种系统由两台计算机组成,其中一台机器(模块A)执行联锁,作为主机 ,另一台机器(模块B)虽也带电工作,但只作为热备(即开机运行状态下备用),它也进行联锁运算,却无控制输出,备而不用。这种系统是靠单机自我测试和监督,不够安全,而且存在双机切换的问题,切换失败将产生危险后果。因此,国外已不再发展,我国暂准仅在单线、支线、非提速区段使用。

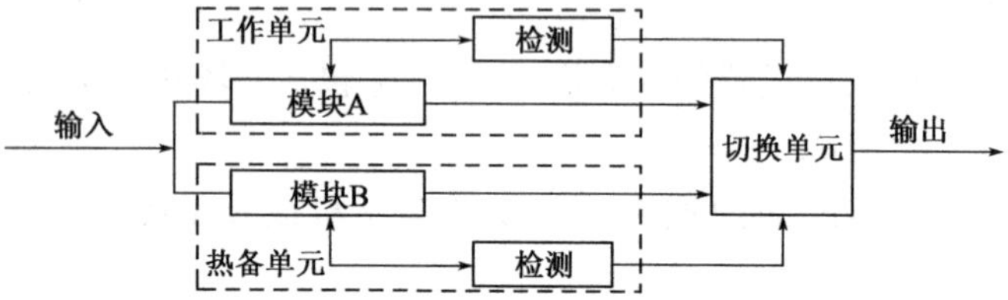

图8-16　双机热备冗余结构图

(2)三取二系统

这种系统用3台计算机组成联锁机构(见图8-17),各台计算机中执行同样的联锁软件,输出时运用多数表决器判断,少数服从多数,只要任何2台计算机运算结果一致(包括3台均一致),则认为联锁机构工作正常。如果有1台计算机发生故障,其运算结果在表决器中就被屏蔽掉了,不会将其错误结果输出。如果3台计算机中两台同时发生故障,则必须满足故障-安全的要求,不允许输出导致危险的结果。

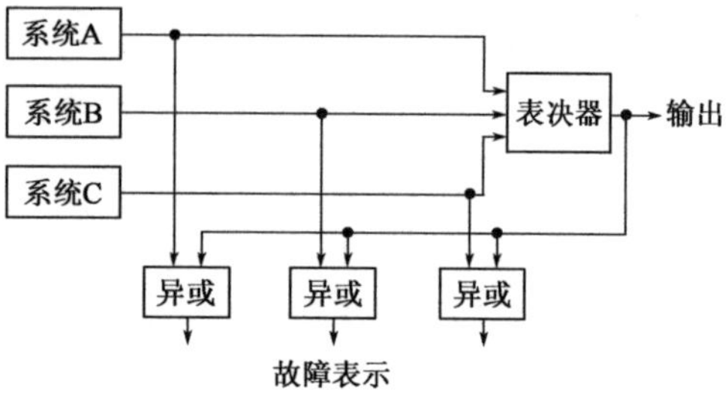

图8-17　三取二冗余结构图

另外,各计算机之间采用了两个并行的传输网进行通信,即双网通信。如果其中一个传输网中断或发生故障,另一个传输网仍能保证系统正常工作,提高了系统的可靠性。

(3)二乘二取二系统

这种系统由4台计算机系统,两两一对,组成两个子系统Ⅰ和Ⅱ,每个子系统中有同样的两台计算机A、B工作,执行联锁任务。其中一个子系统作为主机,负责输出控制指令,另一个子系统处于热备状态。子系统中两个计算机各执行一套编码相同的联锁程序,然后对它们的运算结果进行比较,如果一致就输出,如果不一致,就认为其中有一个计算机出了故障,立刻停止该子系统的输出,切换到另一个子系统输出。此系统中每一个子系统类似于双机热备制式中的一个单机,可称是双份的双机热备,虽然多用了两个计算机,但保险系数也加大了,更加安全可靠(见图8-18)。

双机热备系统已经不能满足提速、高速区段对行车安全的要求,今后在120 km/h以上的干线轨道交通应用的计算机联锁设备,将以二乘二取二系统或三取二系统为主,限制双机热备型计算机联锁的发展。

除硬件冗余，在系统内还可采用软件冗余技术，如双套软件冗余、信息冗余等，进一步提高系统安全性和可靠性。

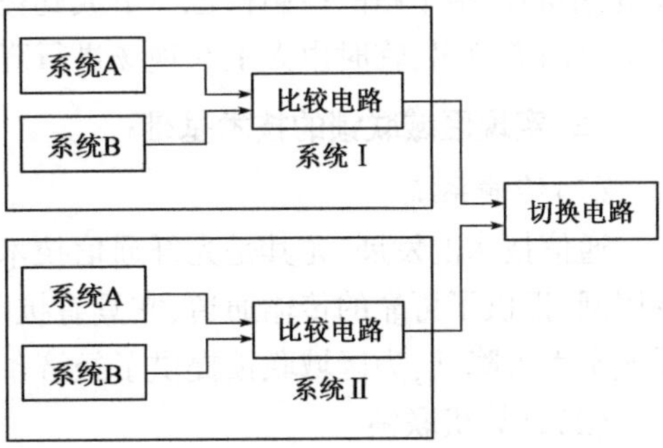

图 8-18　二乘二取二冗余系统图

8.2.3　计算机联锁操作形式

计算机联锁基本保留了电气集中的操作原则，但计算机联锁多采用显示和操纵分开的方式。按人机会话硬件设备形式不同，它有以下三种方式。

1. 控制台方式

在计算机联锁发展的初级阶段，系统的操作通过控制台实现，有的采用专用按钮盘（由绘制站场图的金属板和按钮组成），配备显示器，有的直接采用原有电气集中控制台。但这种设备不能完全体现计算机联锁的特点，在站场改扩建时，控制台的配线和开关输入板改动较大。

2. 数字化仪方式

数字化仪由各种标准尺寸的面板和控制定位工具组成，与 PC 机通过串行口连接，通过编制通用程序，即可实现上位机的按钮发送任务。车站值班员的操作意图，通过操作光笔动作数字化仪而实现，与传统按压按钮操作方式相像。其特点是不用另外增加硬件设备，只需通过各种绘图软件，绘制相应站场图并输入相应数据，即可完成控制台的设计。

3. 鼠标方式

通过鼠标点击显示器上的按钮实现各种功能。目前多采用鼠标方式。

使用数字化仪方式或者鼠标方式，计算机联锁系统一般都是用大屏幕显示器，使车站值班员清晰地看到站场的实际状态及各种信息。当站场规模较大时，可以采用多屏显示卡，连接多个大屏幕显示器，分屏显示站场的结构。显示器能给出控制台的全部信息，以彩色光带和图形符号规模表示出整个站场线路、轨道电路区段、信号机及道岔等设备的位置及状态，给出各种操作表示。还能提供当前时间、无效操作的提示，配合语言系统发出各种报警信号。

8.2.4　区域计算机联锁

区域计算机联锁系统实际上是将所辖区段，各个车站的进路操作命令生成功能和联锁功能，均由控制中心集中完成的行车指挥系统，是一种集车站联锁的实时控制和宏观调控为一体的控制模式。

1. 区域计算机联锁的组成

整个控制区域只在中心站设一套联锁主机，控制操作与联锁逻辑运算集中在中心站完成，其他车站不设联锁机和控制台，只设驱动/采集设备和接口设备。各站间利用光纤构成的安全局域网连接。

车站值班员的控制范围由传统的一个车站扩大到数个车站。

区域计算机联锁只在中心控制车站，对区域内的车站进行控制，其余被控车站不再设运转人员，中心控制车站的控制权也不下放到被控车站。当联锁设备或传输通道发生故障，被控车站可启用应急盘，临时由人工在现场进行降级控制（人工操纵道岔、开放引导信号等）。

2. 实现区域联锁的技术基础

（1）传输系统

通信技术的发展，尤其是光纤通信技术的大量应用，为远距离多信息的广域网和安全信息专用网，提供了可靠的传输通道，它具有抗干扰性强、容量大、组网灵活等特点，尤其近年来光纤成本大大降低，为区域联锁提供了经济条件。

（2）计算机联锁

计算机联锁系统具有记录存储功能，硬件配置单一，容易适应不同类型的车站，通过网络接口能方便地与上一层运输管理系统进行信息交流，自诊断与监测结合，可随时监督设备运用状态，提高系统可用性，为设备的状态修和无人值守提供了技术支持。

（3）区间检查设备

区间检查设备的发展，使自动站间闭塞得以实现，从而可以取消半自动闭塞，简化值班员办理手续，减轻操作人员劳动强度，缩短办理的时间。

（4）无线通信技术

轨道交通无线通信技术已发展到了相当成熟的水平，车站值班员可以通过有线通信网、无线列车调度系统、无线调车电台、机车车载电台等通信设备，方便地同数十公里外的调车员、机车司机进行通话联系，为远程指挥提供了良好的通信环境。

3. 采用区域联锁后行车组织的变化

（1）闭塞方式的变化

区域联锁系统运用了区间空闲检查设备，实现了自动站间闭塞，车站值班员无需预先办理闭塞手续，就可以办理发车进路。

（2）车站作业的变化

行车调度员与车站的联系可减少数倍。传统的独立车站联锁，行车调度员直接与沿线各车站值班员联系，采用区域联锁，调度员只对沿线中心控制车站值班员下达调度命令或接收信息。

同时，中心站值班员能在较大范围内监控车站设备的状态和行车情况，能充分利用管辖区段内车站股道和区间等资源。可见，计算机联锁提高了车站值班员宏观调控能力，节省了人力。

8.3 机车信号

8.3.1 机车信号设备的作用与主体化

1. 机车信号的定义

机车信号是设置在机车上的信号机，它一般复示地面信号机的显示，向司机发出各种信号，报告线路和道岔情况，帮助司机安全正点地运行。为实现机车信号而装设的整套技术设备称为机车信号设备。

为保证行车安全,提高运输效率及改善司机的劳动条件,在机车上要安装机车信号车载设备。在线路上也要安装机车信号地面设备,使机车上能接收到反映地面信号的信息。

机车信号是单方向的控制设备,只能从地面向列车上传递信息。

2. 机车信号的作用

机车信号能复示地面信号机的显示,改善司机的瞭望条件。没有机车信号时,由于风、雪、雨、雾等气候条件不良或隧道、弯道等地形条件不良时,司机往往不能在规定距离内确认信号显示,存在冒进信号的危险。尤其是在行车密度大、列车速度快及载重量大的区段,要求增大制动距离,发生冒进信号的可能性更大。采用了机车信号后,就能较好地避免自然条件的干扰,提高司机接收信号的可靠性。在机车信号的基础上配套列车运行超速防护系统,可促使司机提高警惕,并在司机丧失警惕而有可能冒进信号或超速时,强迫列车停车或减速,以防止列车冒进信号或超速运行。安装机车信号和列车运行超速防护系统后,行车安全程度大大提高,效果十分显著。

3. 机车信号的主体化

由于受到地面轨道电路灵敏度、邻线干扰的影响,以及车载设备安全性等指标的制约,既有机车信号长期以来不能单独作为行车凭证,只能作为司机瞭望地面信号机显示的辅助手段。国际上通常认为,当列车速度达到160km/h及以上后,列车制动距离已明显大于司机瞭望信号的距离,再凭司机瞭望地面信号显示行车,已经难以保证行车安全,列车运行必须由依赖地面信号显示,转为以机车信号显示或超速防护系统为行车凭证。因此,随着我国轨道交通的不断提速,行车密度的增加,对机车信号主体化提出了迫切需求。机车信号主体化是一项系统工程,必须从地面轨道电路制式的统一、机车信号低频信息的标准化、车站电码化技术、车载设备的安全性、可靠性以及设备配置多方面开展工作。对此,《铁路技术管理规程》第91条明确规定:"作为行车凭证的机车信号为主体机车信号,是由车载信号和地面信号设备共同构成的系统,必须符合故障导向安全原则。车载设备应具有运行数据记录的功能;地面信号设备应能提供正确信息。"由此可以看出,主体机车信号不只是既有设备的简单提升,从某种意义上讲,是轨道交通信号的一次大的变革。

随着机车信号可靠性的提高,机车信号已开始从辅助信号转为主体信号,如在双线双向自动闭塞区段,反方向不设通过信号机,仅在分界点处设停车标志,以机车信号作为主体信号。列车速度在160km/h以下,这是司机能确认地面信号机显示的临界速度,虽然其正方向仍设地面信号机,但在正常情况下以机车信号为主,反方向则按机车信号运行。在列车速度超过160km/h时,司机确认地面信号已不可能,只能凭机车信号行车。

4. 机车信号分类

(1)按车载设备接收地面信息的时机分类

机车信号可分为连续式和接近连续式。

连续式机车信号能在整条线路上连续不断地反映线路状态和运行条件,用于自动闭塞区段。为使车上设备和地面设备间保持不间断的联系,地面必须设置有源的发送设备,向钢轨发送行车信息的电信号。该电信号在钢轨中传输,钢轨周围即形成磁场,机车上的接收线圈中就感应出电势,经译码使机车信号机显示相关信号。连续式机车信号能连续地显示运行条件,大大改善司机的劳动强度,保证了行车安全。

接近连续式机车信号是在车站的接近区段和站内,连续地反映地面信号显示,广泛用于半自动闭塞区段。在进站信号机前方接近区段的地面设备发送与进站信号机显示相符的信息,站内正线接车进路和侧线股道发送与出站信号机显示相符的信息,其他线路则没有信息。

(2)按车载设备接收地面信息的特征分类

机车信号可分为移频、极频和交流计数电码三种制式。

和三种自动闭塞制式相配套,自动闭塞区段的连续式机车信号相应也有三种制式。在半自动闭塞区段,接近连续式机车信号也有三种制式。

为满足机车长交路的要求,20 世纪 90 年代研制了通用式机车信号,其利用微机和数字信号处理技术,能自动识别各种制式的机车信号信息,可用于各种制式的自动闭塞和半自动闭塞区段。

(3)按是否有超速防护功能分类

机车信号可分为有超速防护功能和仅能为列车自动停车装置提供信息功能。

8.3.2 机车信号技术条件

1. 机车信号的基本技术条件

不论何种机车信号,都应满足以下五项基本技术条件:

①在规定的气候条件和列车震动的环境中,设备应稳定可靠地工作。

②应装有足够显示数目的机车信号机,以直观地反映地面信号机的显示。

③配合有音响信号,在机车信号变换显示时鸣响,使司机更加注意。

④能满足故障-安全原则的要求,在设备发生故障时,不应出现允许的信号显示,并在机车信号设备停止使用时有所表示。

⑤设备应安装在规定的限界范围以内。

2. 机车信号技术标准

《铁路信号维修规则技术标准》中的机车信号通则规定有以下五项标准。

①当机车接收到与地面信号相对应的电码、频率(以下简称信息)时,机车信号应显示相应的信号灯;信息不变时,机车信号显示保持不变;地面或机车上的信号设备故障时,机车信号不得出现升级的错误显示。

为了确保司机操纵列车按正常速度安全运行,机车信号的显示应与线路上列车接近地面信号机的显示含义相符;不符合时,应以地面信号机的显示为准。机车信号显示及含义,应符合《技规》第 357 条规定。作为行车凭证的机车信号为主体机车信号,是由车载信号设备和地面信号设备共同构成的系统,地面或机车上的信号设备故障时,机车信号不得出现升级的错误显示。当车站一端有两个以上出入口时,机车信号也不得因邻线干扰而出现错误显示。

②机车信号机构完整,灯室互不窜光,色玻璃无破损,灯泡与灯座接触良好,不松动;LED 型机车信号机的各发光体完整、颜色正常、亮度均匀。

机车信号的显示,应正确地反映线路上列车接近的地面信号机显示的含义。因此,信号机构必须完整,不允许灯室间窜光、色玻璃破损或灯泡接触不良灭灯。若发生以上情况,就会使信号显示含义不清或乱显示、无显示,致使不能正确操纵列车,于行车安全不利。

③机车信号设备安装牢固,应有防振、防松动、防潮湿、防高低温等保护措施。接收线圈接线盒、引管线管(含车内的)等封堵良好。

机车上震动剧烈、温差大、灰尘多、潮湿,机车信号设备工作环境十分恶劣,容易发生螺丝松动、断线、混线、进水气、进水、绝缘程度下降,甚至引起短路,影响机车信号与列车超速防护设备正常工作。因此,对机车信号设备应采取防震、防松动、防潮湿、防尘和防高以及低温的防护措施。对接收线圈接线盒及车内、外引线管等应保持完好,引入口应封堵良好,以免配线磨损,水气和尘土侵害设备。

④机车信号与列车超速防护设备和配线的绝缘程度,应符合规定。

机车上的油污、尘土和潮湿环境,会使机车信号与列车超速防护设备和配线的绝缘电阻降低,影响设备正常工作,甚至使设备发生误动或烧损。因此,要求机车信号与列车超速防护设备和配线的绝缘程度,应符合规定。

⑤机车出入库检查应满足以下四项要求:

a. 主机自检状态良好,主机工作灯、上下行灯显示正常,机车信号显示正确;

b. 方向、电源等开关作用良好,转换灵活;接线盒、感应线圈安装牢固,符合标准;各部螺丝不松动;插接件接触可靠;

c. 环线发码试验机车信号,显示关系正确;

d. 检查机车信号设备记录数据。

8.3.3　站内电码化

为了保证行车安全和提高运输效率,使机车信号车载设备在站内能连续不断地接收到地面信息,而不间断显示,需在站内原轨道电路的基础上进行电码化。站内电码化是机车信号系统及列控车载设备不可或缺的地面发送设备(当有区间、车站一体化设备时除外)。

1. 站内电码化

站内电码化,指的是由轨道电路转发或叠加机车信号信息技术的总称。之所以要实施电码化,是因为我国轨道交通站内轨道电路通常采用 25 Hz 相敏轨道电路或交流连续式轨道电路(480 轨道电路),它们只有列车占用的检查功能,即只能检查本区段是否有车占用或空闲,不能向机车信号车载设备传递任何信息。如果站内轨道电路不进行电码化,列车在站内运行时机车信号将因信息中断而无法工作,也就无法保证行车安全。因此,对这类轨道电路在采取一定的技术措施后,能使其根据运行前方信号机的显示,给机车信号车载设备发送各种信息,这就是电码化。

2. 站内电码化范围

站内电码化范围是列车进路,但由于技术方面的原因,还不能覆盖全部列车进路。

(1)自动闭塞区段

①正线。

正线正方向,电码化范围包括接车进路和发车进路。

正线反方向,一般均采用自动站间闭塞,轨道电路电码化范围只包括接车进路。

②侧线。

侧线电码化范围仅仅是股道。这是因为正线电码化要求咽喉区道岔绝缘设在弯股,侧线轨道电路电码化通路被切断,无法实现。

(2)半自动闭塞区段

站内电码化范围只包括正线接车进路和侧线股道,以及进站信号机外方的接近区段,在提速半自动闭塞区段,则为进站信号机外方的第一接近区段和第二接近区段。

(3)站内电码化发送的信息

对于接车进路和侧线股道,站内电码化发送的信息,与本股道同方向出站信号机显示相联系。对于发车进路,站内电码化发送的信息,与同方向防护离去区段的通过信号机显示相联系。对于半自动闭塞区段进站信号机外方的接近区段,站内电码化发送的信息,与该进站信号机显示相联系。

(4)站内电码化方式

站内电码化有切换方式和叠加方式两种。切换方式电码化是在25Hz 轨道电路或480 型轨道电路被占用时,转为发送电码化信息(移频信息),列车占用下一相邻轨道电路区段后恢复原轨道电路,即原轨道电路和电码化电路切换使用。叠加方式是在25Hz 轨道电路或480 型轨道电路被占用时,原轨道电路和电码化电路同时起作用,列车占用下一相邻轨道电路区段后恢复原轨道电路,即原轨道电路和电码化电路叠加使用。预叠加方式是在列车占用前一相邻轨道电路区段时,将电码化电路叠加使用。

最初的电码化方式采用的是固定切换方式,即本轨道电路区段被占用实现电码化时,起转换开关作用的轨道发码继电器固定在励磁状态,向轨道发送移频信息,待列车进入下一相邻轨道电路区段后,本区段的轨道发码继电器落下,恢复原轨道电路。此种方式存在着在某些正常的调车作业或列车折返时,已电码化股道的轨道电路不能自动恢复的缺点。

为此,改为采用脉动切换方式的电码化,即某一轨道区段电码化时,使传输继电器处于脉动状态,当其励磁时向轨道发送移频信息,失磁时将原轨道电路设备接向钢轨,列车出清时轨道电路自动恢复。此方式不仅克服了固定切换方式的缺点,而且可以做到电码化电路与车站联锁电路之间的联系最少。

在列车提速的情况下,当列车以较高速度通过站内较短的轨道电路区段时,由于传输继电器有0.6s 的落下时间而造成“掉码”,使机车信号不能连续工作,不利于行车安全。因此又出现了预叠加方式的电码化,将移频信息叠加在原轨道电路上,两种类型的电路由隔离器隔离而互不影响,并可提前一个区段发码,能保证机车信号及时接收移频信息,不会造成“掉码”。

思考题

1. 简述列车进路中列车进路信号机的作用。
2. 简述联锁系统的基本技术。
3. 简述计算机联锁设备的主要组成。
4. 简述机车信号的作用。
5. 为什么车站要实现电码化?

第9章 CTCS 列控系统

CTCS是为了保证列车安全运行,并以分级形式,满足不同线路运输需求的列车运行控制系统。本章主要介绍CTCS的基本功能、CTCS-2级和CTCS-3级列控系统的系统结构、地面设备和车载设备的工作原理、功能。

9.1 CTCS 基本功能与系统构成

9.1.1 CTCS 基本功能

1. 安全防护

安全防护功能包括以下四个方面。

①在任何情况下,防止列车无行车许可的运行。

②防止列车超速运行,包括:防止列车超过进路允许速度运行;防止列车超过线路结构规定的速度运行;防止列车超过机车车辆构造速度运行;防止列车超过临时限速及紧急限速运行;防止列车超过轨道交通有关运行设备的限速运行。

③防止列车溜逸。

④测速环节,应保证一定范围内的车轮滑行和空转不影响ATP系统的功能,并具有轮径修正能力。

2. 人机界面

人机界面的功能包括以下四个方面:

①能够以字符、数字及图形等方式显示列车运行速度、允许速度、目标速度和目标距离。

②能够实时给出列车超速、制动、允许缓解等表示以及设备故障状态的报警。

③机车乘务员输入装置,应配置必要的开关、按钮和有关数据输入装置。

④具有标准的列车数据输入界面,可根据运营和安全控制要求对输入数据进行有效性检查。

3. 检测功能

检测功能包括以下两个方面:

①具有开机自检和动态检查功能。

②具有关键数据和关键动作的记录功能及监测接口。

4. 可靠性和安全性

这方面功能包括以下三个方面：

①按照信号故障导向安全原则进行系统设计。

②采用冗余结构。

③满足电磁兼容性相关标准。

9.1.2 CTCS 体系结构与系统构成

CTCS 的体系结构，按铁路运输管理层、网络传输层、地面设备层和车载设备层配置，如图 9-1 所示。

铁路运输管理层	
网络传输层	
地面设备层	车载设备层

图 9-1 CTCS 体系结构图

1. 铁路运输管理层

铁路运输管理系统是行车指挥中心，以 CTCS 为行车安全保障基础，通过通信网络实现对列车运行的控制和管理。

2. 网络传输层

CTCS 网络分布在系统的各个层面，通过有线和无线通信方式实现数据传输。

3. 地面设备层

地面设备层，主要包括：列控中心、轨道电路和点式设备、接口单元及无线通信模块等。列控中心是地面设备的核心，根据行车命令、列车进路、列车运行状况和设备状态，通过安全逻辑运算，产生控车命令，实现对运行列车的控制。

4. 车载设备层

车载设备层是对列车进行操纵和控制的主体，具有多种控制模式，并能够适应轨道电路、点式传输和无线传输方式。车载设备层，主要包括：车载安全计算机、连续信息接收模块、点式信息接收模块、无线通信模块、测速模块、人机界面和记录单元等。

CTCS 体系参照国际标准，结合国情，从需求出发，按系统条件和功能划分等级。CTCS 体系的构建原则是以地面设备为基础，车载与地面设备一体化设计。系统构成如图 9-2 所示。

9.1.3 CTCS 列控系统的应用等级

列车运行控制系统，包括地面设备和车载设备，根据系统配置按功能划分为 5 级。

CTCS－0 级为既有线的现状，设备构成为通用机车信号＋列车运行监控装置。

CTCS－1 级是面向 160km/h 以下的区段，由主体机车信号和加强型运行监控装置构成。在既有设备基础上强化改造，增加点式设备，实现列车运行安全监控功能。

CTCS－2 级是面向提速干线和 200～250km/h 客运专线，采用车地一体化设计，基于轨道电路传输信息的列车运行控制系统。司机凭车载信号行车，地面一般设置通过信号机。

CTCS－3 级是面向 300～350km/h 客运专线，基于无线通信网 GSM-R 传输列控信息，并采用轨道电路等方式检查列车占用。点式设备主要传送定位信息。

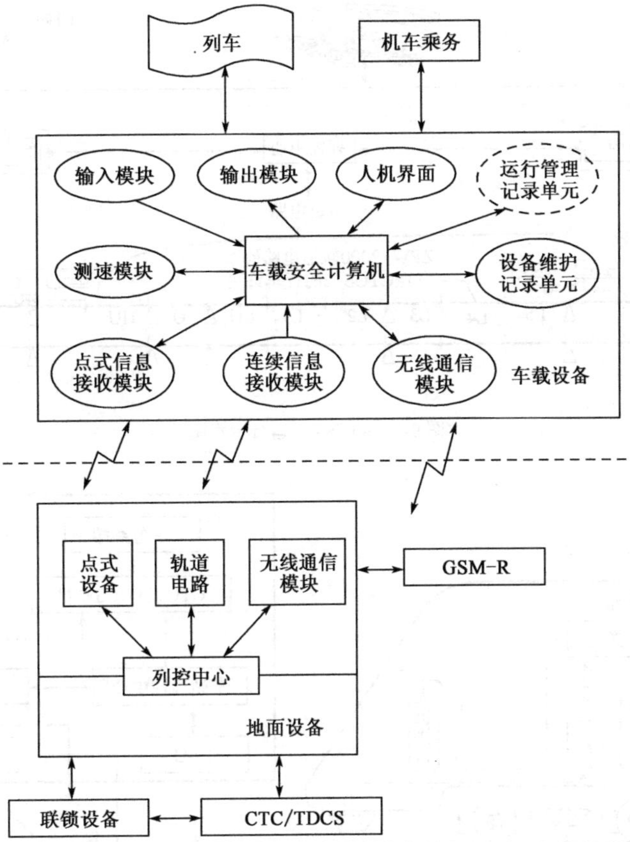

图 9-2　CTCS 系统构成图

CTCS－4 级是面向高速新线或特殊线路,是完全基于无线传输信息的列车运行控制系统。地面可取消轨道电路,不设通过信号机,由无线闭塞中心 RBC 和车载系统共同完成列车占用检测及完整性检查,实现虚拟闭塞或移动闭塞。

9.2　CTCS－2 级列控系统

CTCS－2 级是基于轨道电路和点式信息设备传输列车运行许可信息,并采用目标—距离模式监控列车安全运行的列车运行控制系统。该系统适用于各种限速区段,地面一般设置通过信号机,是一种点-连式列车运行控制系统,其运行示意如图 9-3 所示。

CTCS－2 级列控系统由车载设备和地面设备两部分组成。系统构成如图 9-4 所示。

9.2.1　CTCS－2 地面设备

CTCS－2 级列控系统地面设备,由 ZPW－2000(UM)系列轨道电路、点式应答器、车站列控中心以及车站联锁组成。

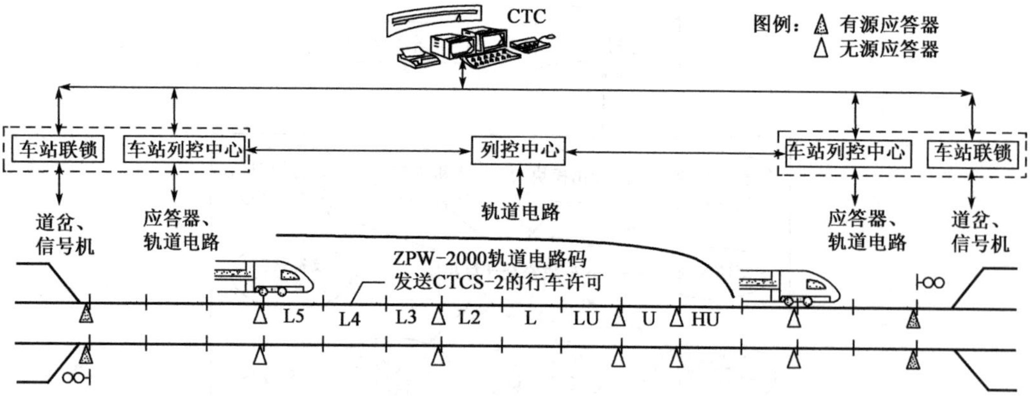

图 9-3　CTCS－2 运行示意图

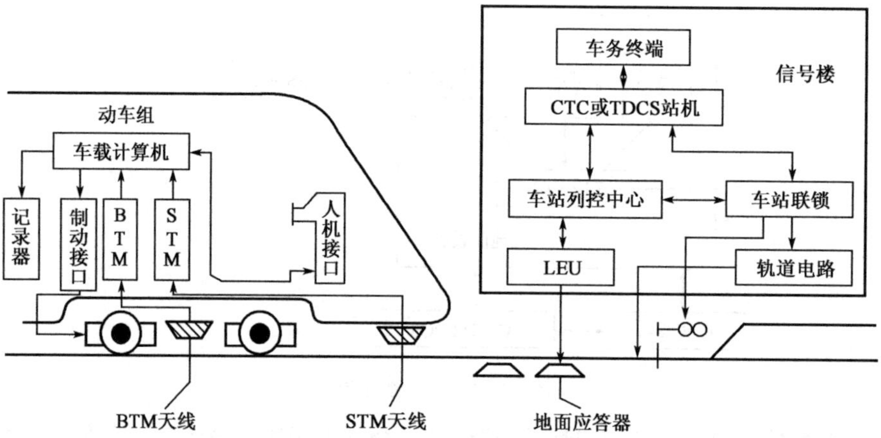

图 9-4　CTCS－2 系统结构图

1. ZPW－2000 系列轨道电路

轨道电路用于占用检查及连续传输列控信息，包括行车许可、空闲闭塞分区数量与道岔限速等。轨道电路码序在原四显示自动闭塞基础上增加 L2、L3 码及 L4、L5 码。

2. 应答器

点式应答器提供点式信息，包括以下 7 项。

①线路基本参数，如线路坡度、公里标和轨道区段等参数。

②线路速度信息，如线路最大允许速度和列车最大允许速度等。

③临时限速信息，当由于施工、天气等原因引起的对列车运行速度进行限制时，有源应答器应向列车提供临时限速信息。

④车站进路信息，根据车站接发车进路，向列车提供“线路坡度”、“线路速度”及“轨道区段”等线路参数。

⑤道岔信息，给出前方道岔侧向允许列车运行的速度。

⑥特殊定位信息，如升降弓、进出隧道、鸣笛及列车定位等。

⑦其他信息，如固定障碍物信息、列车运行目标数据以及链接数据等。

3. 车站列控中心

车站列控中心分别与车站联锁、CTC 或 TDCS、微机监测、地面电子单元等设备，进行信息交换，获得行车命令、列车进路、列车运行状况和设备状态，通过安全逻辑运算，产生控车命令，通过有源应答器及轨道电路传送给列车，实现对运行列车的控制。

车站列控中心设置于车站信号楼。车站列控中心适用于装备计算机联锁/CTC 的车站、区间中继站和控制无岔站的中继站。列控中心与车站联锁、CTC 车站分机、应答器地面电子单元、轨道电路、微机监测等设备的关系，如图 9-5 所示。

车站列控中心的主要功能有以下七项：

①根据临时限速命令、车站进路状态，调用相应报文，通过 LEU 传至有源应答器。

②根据列车占用轨道区段及车站进路状态，控制轨道电路的载频、低频信息编码，并控制站内及区间轨道电路发送方向。

③根据列车在区间的走行逻辑，对轨道电路占用、出清、非正常逻辑进行判断和报警，并采取必要的防护措施。

④完成区间信号机点灯控制。

⑤完成无岔站信号及进路控制。

⑥完成区间运行方向与闭塞控制。

⑦车站列控中心间实时传输区间轨道电路状态、临时限速信息、区间闭塞和方向条件等安全信息以及相关状态信息。

9.2.2　CTCS－2 车载设备

CTCS－2 车载设备根据地面设备提供的信号动态信息、线路参数、临时限速等信息和动车组参数，按照目标—距离模式生成控制速度，监控列车安全运行。

1. CTCS－2 级车载系统构成

CTCS－2 级车载设备构成，如图 9-6 所示。动车组的两端各安装一套独立的 ATP 车载设备；总体结构采用硬件冗余结构，关键设备均采用双套，核心设备采用三取二或者二乘二取二结构。

(1)车载安全计算机(VC)

车载安全计算机是 ATP 装置的核心部分，负责从 ATP 系统各个模块获取信息，生成制动模式曲线，必要时通过故障-安全电路向列车输出制动信息，控制列车安全运行。为了保证列车控制的安全性和设备的冗余性，安全计算机一般采用二乘二取二冗余结构。

(2)应答器信息接收模块(BTM)

BTM 天线接收来自地面应答器的信号，传输至 BTM 模块进行信息解调处理。BTM 是一个采用二取二技术的故障安全模块。通过一个专用信息接口和安全计算机同步。同时它还提供通过应答器中点时的确切时间，能够让 ATP 车载设备在 10mm 级的准确范围内进行列车定位校准。

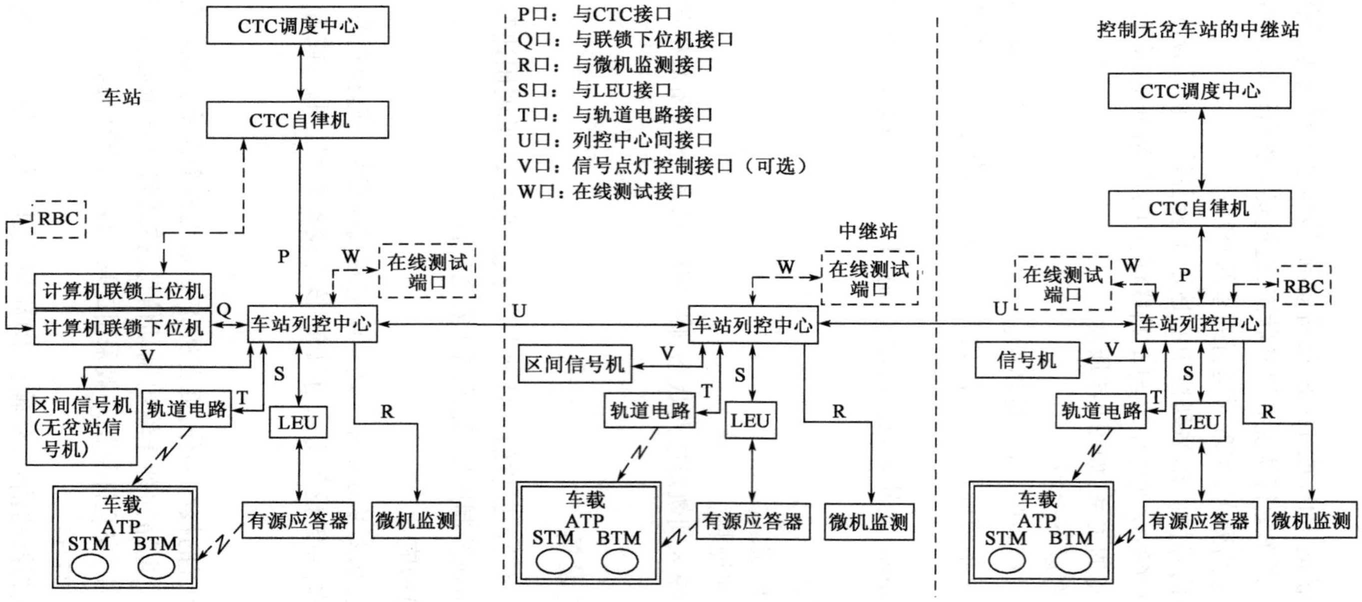

图9-5　CTCS-2 列控中心系统组成与关系示意图

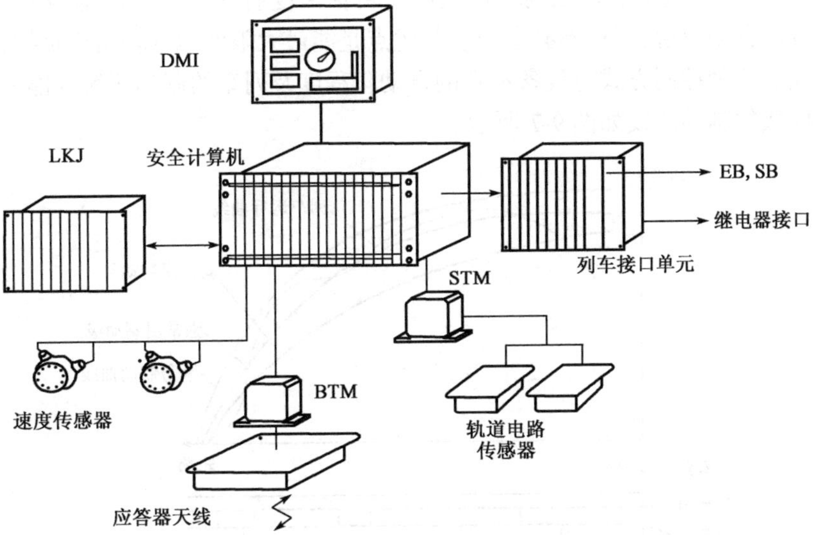

图 9-6　CTCS－2 级列控车载设备系统构成图

(3)连续信息接收模块(STM)

通过 STM 天线接收轨道电路信号,解调轨道电路上传的信息,并及时传递给安全计算机和列车运行监控记录装置。

(4)人机界面(DMI)

通过声音、图形等方式,将 ATP 车载装置的状态通知司机。司机可以通过 MMI 上的按键,切换 ATP 装置的运行模式或是输入必要的信息。MMI 为配备有带按钮的液晶显示器。各 ATP 车载设备采用统一的显示界面和司机操作规程。ATP 车载设备具有独立的输入手段,全部信息通过 ATP 车载设备输入,非安全信息可由列车运行监控记录装置提供。

(5)LKJ 监控装置

在 CTCS－2 级区段,一般由 ATP 车载设备控车。在 CTCS－0、CTCS－1 级区段或在 CTCS－2 级区段 ATP 车载设备故障情况下,LKJ 结合 ATP 车载设备提供的机车信号功能,控制列车运行。

2. CTCS－2 级车载设备的主要功能

采集列控数据,计算静态列车速度曲线和动态列车速度曲线,计算缓解速度,计算和表示列车定位、速度,在 DMI 上表示运行权限和限速。运行权限和限速的监控,在任何情况下防止列车无行车许可运行,防止列车超速运行,防止列车溜逸。列车超速时,车载设备进行超速防护,具有声光报警、切除牵引力、动力制动、控制常用制动及紧急制动等措施。车载设备发生故障时,及时报警提醒司机,并对故障设备进行必要的隔离。进行司机行为的监控、反方向运行防护、CTCS－2 信息的记录。

3. ATP 车载设备的工作模式

ATP 车载设备,具有设备制动优先(机控优先)与司机制动优先(人控优先)两种模式,可通过 ATP 车载设备内部设置选择。

设备优先的 ATP 工作模式，在列车速度高于目标速度后立即进行制动控制，当列车速度低于目标速度后自动缓解，司机不必参与。其优点是能最大限度地减轻司机负担，有利于缩短列车追踪间隔。这种控制方式对设备本身的自动化程度及列车的制动缓解性能要求较高。设备制动优先模式的制动曲线如图 9-7 所示。

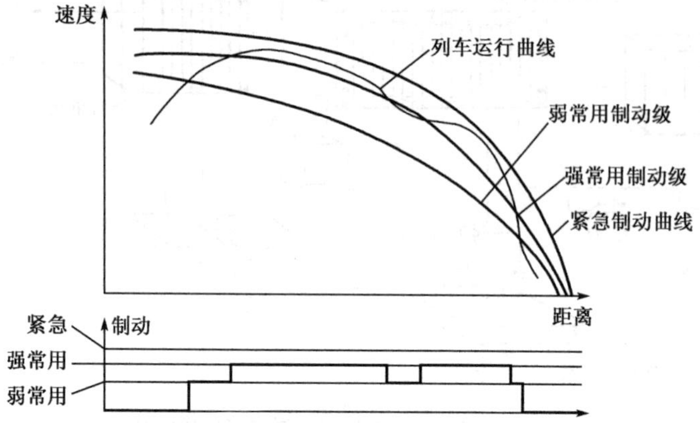

图 9-7　设备制动优先模式制动曲线图

人控优先的方式，只有在列车速度超过安全运行所允许的速度，设备才进行惩罚性的强制制动。列车正常运行时，设备不干预司机操作。人控优先的系统，有助于加强司机的责任感，发挥其驾驶技巧。人控制动优先的制动曲线，如图 9-8 所示。

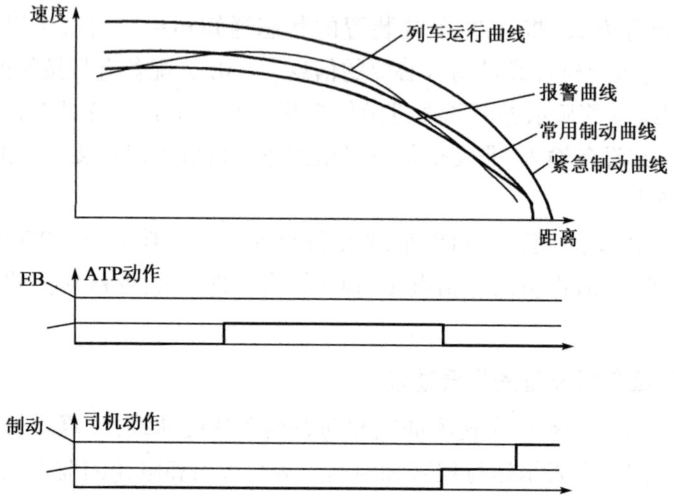

图 9-8　人控制动优先模式制动曲线图

9.3　CTCS－3 级列控系统

CTCS－3 级列控系统是采用传统轨道电路方式检查列车占用、基于无线通信网 GSM－R 传输列控信息的列车运行控制系统。CTCS－3 级适用于各种限速区段，地面可不设通过信号机,司机凭车载信号行车。CTCS－3列车系统采用目标距离连续速度控制模式和设备制动优先制动模式,同时具有CTCS－2级功能,其运行过程如图9-9所示。

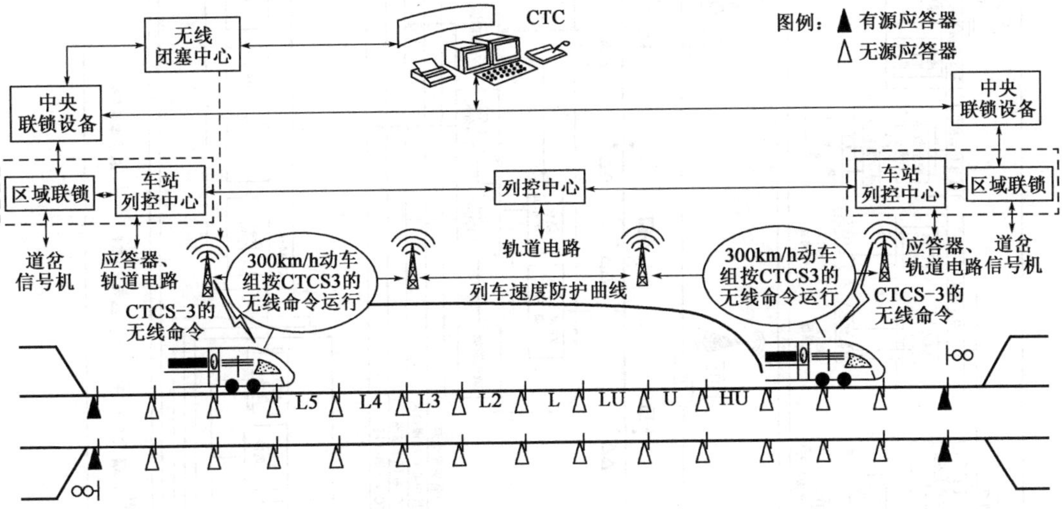

图9-9 CTCS－3级运行示意图

9.3.1 CTCS－3级列控系统总体结构

CTCS－3级列控系统,包括地面设备和车载设备。地面设备由无线闭塞中心(RBC)、车站列控中心(TCC)、ZPW－2000(UM系列)轨道电路、应答器(含LEU)、GSM－R通信接口设备等组成。车载设备由车载安全计算机(VC)、GSM－R无线通信单元(RTU)、轨道电路信息接收单元(TCR)、应答器信息传输模块(BTM)、记录单元(JRU/DRU)、人机界面(DMI)、列车接口单元(TIU)等组成。CTCS－3级列控系统总体结构,如图9-10所示。

RBC根据轨道电路、联锁进路等信息生成行车许可,并通过GSM－R无线通信系统将行车许可、线路参数、临时限速传输给CTCS－3级车载设备;同时通过GSM－R无线通信系统接收车载设备发送的位置和列车数据等信息。

TCC接收轨道电路的信息,并通过联锁系统传送给RBC。它具有轨道电路编码、应答器报文储存和调用、站间安全信息传输、临时限速功能,满足后备系统需要。

应答器向车载设备传输定位和等级转换等信息。它向车载设备传送线路参数和临时限速等信息,满足后备系统需要。应答器传输的信息与无线传输的信息的相关内容含义保持一致。

车载安全计算机根据地面设备提供的行车许可、线路参数、临时限速等信息和动车组参数,按照目标距离连续速度控制模式生成动态速度曲线,监控列车安全运行。

9.3.2 CTCS－3级地面设备

CTCS－3级列控系统地面设备构成,如图9-11所示。

CTCS－3级列控系统的区间不设地面信号机,在闭塞分区分界处设置标志杆。

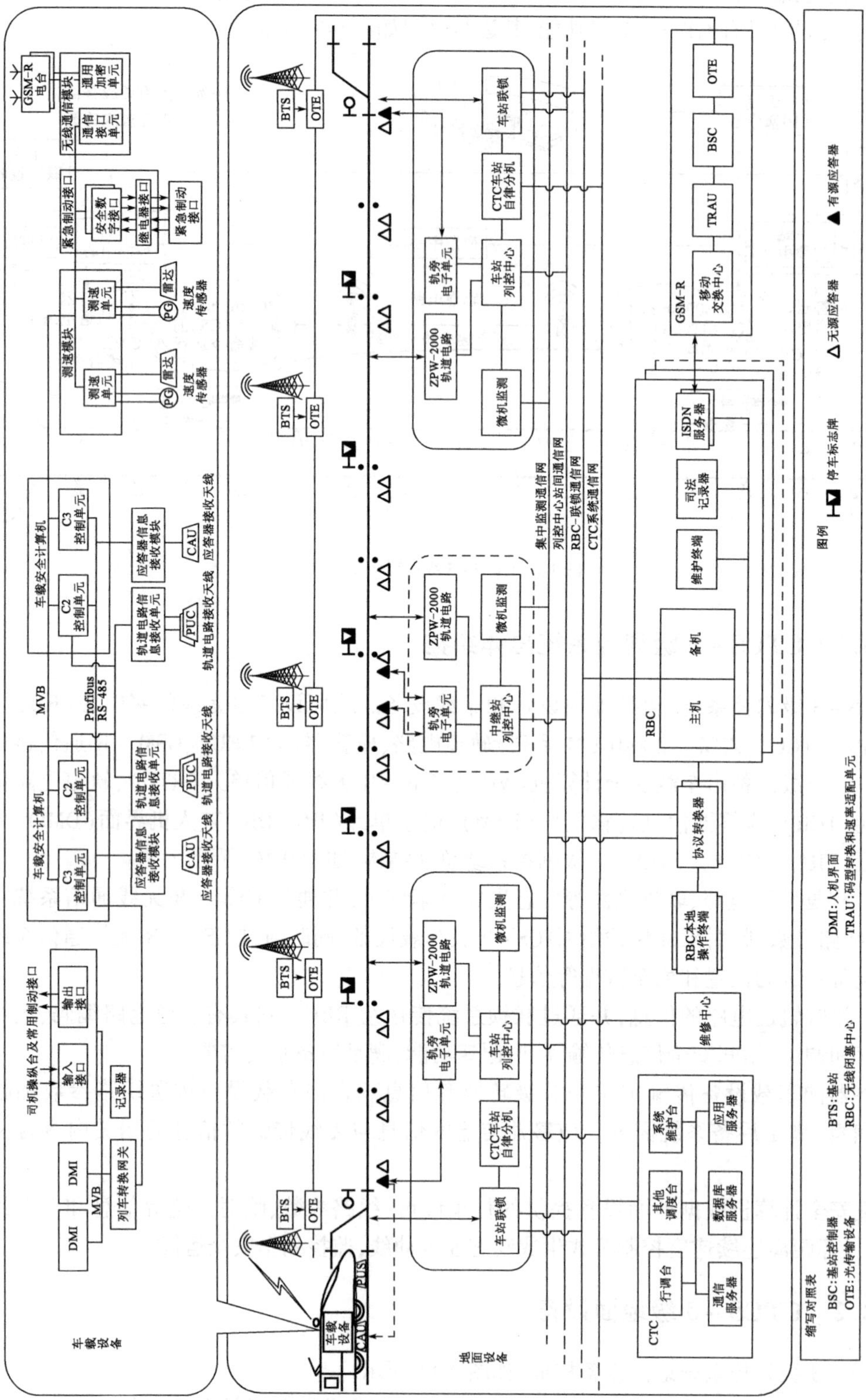

图9-10 CTCS-3级列控系统总体结构图

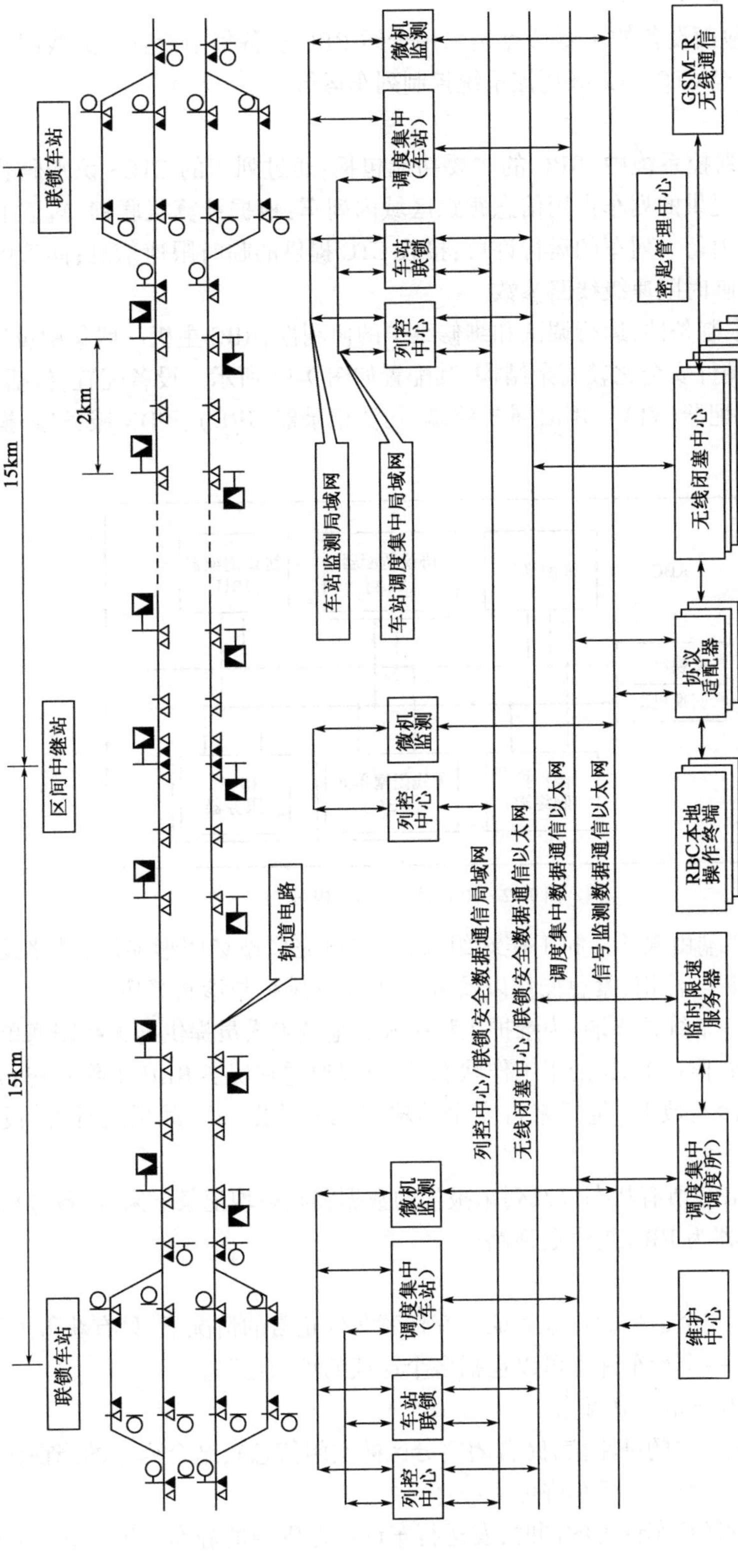

图9-11　CTCS-3级列控系统地面设备结构示意图

1. 无线闭塞中心 (RBC)

CTCS－3 系统地面设备的主要特点是采用全线 RBC 设备集中设置。无线闭塞中心或无线通信故障时,降级至 CTCS－2 级列控系统控制列车运行。

(1)RBC 的功能

在 CTCS－3 级列控系统中,RBC 的主要功能包括:通过列车的 CTCS 识别码获得列车的信息;通过轨道电路提供的列车占用信息跟踪区域内列车;根据计算机联锁、轨道电路等系统提供的信息,生成管内每一列车的运行许可;接收 CTC 提供的临时限速信息;向管内列车传送列车当前运行许可、临时限速级线路参数。

综合考虑各种限制条件、运行调试和维修维护的便利性,RBC 主机一般集中设置。

RBC 设备采用硬件安全比较冗余结构,其配置如图 9-12 所示。设备配置,包括:无线闭塞单元(RBU)、协议适配器(VIA)、RBC 维护终端、司法记录器(JRU)、ISDN 服务器、操作控制终端和交换机等。

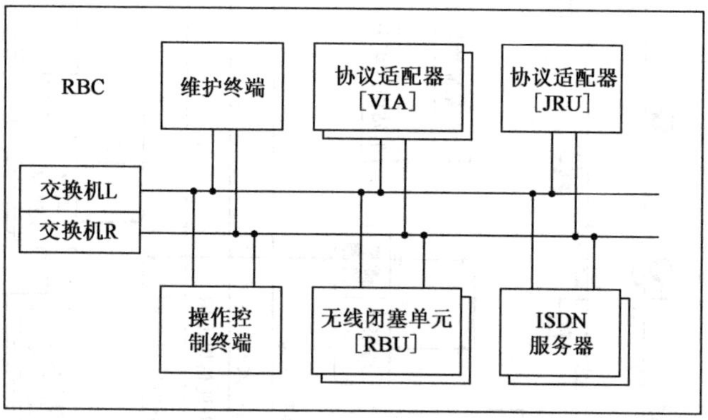

图 9-12　RBC 设备配置结构图

RBC 操作控制终端由服务器和工作站组成,主要可完成站场图形显示、进路及列车运行情况显示、列车的登记与注销、紧急操作以及 RBC 系统的维护与诊断等功能。

每台 RBC 设有一个维护终端,为维护工程师及其他技术人员提供与无线闭塞单元(RBU)接口。主要功能包括:监视 RBU 处于工作状态,还可以通过它切换 RBU 工作状态;告警提示;读取有 RBU 存储的诊断数据(包括来自安全传输单元的数据);下载系统日志;设定时间和日期。

司法记录器将 RBC 所有状态以及列车报告的数据和状态均记录下来,以备分析检查。

通过 ISDN 服务器为 RBC 提供通话路由。

(2)行车许可

行车许可是列车安全运行的行车凭证。在运营条件正常的情况下,只有获得了行车许可,列车才能正常行驶。一个行车许可可以包括多个连续的锁闭进路。

(3)行车许可的生成和发送流程

RBC 应根据联锁提供的进路信息(含闭塞分区的空闲信息),结合列车的当前位置和运行方向生成控制范围内各列车的行车许可。

RBC 在向列车发送行车许可的同时,发送行车许可范围内的静态速度曲线、坡度信息、线路描述信息(如分相区信息和进路适合性信息)、应答器链接信息、临时限速信息。

联锁和 RBC 采用信号对象交换联锁进路和闭塞区段信息。信息的交换以信号授权的终点信号为对象。

区间每个闭塞分区只有两种工作状态:锁闭和使用。当闭塞分区空闲时,该闭塞分区自动转为“锁闭”状态。当列车占用轨道区段时,其所处闭塞分区将呈现“使用”状态。列车的行车许可应在“使用”状态的闭塞分区入口处终止。

当轨道区段出现不正常占用时,其所处闭塞分区信号授权将呈现“使用”状态。

(4)RBC 接口

RBC 的接口分为内部接口和外部接口。内部接口包括:RBC 与 RBC 间的接口、RBC 与 ISDN 间的接口、RBC 与 VIA 和 RBC 操作控制终端接口、RBC 与 RBC 本地维护终端接口、RBC 与司法记录器接口。外部接口包括:其与车站联锁设备、CTC 设备、临时限速服务器、信号集中监测设备和 GSM - R 网络等的接口。

(5)RBC 切换

CTCS - 3 级列控系统在不同 RBC 边界处,必须实现列车在两个 RBC 间行车许可控制的安全切换。

RBC 切换采用 RBC 间直接通信的方式交换 RBC 切换信息。

RBC 切换适用于列车在本线不同 RBC 控制区域间 RBC 对列车控制权的切换,也适用于不同线路间 RBC 对列车控制权的切换。RBC 切换过程,如图 9-13 所示。

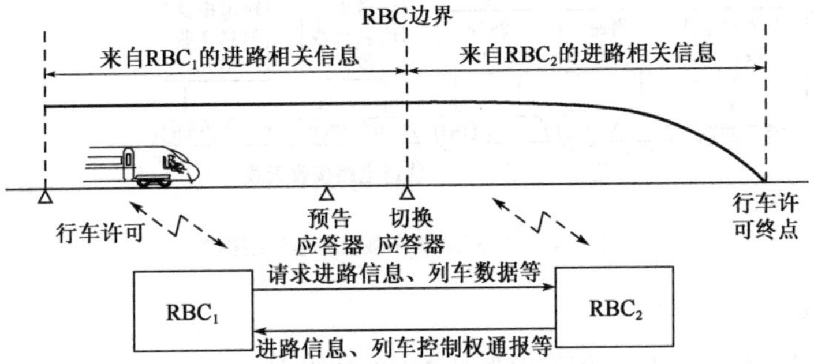

图 9-13　RBC 切换示意图

2. 应答器

应答器用于向 CTCS - 3 级列控系统车载设备提供位置、转换等级、建立无线通信等信息,同时对 CTCS - 2 级列控系统车载设备提供线路速度、线路坡度、轨道电路、临时限速等线路参数信息。

3. LEU

LEU 通过串行通信接口与 TCC 设备连接,将来自 TCC 的报文连续向有源应答器发送,实现向车载设备发送可变信息。

4. 列控中心

TCC 根据轨道区段占用信息、联锁进路信息、线路限速信息等,产生列车行车许可命令,并通过轨道电路和有源应答器,传输给车载子系统,保证管辖区域内所有列车的运行安全。

9.3.3 CTCS－3 级车载设备

CTCS－3 级车载设备采用分布式结构。设备包括:车载安全计算机、GSM－R 无线通信模块(RTM)、轨道电路信息接收单元(TCR)、应答器信息接收模块、司法记录器(JRU)、人机界面 DMI 及列车接口单元 TIU 等。其总体结构,如图 9-14 所示。

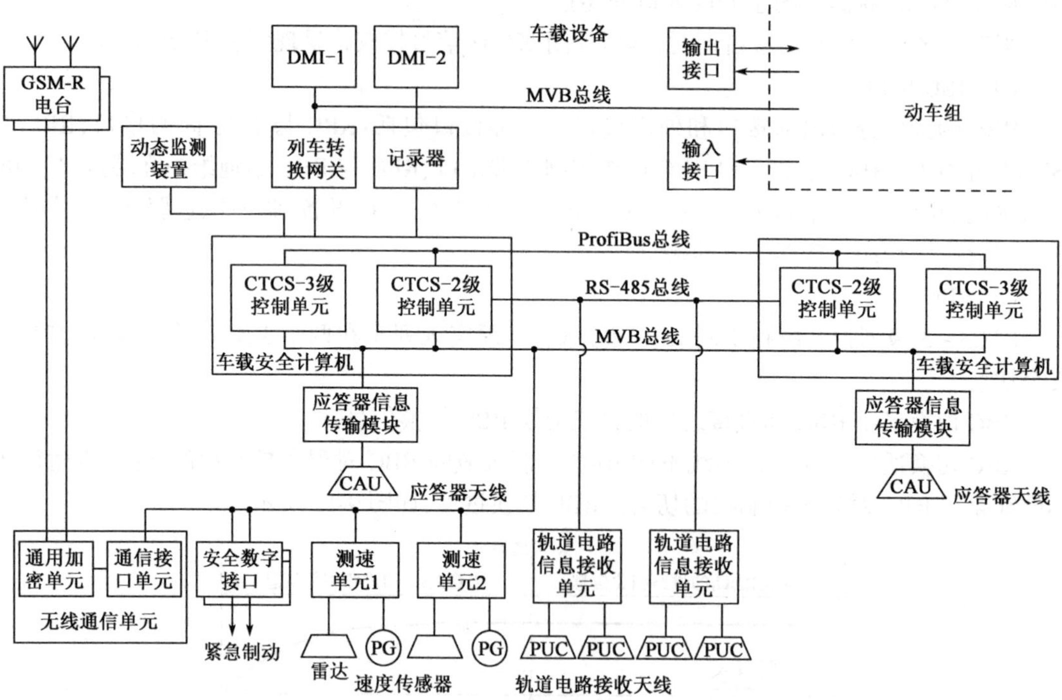

图 9-14　CTCS－3 级车载设备总体结构图

1. 设备配置

车载设备与动车组的接口采用继电器或 MVB 总线方式。

车载设备中的车载安全计算机、应答器信息接收模块(BTM)、安全输入输出接口(VDX)、轨道电路信息接收单元(TRC)、测速测距单元(SDU)、人机界面(DMI)等关键设备,均采用冗余配置。

车载安全计算机中的 CTCS－3 控制单元和 CTCS－2 控制单元独立设置,CTCS－3 控制单元负责在 CTCS－3 线路正常运行时的核心控制功能,CTCS－2 控制单元负责后备系统的核心控制功能。

300km/h 动车组不装设运行监控装置(LKJ)。

2. 设备功能

CTCS－3 级列控车载设备,负责接收地面数据命令信息,生成速度模式曲线,监控列车运行,保证列车运行安全。

CTCS－3 级列控车载设备具有以下基本功能。

(1)自检功能

车载设备启动时,首先进行系统自检,以确认设备是否有效。自检包括:测试常用制动、紧急制动命令能否正确输出与测试 TCR 完好、DMI 显示等。车载设备的自检完成后,能在 DMI 上显示自检结果。

(2)数据的输入和存储

车载设备能记录外部输入的列车参数以及发生变化的时间,记录存储的列车参数,包括:车次号、司机 ID 号、列车长度、列车类型及列车最大允许速度(结构速度)等。

(3)界面显示

列控车载设备提供显示和操作界面(DMI),安装在司机便于操作和观察的位置,为司机提供驾驶过程的参考信息。

(4)信息接收及发送

车载设备通过 GSM－R 无线通信系统,向 RBC 发送司机选择输入和确认的数据(如车次号、列车长度),列车固有性质数据(列车类型、列车最大允许速度、牵引类型等),车载设备在 RBC 的注册、注销信息,定期向 RBC 报告列车位置、列车速度、列车状态(正常时)和车载设备故障类型(非正常时)信息,列车限制性信息以及文本信息等。

车载设备通过应答器获取列车的位置信息。

(5)静态曲线比较

车载设备根据列车数据和线路数据生成静态列车速度曲线,静态曲线考虑线路速度等级、线路允许速度、列车的限制速度等计算得到线路所有位置的列车允许速度。

(6)动态曲线计算

车载设备考虑列车运行的各种限制,生成动态列车制动模式曲线。动态列车制动模式曲线,包括常用全制动曲线和紧急制动曲线。计算动态列车制动模式曲线的公式和参数经过评估,在保证安全的前提下尽量优化制动曲线,减少制动距离。

(7)列车定位

车载设备具有确定列车位置的功能,该功能依据地面应答器收到的信息,并以此为基准点,通过测速单元等设备,测量列车运行距离,获得列车位置。计算列车位置时,要考虑测速设备的误差。车载设备应定时向 RBC 报告列车位置。

(8)速度的测量及显示

车载设备通过安装在车轮上的速度传感器和安装在车体的雷达能够实时测试列车的运行速度,测速单元将速度传感器和雷达的输入进行测量和逻辑运算,得到列车的实际速度,并把列车运行速度送入主机模块,同时通过 DMI 向司机显示。

(9)行车许可和限速命令显示

车载设备根据得到的行车许可和限速命令通过 DMI 向司机显示目标距离、允许速度,还可以运用声音提示等方式向司机进行报警,向司机提供足够的显示信息,方便其驾驶。

(10)行车许可和限制速度的监督

车载设备允许司机以最大安全速度行驶,保证列车在静态和动态速度模式曲线监督下安全运行。当列车速度超过报警速度值时向司机报警,报警持续到实际速度低于允许速度为止;列车速度超过常用制动速度值时,车载设备实施常用制动直到实际速度低于缓解速度,此后可以由设备或司机选择缓解常用制动;如果常用全制动失效列车速度超过紧急制动速度值,车载设备实施紧急制动,列车停稳后司机才能缓解紧急制动。

(11)司机操作的监督

车载设备在某些情况下,要求司机在一定间隔(时间或距离)内应答。如果在规定的间隔未接收到司机的应答信息,则以声音形式向司机报警。如果司机在报警后的一定时间内未做出响应,车载设备实施紧急制动,直到列车停稳后方可缓解紧急制动。当列车在完全监控方式时,该监督功能可以取消。

(12)溜逸防护

为防止列车溜逸,车载设备监视列车的运行方向和当前运行状态。当列车发生溜逸时,车载设备实施紧急制动,该制动只能在列车停车后才能由司机缓解。

(13)信息记录

车载设备将输入的数据、接收的数据和计算的数据进行信息记录,所有记录的数据与统一时钟和位置参考点对应;记录数据可以通过标准输出接口转储到其他介质上以便分析。

(14)自动过分相

车载设备能根据地面设备提供的数据提供前方过分相信息。

(15)站名和公里标显示

车载设备能根据地面提供信息,提供当前车站站名显示和固定点公里标信息。

3. 主要工作模式

CTCS－3 级列控车载设备(含 CTCS－2 级功能)有 9 种主要工作模式,其中:通用的模式有完全监控模式(FS)、目视行车模式(OS)、引导模式(CO)、调车模式(SH)、隔离模式(IS)、待机模式(SB)和休眠模式(SL)等 7 种;仅适用 CTCS－2 级的模式有部分监控模式(PS)和机车信号模式(CS)。

(1)完全监控模式(FS)

当具备列控所需的全部基本数据(包括列车数据、行车许可和线路数据等)时,列控车载设备生成目标距离连续速度控制模式曲线,并通过人机界面(DMI)显示列车运行速度、允许速度、目标速度和目标距离等信息,监控列车安全运行。

(2)目视行车模式(OS)

当地面设备故障、列控车载设备显示禁止信号且列车停车后需继续运行时,根据行车管理办法,经司机操作,列控车载设备按固定限制速度 40km/h 监控列车运行,列车每运行一定距离(300m)或一定时间(60s)司机需确认一次。

(3)引导模式(CO)

当开放引导信号或出站信号机开放且列车前端距离出站信号机较远(大于 250m)发车时,列控车载设备生成目标距离连续速度控制模式曲线,并通过 DMI 显示列车运行速度、允许速度、目标速度和目标距离等,车载设备按固定限制速度 40km/h 监控列车运行,司机负责在列车运行时检查轨道占用情况。

(4)调车模式(SH)

当进行调车作业时,司机按压调车按钮,列控车载设备按固定限制速度 40km/h(顶棚)监控车列前进或折返运行。

当工作在 CTCS－3 级时，经 RBC 同意，列控车载设备转入调车模式（SH）后与 RBC 断开连接，退出调车模式后再重新与 RBC 连接。

(5)隔离模式(IS)

当列控车载设备停用时，需在停车情况下，经操作隔离列控车载设备的制动功能。在该模式下，车载设备不具备安全监控功能。列控车载设备应能够监测隔离开关状态。

(6)待机模式(SB)

当列控车载设备上电时，执行自检和外部设备测试正确后自动处于待机模式，车载设备禁止列车移动。

当司机开启驾驶台后，列控车载设备中的 DMI 投入正常工作。

(7)休眠模式(SL)

该模式用于非本务端列控车载设备。在该模式下，列控车载设备仍执行列车定位、测速测距、记录等级转换及 RBC 切换信息等功能。

列车立折，非本务端升为本务端后，车载设备可自动进入正常工作状态。

(8)部分监控模式(PS)

该模式仅用于 CTCS－2 级控车。在 CTCS－2 级，当车载设备接收到轨道电路允许行车信息，而缺少应答器提供的线路数据时，列控车载设备产生一定范围内的固定限制速度，监控列车运行。

(9)机车信号模式(CS)

该模式仅用于 CTCS－2 级控车。当列车运行到地面设备配置未装备 CTCS－3 级/CTCS－2级列控系统的区段时，根据行车管理办法（含调度命令），经司机操作后，列控车载设备按固定限制速度 80km/h 监控列车运行，并显示机车信号。

当列车越过禁止信号时触发紧急制动。

4. 车载设备接口

车载设备内部接口，包括：人机界面接口、速度传感器接口、雷达接口、运行记录单元接口、与轨道电路信息处理器接口、应答器信息处理接收器接口以及 GSM－R 无线通信接口等。

车载设备外部接口，包括：动车组接口、GSM－R 接口、动态监测接口、应答器接口、轨道电路接口、司法记录器下载接口以及电源接口等。

思考题

1. CTCS 系统由哪些部分构成？各有什么作用？
2. CTCS－2 级系统中车站列控中心的功能是什么？
3. 无线闭塞中心(RBC)的功能和作用是什么？
4. CTCS－3 级列控车载设备具有哪些功能？
5. CTCS－3 主要工作模式有哪些？

参 考 文 献

[1] 毛保华,姜帆,刘迁,等.城市轨道交通[M].北京:科学出版社,2001.
[2] 毛保华.城市轨道交通规划与设计[M].2版.北京:人民交通出版社,2011.
[3] 郎宗桢,曾小清,姜季生.轨道交通信号控制基础[M].上海:同济大学出版社,2007.
[4] 董昱.区间信号与列车运行控制系统[M].北京:中国铁道出版社,2008.
[5] 曾小清,王长林,张树京.基于通信的轨道交通运行控制[M].上海:同济大学出版社,2007.
[6] 王瑞锋.铁路信号运营基础[M].北京:中国铁道出版社,2008.
[7] 高继祥.铁路信号运营基础[M].北京:中国铁道出版社,1998.
[8] 张铁增.列车运行控制系统[M].北京:中国铁道出版社,2009.
[9] 北京铁路局.CTCS-2级列车控制系统应用与维护[M].北京:中国铁道出版社,2007.
[10] 郭进.铁路信号基础[M].北京:中国铁道出版社,2010.
[11] 张曙光.CTCS-3级列控系统总体技术方案[M].北京:中国铁道出版社,2009.
[12] 侯启同,张国侯.调度集中和列车调度指挥系统[M].北京:中国铁道出版社,2008.
[13] 唐涛.列车运行控制系统[M].北京:中国铁道出版社,2012.
[14] 林瑜筠.城市轨道交通信号[M].北京:中国铁道出版社,2008.
[15] 林瑜筠.城市轨道交通信号设备[M].北京:中国铁道出版社,2006.
[16] 钟章队.铁路GSM-R数字移动通信系统[M].北京:中国铁道出版社,2011.
[17] 徐洪泽.车站信号计算机联锁控制系统-原理及应用[M].北京:中国铁道出版社,2008.
[18] 中华人民共和国铁道部.计算机联锁控制系统技术条件[M].北京:中国铁道出版社,2002.
[19] 李映红.高速铁路信号系统[M].成都:西南交通大学出版社,2009.
[20] 吴汶麒.轨道交通运行控制与管理[M].上海:同济大学出版社,2004.
[21] 赵志熙.车站信号控制系统[M].北京:中国铁道出版社,2005.
[22] 丁正庭.区间信号自动控制[M].北京:中国铁道出版社,1994.
[23] 傅世善.闭塞与列控概论[M].北京:中国铁道出版社,2006.
[24] 傅世善.铁路信号显示[M].北京:中国铁道出版社,2001.
[25] 胡思继.铁路行车组织[M].北京:中国铁道出版社,2009.
[26] 彭其渊,王慈光.铁路行车组织[M].北京:中国铁道出版社,2007.
[27] 赵匡英.铁路行车组织[M].北京:中国铁道出版社,2007.
[28] 林瑜筠.区间信号自动控制[M].北京:中国铁道出版社,2007.
[29] 贾毓杰.铁路信号与通信设备[M].北京:中国铁道出版社,2007.

[30] 牛凯兰,牛红霞. 城市轨道交通行车组织[M]. 北京:机械工业出版社,2012.
[31] 陆嘉森,谢肇桐. 漫话通信信号[M]. 北京:中国铁道出版社,2009.
[32] 耿幸福. 城市轨道交通行车组织 [M]. 北京:人民交通出版社,2011.
[33] 李慧玲. 城市轨道交通调度指挥工作 [M]. 北京:中国财富出版社,2012.
[34] 吕永昌. 计算机联锁[M]. 北京:中国铁道出版社,2007.
[35] 王永信. 车站信号自动控制[M]. 北京:中国铁道出版社,2009.
[36] 杨浩. 铁路运输组织学[M]. 3 版. 北京:中国铁道出版社,2011.
[37] 薛亮,刘小玲. 城市轨道交通调度指挥[M]. 北京:人民交通出版社,2013.
[38] UNITED STATES CONGRESS OFFICE OF TECHNOLOGY ASSESSMENT. Automatic Train Control in Rail Rapid Transit,1976.
[39] 中华人民共和国铁道部. 铁路技术管理规程[M]. 北京:中国铁道出版社,2006.